集人文社科之思 刊专业学术之声

集 刊 名：反歧视评论
主　　编：刘小楠　王理万

ANTI-DISCRIMINATION LAW REVIEW　No.8

编辑委员会（按姓氏拼音排名）

曹义孙　郭慧敏　李　楯　林燕玲　刘伯红　刘明辉
李薇薇　薛宁兰　叶静漪　张千帆　周　伟

编　辑

龚新玲　黄周正　狄　磊　铁锦莎
时雪涵　阮　莎　徐宇晴　杨一帆

第8辑

集刊序列号：PIJ-2018-338
中国集刊网：www.jikan.com.cn
集刊投约稿平台：www.iedol.cn

反歧视评论

Anti-Discrimination Law Review No.8

第 *8* 辑

主编／　刘小楠　王理万

社会科学文献出版社
SOCIAL SCIENCES ACADEMIC PRESS (CHINA)

卷首语

2020年注定在家国记忆中占据特殊位置——年初突如其来的新冠肺炎疫情，打乱了几乎每一个人的既定生活节奏。生活被紧张、恐惧和无助等复杂情绪支配着，这促使我们开始慎重思考个人与集体、自身与他人、权利与义务、责任与荣誉等宏大命题。我们在为国家高效的防疫动员而自豪、为医护人员和普通社工的付出精神而感动的同时，也为疫情期间的各种歧视现象而深感担忧，比如疫情期间西方国家部分民众对于亚裔的歧视，更遑论疫情所凸显的西方国家固有的贫富差距、种族歧视和年龄歧视问题。由此，疫情也使我们进一步确信，生命权、健康权和人格尊重的内在平等性。我们较之以往更深刻地感受到，尊重他人的权利就是尊重自己的权利，争取个体的平等就是争取国家的平等。

本辑《反歧视评论》继续关注多元时代的平权和反歧视问题，以"性少数群体权利保障"为研讨主题，辑录了三篇相关论文、策论和调研报告。邓静秋博士在《同性恋教师被开除案件中的平等就业权问题》中以"明珏案"为引证，运用德国宪法教义学关于平等权问题的审查框架，深入探讨了以性倾向为标准对同性恋者实施差别对待的平等权保护问题，并提出保障同性恋者平等就业权的路径与对策。刘明辉教授的《保障性少数群体平等就业权的立法和政策研究——消除基于性倾向、性别认同和性别表达的就业歧视研究》系统探讨了完善保障性少数群体平等就业权立法与政策的必要性、可行性和具体建议，是一篇关于性少数群体平等就业权制度保障的系统策论。沈飞飞、余若凡、张志敏和康子豪的《性/别少数者在受教育权实现中面临的挑战及其对策》调研报告，通过问卷调查和半结构式访谈方式，从校园暴力与欺凌、平等的受教育机会和性与性别平等教育三个具有代表性的角度切入，分析性/别少数者在受教育权实现方面的现状和挑战，并提出了促进性/别少数者受教育权保障的建议与措施。

在"学术专论"栏目，辑录了五篇学术论文和译文。周宝妹副教授在《性骚扰的用人单位法律责任研究》中提出，劳动领域中的性骚扰行为侵犯了劳动者的就业权，用人单位应当为此负责，该责任是劳动法上的独立责任。杨帆在《美国职场性骚扰的构成要件》中全面梳理与审视了美国职场性骚扰的构成要件的确立与发展过程，详细论证了判断不同类型职场性骚扰的要件。柴鑫在《工商业与妇女人权：企业社会责任的性别平等之维》中对工商业与妇女人权的理论基础展开探讨，并提出了工商业与妇女人权的中国启示。者荣娜博士的《不受歧视权司法保障的现状、困境与对策》讨论了2010年以来反歧视领域新的政策和诉讼案例，分析了不受歧视权司法实践面临的现实困境，并在此基础上探索了具有可行性的解决方案。莫琳·韦斯顿著、杨婧博士翻译的《残疾人体育权——一项国际人权》基于《残疾人权利公约》的相关规定，对残障人士从事体育运动的权利进行了全面讨论，介绍了典型国家和地区的相关措施，并提出了在体育运动方面促进残障人士融入社会的具体建议。

在"案例研读"栏目，刘龙芳的《法院裁判妇女权益案例的分析》选取了50个以妇女为诉讼主体、涉及妇女权益的案例，认为当前法院对妇女权益案件的司法审查存在扩大歧视的合法合理认定、侧重女性生理特征的特殊保护，以及严格认定对妇女实施的性骚扰行为等特点。李霞教授和董思远博士译的《凯瑟琳·弗兰克对奥伯格费尔诉霍奇斯案的意见》，提供了哥伦比亚大学法律、性别和性倾向研究所教授凯瑟琳·弗兰克关于"奥伯格费尔诉霍奇斯案"（*Obergefell v. Hodges*）判决的深入评论，详细阐述并补充了其赞同同性婚姻合法化的理由，以及对该案及大法官观点予以赞扬但不完全赞同判决的理由。刘春玲副教授和龙大瑞博士的《亚历山大诉耶鲁大学：美国依据第九条提起的校园性骚扰第一案》对美国反校园性骚扰历史上具有里程碑意义的"亚历山大诉耶鲁案"（*Alexander v. Yale*）进行了翔实评述，指出其对推动美国高校出台防治性骚扰的政策和机制的现实意义。

在"调研报告"栏目，中国红丝带网的《艾滋病感染者就医和就业歧视状况调查》通过问卷和访谈展示了艾滋病感染者在就医就业过程中所遭受歧视的具体形式、特征以及他们的应对行为和策略，为消除对艾滋病感染者的歧视提供了具体参考。

在"深度书评"栏目，金韬博士的《歧视错误的多元理论：评索菲亚·莫罗〈不平等的诸面孔：错误歧视的理论〉》对多伦多大学法律与哲学双聘教授索菲亚·莫罗（Sophia Moreau）的《不平等的诸面孔：错误歧视的理论》一书进行了全面引介和深入评述，指出反歧视法所禁止的是三种不同类型的歧视错误（不公正的屈从、否决慎思自由、基本善的获取机会的否定），进一步评论了该理论的不足之处。

本辑《反歧视评论》的顺利出版，得益于作者们的慷慨赐稿、编委会老师的悉心指导，以及本书责任编辑和社会科学文献出版社编辑老师的辛劳付出，再次一并诚挚致谢。期待《反歧视评论》能与中国平等进程共同成长！

编者

2020 年 10 月 14 日

目 录

【主题研讨：性少数群体权利保障】

3　同性恋教师被开除案件中的平等就业权问题　／邓静秋

18　保障性少数群体平等就业权的立法和政策研究　／刘明辉

38　性/别少数者在受教育权实现中面临的挑战及其对策　／沈飞飞　余若凡　张志敏　康子豪

【学术专论】

93　性骚扰的用人单位法律责任研究　／周宝妹

111　美国职场性骚扰的构成要件　／杨　帆

138　工商业与妇女人权：企业社会责任的性别平等之维　／柴　鑫

152　不受歧视权司法保障的现状、困境与对策　／者荣娜

177　残疾人体育权

　　　——一项国际人权　／莫琳·韦斯顿著　杨　婧译　周青山校

【案例研读】

217　法院裁判妇女权益案例的分析　／刘龙芳

234　凯瑟琳·弗兰克对奥伯格费尔诉霍奇斯案的意见　／李　霞　董思远译

252　亚历山大诉耶鲁大学：美国依据第九条提起的校园性骚扰第一案

　　　／刘春玲　龙大瑞

【调研报告】

277　艾滋病感染者就医和就业歧视状况调查 / 中国红丝带网

【深度书评】

301　歧视错误的多元理论：评索菲亚·莫罗《不平等的诸面孔：错误歧视的理论》/ 金　韬

316　征稿启事

主题研讨：性少数群体权利保障

同性恋教师被开除案件中的平等就业权问题[*]

邓静秋[**]

摘要：某地幼儿园教师明珏（化名）因其同性恋身份在家长面前曝光，被校方决定开除，明珏向劳动人事争议仲裁部门提交申请，后以平等就业权纠纷为案由向法院提起诉讼并获受理。这是我国同性恋教师劳动权益的第一案，反映了性少数群体的平等就业权保护问题。借助平权问题的审查框架，同性恋教师在业余时间的相关言论和行为并未妨碍幼儿园学生接受主流文化教育，幼儿园因其性倾向而开除当事人，侵犯了同性恋教师的平等就业权。针对同性恋者的平等就业权保护，我国应逐步完善平等就业立法，强化司法的救济功能，逐步改变公众认知，营造尊重多元性别的社会文化。

关键词：同性恋者；教师；平等就业权；就业歧视

一 引言：同性恋者平等就业权第一案

根据媒体的相关报道，某地的幼儿园教师明珏因其同性恋身份在家长面前曝光，被校方决定开除。明珏向当地劳动人事争议仲裁庭提起劳动仲裁。仲裁结果要求园方赔偿明珏六个月工资。随后，明珏以平等就业权纠纷为案由向法院提起诉讼并获得受理。这是我国同性恋教师劳动权益的第一案。此案也将性少数群体的就业歧视问题呈现在公众面前，引起了广泛

---

[*] 本文为北京外国语大学新入职教师科研启动基金项目"宪法上婚姻自由的价值变迁"（项目编号：251500119009）的阶段性成果。
[**] 邓静秋，北京外国语大学法学院讲师，研究方向：宪法学。

关注。①

本文借助德国法教义学中平等权问题的审查框架，对本案教师因其同性恋身份在就业方面所遭受的差别对待进行分析，探讨以性倾向为标准对同性恋者在教师行业的就业选择和教师行为进行差别对待的平等权保护问题，以期对个案的讨论能促进对性少数群体平等就业权问题的关注，并为未来相关制度的构建与完善提供参考。

二 问题的界定

由于本案劳动仲裁裁决书未公开，只能根据相关媒体报道所披露的细节来拼凑出案件的基本事实。明珏系幼儿园教师，在业余时间参加了同性恋公益活动，在朋友圈发表同性恋平权等内容。明珏对现在所在幼儿园的家长设置了朋友圈权限，但相关朋友圈内容被之前工作单位的学生家长发现，家长曝光了其同性恋身份，并投诉至其幼儿园投资人处，随后明钰被校方决定开除。② 本案当事人明珏坦言："我所任职的每间教育机构，都有对校方出柜，但家长不知道。"③

---

① 国内媒体关于本案的报道可参见：《同性恋教师被开除：你介意老师是同性恋吗？》，搜狐网，https://www.sohu.com/a/257286664_611546，最后访问时间：2020年6月3日；《十年教师因同性恋遭解雇，连反同人士都看不下去了》，网易新闻，http://news.163.com/18/1003/09/DT6E2PN4000181BT.html，最后访问时间：2020年6月3日；《青岛一幼儿园教师自称因同性恋被解雇 起诉幼儿园获受理》，新京报网，http://www.bjnews.com.cn/news/2019/01/15/539768.html，最后访问时间：2020年6月3日。

② 从相关媒体报道来看，对于是否系明珏与园方达成一致后解除劳动合同，双方有不同意见。园方认为明珏并非因为公开其同性恋身份而被解除劳动合同，而是因为公开行为给幼儿园造成负面影响，遭到很多家长投诉，明珏是自己辞职的。但明珏认为，在沟通中，园方让明珏作出选择，要么作为教师，不要推广个人偏好，要么就辞职，他是迫于园方压力才写了辞职信，这属于"变相解雇"。参见《青岛一幼儿园教师自称因同性恋被解雇 起诉幼儿园获受理》，新京报网，http://www.bjnews.com.cn/news/2019/01/15/539768.html，最后访问时间：2020年6月3日；《青岛一教师因同性恋身份被"变相解雇"园方：系自动辞职》，新京报网，http://www.bjnews.com.cn/news/2018/09/29/508712.html，最后访问时间：2020年6月3日。从上述报道来看，明珏确因其同性恋身份而选择受限。换个角度说，如果明珏选择不再隐瞒自己的性倾向，公开其同性恋身份，那么结果必然是被幼儿园开除。因而同性恋身份是他最终失去幼儿园工作的实质性原因。

③ 《同性恋教师被开除：你介意老师是同性恋吗？》，搜狐网，https://www.sohu.com/a/257286664_611546，最后访问时间：2020年6月3日。

由此来看，该幼儿园是知道明珏同性恋身份的，而后被开除的原因依然是其同性恋身份，其中增加的因素是家长知晓其身份并对其在朋友圈的行为向校方表示异议，因此其被解雇。整体来看，在幼儿园教师职业准入层面，明珏虽然并未因此而遭受差别对待，但却因该身份而被解雇，失去了幼儿园教师的工作，依然可以视为在就业中遭受了差别对待。值得关注的问题还包括明珏成为幼儿园教师之后的相关行为，即其在朋友圈中的行为是否违反了教师职业守则以及该幼儿园对教师的管理规定，因而被开除。

由于该案例双方主体皆为私人主体，应适用劳动法的相关规定，通过劳动仲裁途径解决纠纷。但同性恋群体权益保障是一个公共话题，作为性少数群体，同性恋者在诸多领域遭受了差别对待，立法长期以来并未对其予以更多的关注，对其相关权利亦未提供充分的保护。在官方对同性恋者权利保护并未持积极和开放的态度之时，同性恋者所遭受的差别对待主要来自处于相对强势地位的私人主体。国家不再行使过去在就业、教育等领域的计划分配权力，该权力目前完全由市场支配，从这个角度讲，强势的市场力量所造成的歧视现象，在某种意义上更甚于国家公权力机关。学者有言："劳动者相对于雇主处于从属状态，导致双方实质上的不平等地位，须由国家公权力介入矫正，创建倾斜保护劳动者的制度结构。"[1]

此外，根据基本权利的第三人效力理论，宪法规定的基本权利是公民的主观权利，也构成客观价值秩序，对于整体的法秩序有约束力，在法律的制定、解释和适用过程中，都应该作为被尊重的客观价值决定。[2] 所有的规范都以保障基本权利的实现为目标，这一要求适用于公法规范，原则上也适用于私法规范。因此，基本权利的效力扩散至私人之间的法律关系方面。就本案所涉及的同性恋者的平等就业权而言，平等权是劳动者人格权的重要内容，关乎公民的生存发展和人格完善。学者有言，平等就业权的纠纷性质并非简单对接于纯粹的私法或者公法范畴。平等就业权是一个

---

[1] 王天玉：《劳动法分类调整模式的宪法依据》，《当代法学》2018年第2期。
[2] 赵宏：《主观权利与客观价值——基本权利在德国法中的两种面向》，《浙江社会科学》2011年第3期。

关乎私权与公权的综合性权利束，应该充分利用私法与公法各自资源，建立平等就业权的司法救济体系。[①] 在现代宪法下，人们不再满足于虚伪的机会平等，而是期待在宪法的护佑之下，借助国家的干预过上真正幸福的生活。[②]

当然，从公法角度来看，该案还涉及当事人的职业自由、表达自由等诸多基本权利。本文仅围绕同性恋者的平等就业权，运用德国宪法学中平等权案件的分析框架对本案展开讨论。任何审查框架的价值都在于解决法律实践中的案件，接受真实案例的检验。本文将运用判断合理差别对待的方法，对同性恋教师被开除案件中的平等权问题进行分析。具体而言，探讨幼儿园因为本案当事人的性倾向而对其就业资格进行差别对待是否侵犯其平等权。首先分析该案是否存在差别对待；在确认存在差别对待之后，再分析该差别对待的目的，衡量平等权受损的强度，据此选择相应的公式来判断该差别对待是否合理。

三 平等权视角的分析

平等权要求相同事物相同对待，允许合理差别的存在，禁止不合理的差别对待。换言之，差别对待本身是平等权的内涵所允许的，因为"平等"并非"等同"，[③] 这是对人与人之间的差别与人的多样性的客观承认。判断差别对待是否合理，需要先行识别出差别对待的存在，分析差别对待的目的和差别对待造成损害的强度，以此选择相应的审查模式进行判断。

（一）差别对待的存在

一般而言，判断差别对待的存在，可以从区别标准与不平等对待行为之间是否存在实质性关联的角度来进行，也就是分析将相比较的对象进行

---

① 李雄：《论平等就业权司法救济体系的构造》，《河北法学》2017年第10期。
② 张翔：《基本权利在私法上效力的展开——以当代中国为背景》，《中外法学》2003年第5期。
③ 石文龙：《我国宪法平等条款的文本叙述与制度实现》，《政治与法律》2016年第6期。

区分的标准是否与区别对待的行为具有实质性关联。[①] 例如，我们根据一个人是否具有教师资格证判断其能否从事相应阶段的教育工作，此处的划分标准是有无从业资格，而区别对待的行为是是否可以获得特定教育阶段的从教机会。从业资格反映了一个人相应的身体条件、思想素质、知识水平、教学技能等，如果达到相关要求，就应该赋予其从业的资格和职业机会，此处的划分标准与差别对待行为之间存在实质性关联。

根据《幼儿园管理条例》《幼儿园工作规程》《幼儿园教育指导纲要》，对幼儿园教职工的要求是"贯彻国家教育方针，具有良好品德，热爱教育事业，尊重和爱护幼儿，具有专业知识和技能以及相应的文化和专业素养，为人师表，忠于职责，身心健康"。明确的禁止性条件包括"幼儿园教职工患传染病期间暂停在幼儿园的工作。有犯罪、吸毒记录和精神病史者不得在幼儿园工作"。而在本案中，当事人被开除的原因并非从业资格方面的问题，而是其同性恋身份。从当事人十年的幼教经历来看，他具有从事幼儿园教育的资格。同性恋的身份与幼教工作本身及其所需要的职业素养之间并不存在实质性关联，因此本质上相同的主体之间存在差别对待。

（二）差别对待的目的

差别对待的目的可以从"内在目的"和"外在目的"两个角度分别予以理解。"内在目的"追求实质意义上的平等，差别对待的行为本身是为了实现相同事物相同对待，不同事物不同对待；而"外在目的"并非为了追求平等本身，而是其他政策性的目的。

从为数不多的报道来看，要求解雇当事人的家长给出的理由是希望幼儿园的孩子能接受主流教育，融入社会主流文化，这一解释也为校方所接受。由此看来，帮助作为受教育者的学生树立正确的观念、接受主流文化教育是该差别对待的主要目的。从内在目的和外在目的的二元划分来看，

[①] 田伟：《摇号购车中的平等权问题》，王利明主编《判解研究》（第1辑），人民法院出版社，2012，第94~98页。

该目的并非内在于平等权的考量因素，并非追求对于同性恋者实现实质意义上平等的内在目的。

从相关报道来看，校方接受家长意见，开除当事人的理由在于当事人参加同性恋相关公益活动，并在朋友圈发表支持同性恋平权等言论，不利于幼儿园学生接受主流文化的教育。因此，可以将此差别对待的目的总结为保护幼儿园的学生接受主流文化教育，不受到同性恋等非主流文化教育影响。对于认知水平还处于萌芽状态的幼儿园学生来讲，这一目的无疑具有公共利益的性质，具有一定的正当性。根据《幼儿园管理条例》，幼儿园学生的年龄一般处于3岁到6岁这个阶段。幼儿园教育阶段是基础教育的奠基阶段，关乎幼儿未来的发展。幼儿的认知还处于萌芽状态，对于周围事物的认知需要父母和幼儿园教师的引导。幼儿园教育属于启蒙教育，需要尊重幼儿身心发展的规律和学校特点，尊重其人格和权利，以促进幼儿身体与心理及社会适应能力的发展。我们承认在学校教育阶段，需要在一定程度上引入多元文化教育，让学生认识社会的多样性。但是幼儿园学生的认知水平是否能够支持其接受多元文化，确实是需要慎重考虑的问题。

但是可以换个角度来考虑，接受异性恋是主流，是否意味着排斥作为一种客观存在的同性恋？本案细节尚不清楚，故无从得知明珏发表相关言论的方式和途径。第一种情况，如果明珏在课堂中告知学生其同性恋身份，或者将同性恋的相关知识引入其课堂教学内容之中，这样的知识一定程度上超出了幼儿的认知水平，也并非贴近幼儿生活抑或是幼儿感兴趣的事物。因而需要评估其内容本身的客观性和具体效果，是否违背了幼儿的认知规律，与该幼儿园的正常教学大纲，以及幼儿园教学的整体秩序和教学目的相冲突。第二种情况，如果只是在业余时间参加同性恋公益活动，并只在设定了一定隐私权限的朋友圈中发表相关内容，这与其幼儿园教师的职业要求并不冲突，一来幼儿园学生在正常上课时间无从了解这些内容（假定通过手机使用微信朋友圈并未在6岁及以下的幼儿园学生中普及），二来并未影响明珏在上课时间履行其教师的职责和讲授正常的教学内容，明珏在其朋友圈中的言论所冲击的只是作为成年人的学生家长的固有认知体系。这样来看，本案差别对待的目的不仅包括对幼儿园学生的教育，还体现了维护社会中多数人对同性恋群体的固有偏见。第二重意义上的目的本身不具有正当性，故而不在后续的讨论中再提及。

(三) 判断平等权受到损害的强度

判断差别对待对平等权的损害强度，最直观的方法是根据差别对待的划分标准来衡量。划分标准越接近宪法的禁止分类事项，越与人格相关，越接近人的特征，并脱离客观情况，遭受不平等对待的对象改变划分标准的可能性越小，差别对待对平等权造成的损害强度就越大。[①]

宪法的禁止分类事项一般包括两种类型。一是特别平等权，即宪法在概括规定一般平等权以外再专门规定特别平等权。[②] 二是宪法单独列举的禁止分类事项，这些事项往往在历史上是歧视的根源，对平等权的侵害往往由此而生，故宪法单独列举，以期实现这些领域相关事项的平等。我国宪法第33条第2款对于公民平等权的一般性规定，并没有列举禁止歧视的事项。宪法第34条列举了民族、种族、性别、职业、家庭出身、宗教信仰、教育程度、财产状况、居住期限等作为选举权与被选举权平等保护的禁止分类事项。从体系解释的角度讲，对于平等权保护的禁止分类事项可以参照第34条所列举的这些标准类型。但是这一条款的列举并不全面，制宪者只是列出了在选举权问题上通常会出现的不正当划分标准，为在宪法解释中加入新的分类标准留下了空间。

就本案而言，性倾向并非属于上述两种类型，那么可以分析性倾向这一划分标准与人格尊严的接近程度。划分标准越接近人格和人的特征，而越脱离客观事实因素，差别对待的强度就越大。这是因为宪法人格尊严的价值在于使公民得以自由发展其人格，如果差别对待本身以人格作为划分标准，就从最根本的层面对平等权造成了侵害。

就该差别对待对于当事人的损害强度而言，性倾向这种标准涉及人的固有特征，与同性恋者的人格尊严密切相关，可以看作美国法中"准嫌疑

[①] 陈征：《我国宪法中的平等权》，《中共中央党校学报》2010年第5期。
[②] 我国宪法第4条第1款、第36条第2款和第48条第1款，分别规定了民族平等、宗教信仰平等和男女平等。

分类",是一种后天较难以改变的特点。同性恋群体是社会边缘群体,在生理、心理方面都承受着压力,在学业、事业,甚至未来的婚姻和家庭中都面临着其他群体所不具有的压力。在传统观念与自我诉求的挣扎中,少数群体在这个社会中寻求自我主张的呼吸空间。[①] 一个理想社会需要对少数人给予更多包容态度,并尊重其人格的自我选择和发展完善。

(四) 比例原则的审查

在完成差别对待的目的与其对平等权造成的损害强度这两个方面的分析之后,对出于内在目的的差别对待,或者出于外在目的,但损害强度较低的差别对待,可适用恣意公式进行审查,对差别对待做明显性审查,即差别对待能提供一个合乎事理的理由即可。而对平等权损害强度较高的差别对待,需要适用新公式,主要是运用比例原则进行严格审查。具体包括:第一,适当性,差别对待必须有助于目的的实现,这个层次还包括了对目的正当性的要求;第二,必要性,不存在其他更小损害的区别可能性和差别对待手段;第三,狭义比例原则,差别对待导致的损害小于实现的目的,不得对平等权主体造成过分严重的损害。狭义比例原则的权衡比较抽象,需要对差别对待实现的目的和对平等权造成的损害进行比较衡量,这种法益冲突的取舍,需要放在具体个案的情境中进行。

如上文所言,依据性倾向对个人就业选择所作出的差别对待,是出于外在目的,对平等权造成的损害强度较大,需要适用新公式,进行比例原则的审查。

1. 差别对待的适当性,判断这种差别对待能否促成目的的实现。为了让幼儿园学生接受主流文化教育,融入社会主流群体,开除同性恋教师,完全避免学生接触性少数群体,当然可以实现上述目的。尤其是如果同性恋教师利用课堂时间,面对学生发表同性恋相关言论,以替换应当讲授的知识内容,占用了正常的教学时间,那么开除的措施无疑可以实现上

---

① 张晓冰:《我国青年同性恋群体的尴尬处境:传统与自我的对抗》,《中国青年研究》2018年第10期。

述目的。因此，适当性这一层次较容易通过审查。

2. 差别对待的必要性，要求如果同时存在多种能够实现目的的手段，应该选择其中最温和的手段，也就是对于平等权侵害最小的一种手段。具体到此案中，如果存在其他能够实现幼儿园教育的目的，确保幼儿园学生在安全、愉快的环境中茁壮成长的手段，那么应该选择对明珏以及其他可能存在的性少数群体教师的平等权损害最小的手段。

如前文所言，校方自始知晓明珏的同性恋身份，如果担心他会在课堂教学中讲授超出教学大纲的同性恋知识，从而超出学生的认知范围，那么完全可以在一开始的劳动合同签订中，对其履行教学职责约定一定的限制条件，使其服从教学管理，明确划分课堂教学行为和业余活动的界限。退一步讲，如果校方接受家长的意见，从私立幼儿园营利的目的出发，根据家长的意见对明珏在朋友圈中的言论进行处理，也可以建议其设置朋友圈可见范围，不影响其正常的教学活动和幼儿园教学秩序即可。除此而外，幼儿园教育目的的实现，是否需要绝对禁止除主流声音之外的其他多样化教育环境的存在，还需要大量的科学研究和实证资料来证实，需要从幼儿教育的科学性、幼儿心智发育水平、教育规律等多个角度进行研究。

分析至此，已然可以在必要性这个层面判断开除明珏的行为侵犯了其平等就业权。因为在直接开除之外，依然能找到其他更温和的手段，可以保障明珏作为性少数群体的平等就业权，也可以维持幼儿园的正常教学秩序，使得幼儿园学生接受符合其年龄阶段心智发展水平的教育。

3. 狭义比例原则，要求差别对待导致的损害小于所实现的目的。这种差别对待对以明珏为代表的性少数群体造成的伤害并不必然小于同性恋教师给幼儿园学生带来的影响。

知晓同性恋群体的存在是否如某些家长担心的那样，自己的孩子就会变成同性恋？这个也有待证实。[1] 明珏未在课堂中讲授相关知识，这些认

---

[1] 性倾向的本质论与建构论分别从医学以及后天的社会建构方面对同性恋者的性倾向进行了论证。本质论认为性倾向是天生的而非后天形成的；而建构论则认为是由社会和文化塑造的，是社会建构的产物。参见褚宸舸主编《自由与枷锁——性倾向和同性婚姻的法律问题研究》，清华大学出版社，2014，第42~43页。

为同性恋相关信息就必然对幼儿园学生造成负面影响的担忧似乎并无确凿的依据。另一方面，开除的行为对明珏的伤害则是明确的，失去工作丧失了谋生的机会，对其生存和发展必然造成直观的负面影响。

四 保障同性恋者平等就业权的路径与对策

本案中的幼儿园是私立幼儿园，面对学生家长的意见，从幼儿园的整体利益出发，直接开除了同性恋教师，侵犯了同性恋者的平等就业权。同性恋者在就业市场上是否遭到歧视一直是社会科学家们所关注的话题。据学者研究推测，"我国人口基数大，按比例推算我国的性少数人口绝对数量巨大，但是在生活中，尤其是职场却基本处于隐形状态。'不出柜'本身也说明了环境的不宽容，而偶发的为公众所知的歧视事件更说明了性少数群体在遭受就业歧视后寻求救济的困境"[1]。社会学研究者曾进行实验，将不同性取向、性别及教育程度者的求职邮件随机发送到上海和深圳两地的1288家上市公司招聘邮箱中，从回复率的差异上看，在其他条件均相同的情况下，同性恋求职者得到的回复率较非同性恋求职者低5个百分点。这一实验数据说明了招聘市场中存在针对同性恋求职者的歧视。[2] 随着我国法治的发展，同性恋者的平等就业权也需要得到法律的保障。立法、司法实践对于包括同性恋者在内的性少数群体的平等就业权关注较少，使其诸多基本权利难以得到充分的保障。由于受国际人权运动的影响，我国同性恋群体争取自身权益的行动逐步走入公众视野，促进了社会观念在一定程度上的转变。因此，我国的法律体系需要改变以往的沉默态度，对性少数群体的平等就业权和相关权利予以关注。

---

[1] 陆海娜：《从"刻板印象"到"关系型歧视" 美国性少数群体就业歧视诉讼的发展历程及启示》，《中外法学》2019年第6期。

[2] 王芳、黄沛璇：《招聘市场上的同性恋歧视——来自随机邮件的实验证据》，《世界经济文汇》2019年第5期。

（一）完善平等就业立法，增加性倾向作为禁止歧视的事由

新中国成立后，一般将1979年刑法中对于流氓罪的规定适用于有伤风化的所有同性之间的活动。① 因此1997年新刑法取消流氓罪被认为是我国实现同性恋非罪化的标志。2018年9月中国接受了联合国人权理事会第三轮定期审议，对于他国提出的性少数群体歧视问题，中国政府作出公开的积极回应。② 在民法典编纂过程中，对于同性恋者提出的对同性婚姻的诉求，全国人大常委会法工委发言人在记者招待会上作了相关回应。③ 这显示出性少数群体的相关诉求在一定程度上得到了关注。

我国尚无明确的法律规定保护性少数群体的平等就业权。《就业促进法》第3条规定："劳动者依法享有平等就业和自主择业的权利。劳动者就业，不因民族、种族、性别、宗教信仰等不同而受歧视。"从理论上讲，对于这一条文的解释，可以将性倾向歧视涵盖其中，为司法实践将针对同性恋者的就业歧视纳入禁止范围中提供可能性。此外，《就业促进法》专设第三章"公平就业"，规定各级人民政府具有创造公平就业环境、消除就业歧视的义务，并专门强调保护妇女、少数民族劳动者、残疾人、传染病病原携带者、农村劳动者等主体的平等就业权。

我国批准了《经济、社会及文化权利国际公约》和《消除就业和职业歧视公约》。这两个公约的法理可以将基于性倾向的歧视纳入禁止歧视的"其他身份"之中，因而我国的立法也需要保障性少数群体的平等就业

---

① 1979年刑法第160条第1款规定："聚众斗殴，寻衅滋事，侮辱妇女或者进行其他流氓活动，破坏公共秩序，情节恶劣的，处七年以下有期徒刑、拘役或者管制。"1979年刑法第79条规定："本法分则没有明文规定的犯罪，可以比照本法分则最相类似的条文定罪判刑，但是应当报请最高人民法院核准。"根据这一规定，刑法没有规定的罪名，可以比照最相类似的条款。因此流氓罪规定中的"其他流氓行为"被认为包括了同性之间的不正当性行为。
② 陆海娜：《从"刻板印象"到"关系型歧视"——美国性少数群体就业歧视诉讼的发展历程及启示》，《中外法学》2019年第6期。
③ 《全国人大法工委：积极谨慎处理立法中的问题》，新浪网，http://news.sina.com.cn/sf/news/fzrd/2019-12-20/doc-iihnzahi8840035.shtml，最后访问时间：2020年9月5日。

权,以履行国际人权公约的义务。①

1964年美国国会通过了《民权法》,其中第七章被视为美国反歧视基本法,② 规定禁止基于种族、肤色、宗教信仰、性别或者来源国进行歧视,将反歧视的禁令从公职推广到私人部门,并建立了独立的执法机关。此后,司法实践对其中的"性别"标准进行了扩大解释,将性别表达和性别认同涵盖其中,使同性恋者与跨性别群体的平等就业权保护也有了法律基础。总体来看,域外主要国家采取的立法路径并非制定专门针对同性恋群体的反就业歧视法律,而是将性倾向或多元性别的因素包含在其他反歧视的法律之中,作为禁止歧视的类别之一,并在已有的法律中加入对于同性恋群体的保护。③ 这是我国未来在完善就业平等保护立法,在既有基础上和框架内强化对同性恋者平等就业权立法保障时可借鉴的经验。

(二) 强化司法对同性恋者平等就业权的救济功能

构建平等就业权的司法救济体系是依法保障平等就业权的客观要求。有关就业歧视的案件多以劳动争议案件、一般人格权纠纷和侵权责任纠纷等获得立案。身高、长相、性别、地域、社会出身(户籍)、残疾、疾病(乙肝、艾滋病等)、基因等是主要的歧视案件类型,这些类型的歧视案件与立法活动积极互动,促进立法者增加了限制乙肝、残疾、艾滋病、户籍等歧视的种类。2018年,最高人民法院增列"平等就业权纠纷"作为独立案由,这一单独案由的引入具有一定的积极意义,肯定了平等就业权不仅是一项私权利,也是一项典型的社会权利,④ 需要公权力介入来规制企业的"用工自主权",用工自主权要符合宪法中的平等权保障的基本原理。

---

① 陆海娜:《从"刻板印象"到"关系型歧视"——美国性少数群体就业歧视诉讼的发展历程及启示》,《中外法学》2019年第6期。
② 蔡定剑、刘小楠主编《反就业歧视法专家建议稿及海外经验》,社会科学文献出版社,2010,第57页。
③ 高文谦:《涉及LGBT的反就业歧视法比较研究》,刘小楠主编《反歧视评论》(第2辑),法律出版社,2015,第147页。
④ 王理万:《就业性别歧视案件的司法审查基准重构》,《妇女研究论丛》2019年第2期。

同性恋者也通过法律渠道来维护自身的合法权益，他们形成明确的权益诉求和维权策略，同时与法律界以及其他社会各界建立联系和互动，走进公众视野。近年来，在同性恋平权议题上，几起案件备受关注，包括2014年首宗同性恋扭转治疗侵权案，2015年范坡坡导演同性恋题材纪录片被国家新闻出版广电总局下架案，2015年孙文麟、胡明亮诉湖南省长沙市芙蓉区民政局婚姻登记处行政诉讼案，2016年广东某校女生秋白因高校教材"污名"同性恋起诉教育部案等案件。其中有案件最终获得胜诉。通过将同性恋权利保护的话题引入司法程序中，形成影响性诉讼，无论结果如何，都能引起社会关注，向公众传递同性恋群体权益也应该受到重视的讯号，从而促进整个社会对待同性恋的态度变化。

但是，同性恋者的平等就业权，既无立法上的标准，也没有司法实践的解释。如果少数群体的利益诉求无法得到立法的回应以及司法的有效救济，就会导致利益表达和诉求的错位，矛盾不会自动消失，反而游离在法律之外。平等权保障本身是一个宏大的命题，同性恋者权利保护也不应该只是空洞的口号，相反需要平等权从文本到实践的转换，因而案件审查的完善显得尤为重要。是否存在歧视以及是否侵害平等权的判断，依赖于司法实践的诸多细节，尤其是要在司法实践中发展出精密复杂的审查技术。[1]

（三）逐步改变公众认知，营造尊重多元的社会文化

学者有言，我们的社会文化中缺乏尊重少数、包容差异的要素，在就业领域，国家的计划分配让位于市场支配，为歧视现象提供了社会土壤，阻碍了部分群体获得平等的机会。[2] 中华医学会精神病学分会于2001年发表了《中国精神障碍分类与诊断标准第三版（精神障碍分类）》，将同性恋从诊断标准中删除。换言之，同性恋不再被笼统认定为精神障碍或病态心理，[3] 但我国的同性恋群体依然面临着被污名化的社会压力，因此还需

---

[1] 李成：《平等权的司法保护——基于116件反歧视诉讼裁判文书的评析与总结》，《华东政法大学学报》2013年第4期。
[2] 周伟：《从身高到基因：中国反歧视的法律发展》，《清华法学》2012年第2期。
[3] 中华医学会精神病学分会：《中国精神障碍分类与诊断标准第三版（精神障碍分类）》，《中华精神科杂志》2001年第3期。

要从整个社会对同性恋群体的接受和认同程度层面来看待这个问题。① 应该允许作为公共话题的同性恋在医学、大众传媒、流行文化等领域得到更多的关注和讨论，比如促进医学领域的艾滋病预防教育工作、同性恋文学和电影的逐步发展。

中国历史上没有对同性恋者的宗教性迫害，传统文化对此也持宽容的态度，以致我国当前社会中，同性恋群体没有因为历史上的强烈压迫与严重歧视而成为一种凝聚力较强的、不断争取平等权利的社会弱势群体。社会公众和立法者对于同性恋群体的关注度不够，这种漠视需要社会成员整体权利意识、个人自由和人格尊严等观念的培育和强化来逐步得到改变。互联网的发展提供了前所未有的信息传播和资讯沟通的平台，同性恋群体可以借此改变原本封闭和彼此隔绝的生存状态和生活方式，形成适合自身特点和当下社会发展的话语体系，从而实现对既有排斥话语机制的反抗，因为每一次公共空间的理性讨论都可以改变公众的认知，进而提升社会的包容和平等意识。②

结　语

法律体系的背后有道德秩序存在，道德秩序可以构成社会规范。但道德秩序本身并非不可改变，相反，道德秩序长久以来一直处于不断变动之中，很多过去被禁止的事项，现在被承认。现代社会多种生活方式所折射出来的多元价值观之间应该是彼此让步和妥协的，而非彼此否认。"法律承认并不能够带来文化认可。"③ 如果公众的观念没有实现普遍意义上的彻底变革，相应的社会文化变迁没有跟上，修改或者制定法律的努力可能也是徒劳无获的，不能真正给同性恋者的权利和地位带来法律上的保障。

---

① 参见李琪、罗牧原《公私划分的理论旅行：中国同性婚姻再思考》，《社会学评论》2016年第3期。
② 张晓冰：《我国青年同性恋群体的尴尬处境：传统与自我的对抗》，《中国青年研究》2018年第10期。
③ 魏伟：《酷读中国社会：城市空间，流行文化和社会政策》，广西师范大学出版社，2015，第221~223页。

因此从实践来看，保障性少数群体平等就业权，主要环节或许在于改变社会整体对于性少数者的认识，或者说是整个社会的权利意识和个体自由观念的根本性转变。

[责任编辑：铁锦莎]

保障性少数群体平等就业权的立法和政策研究[*]

刘明辉[**]

摘要：性少数群体被现行法律忽视，遭受就业歧视严重，本文借鉴域外的经验，建议将全国人大常委会出台"反就业歧视法"作为远期目标，将人社部出台"关于保障性少数群体平等就业权的通知"作为近期目标，并论证了其必要性和可行性。希望通过完善立法与政策，确保消除基于性倾向、性别认同及性别表达的歧视，保障性少数群体的平等就业权利，并加强培育、提升管理者多元性别意识，以实现中国政府关于 2030 年可持续发展目标"不让任何人落伍"的承诺。

关键词：性少数群体；就业歧视；立法；政策；多元性别

2015 年 9 月 25 日，联合国 193 个成员国在纽约峰会上通过了联合国《2030 年可持续发展议程》，并提出"不让任何人落伍"。其中，目标 5 中提出"实现性别平等，为所有妇女、女童赋权。认为性别平等不仅是一项基本人权，也是世界和平、繁荣和可持续发展的必要基础"。近年来，中国政府发布多项政策消除就业歧视。2019 年 3 月 5 日，李克强总理在政府工作报告中重申："坚决防止和纠正就业中的性别和身份歧视。"但迄今为止，中国法律与政策尚无明文规定禁止基于"性倾向"、"性别认同"和

---

[*] 本文系联合国开发计划署"亚洲同志"项目资助成果。感谢杨震、程鹤、彭燕辉以及相关同志中心、同语、同性恋亲友会等机构提供的资料，感谢同志社群的小 C、明珏、小马、小高等朋友以及小高案主审法官接受笔者的访谈，感谢刘小楠、孙耀东、孙晓梅、李秀华、何霞、郭晓飞等专家的指导。本报告所称的原告均为化名。

[**] 刘明辉，中华女子学院法学院退休教授，北京市道融律师事务所律师，研究方向：就业性别歧视。

"性别表达"的就业歧视，致使多数性少数者成为处于社会边缘的弱势群体。在司法救济方面，有两位同性恋者、两位跨性别者曾提起就业歧视诉讼①，一位因变性被辞退的跨性别者提起劳动争议诉讼②。

目前尚无专门针对性少数群体平等就业立法和政策保障问题的研究成果。本文通过查阅近年来的调研数据，访谈性少数人士就业歧视案件中的受害人和法官，分析基于"性倾向"、"性别认同"和"性别表达"实施就业歧视的现状、成因及应当采取的对策，找出中国立法的可行路径。

一 完善保障性少数群体平等就业权立法与政策的必要性

（一）性少数群体遭受就业歧视状况严重

北京同志中心承办的联合国开发计划署"亚洲同志"项目调查结果显示，性少数人士在职场中遭受歧视的发生率为21%。最常见的三种歧视形式为：被提醒注意言行或形象，被要求改变衣着打扮和行为举止，遭受语言攻击。因为职场环境不友好，多数性少数人士选择不"出柜"。74.9%的受访者选择完全不公开自己的性少数者身份，选择部分公开的占19.7%，选择完全公开的仅占5.4%。在绝大多数性少数人士看来，"出柜"和遭受歧视之间有直接的联系。相较其他人群，性少数人士工作稳定性更差，失业率更高。工作单位是他们"出柜"后感觉生活变得最为尴尬、最不如意的场所。③

联合国开发计划署"亚洲同志"项目2018年政策简报提供了中国LGBTI（女同性恋、男同性恋、双性恋、跨性别者和间性人）等性少数人

---

① 穆易诉深圳某装修艺装饰设计有限公司劳动争议案，明珏诉青岛某幼儿园平等就业权纠纷案，小C诉贵阳某体检中心有限公司一般人格权纠纷案，小马诉杭州某文化创意有限公司平等就业权纠纷案。
② 北京某信息技术有限公司诉小高劳动争议案。
③ 吴利娟：《中国性少数群体生存状况——基于性倾向、性别认同及性别表达的社会态度调查报告》，北京同志中心承办联合国开发计划署"亚洲同志"项目成果，2016年5月17日发布。

士在工作场所的经历的一系列经验证据。该项目调查发现，只有5.1%的性少数人士在职场完全公开了自己的性取向、性别认同和间性人身份。中国的性少数群体在工作场所常常面临敌意，环境中充斥着骚扰、欺凌和歧视，21.2%的性少数受访者反映曾在职场遭受过不友善对待。三种最常见的不友善对待的形式分别是：被上级、同事、客户、顾客提醒注意自己的外表、说话或行为方式（占8.7%）；受到上级、同事、客户、顾客的讥讽、嘲笑、辱骂、嘲弄、谩骂、侮辱等言语攻击（占6.5%）；上级、同事、客户、顾客要求他们改变着装、说话或行为方式（占3.6%）。一些性少数受访者还反映在职场遭受过更极端形式的对待，其中性骚扰占2.1%，身体暴力占0.4%，被解雇占8.0%，拒绝雇用占14.3%。只有4.2%的性少数受访者表示，他们目前的工作单位提供了关于性少数知识培训；只有8.3%的受访者表示，他们目前的工作单位明确指出性少数员工应该得到平等对待。①

未出柜者不得不花费精力隐藏自己的性别认同和性倾向，违心地编造关于个人生活的谎言，与同事无法坦诚相待，成为和谐相处的阻碍。他们多数经历过与自身性取向、性别认同和性别表达相关的心理困扰，压力过大而导致心理健康受损。

其中处境最差的是间性人和跨性别者，他们长期被各种单位拒绝录用。例如，湖南有两位间性人，在幼时由当地妇联筹款20万元做了割除男性生殖器手术。长大后，姐姐认同女性性别，从护校毕业后做护士，收入稳定。妹妹则认同自己为男性，身着男装。由于激素治疗不足，胡须和体毛等男性特征愈发明显。招聘方对照其女性身份证，发现明显不同即拒绝录用。这位间性人"被手术"后一直未能就业，只靠打零工维持生计，心情压抑且体弱多病。

2017年11月20日发布的《2017中国跨性别群体生存现状调查报告》显示：在2060名调查对象（跨性别男性、跨性别女性、性别酷儿和易装

---

① 孙耀东：《性少数群体在中国的职场经历》，北京同志中心承办联合国开发计划署"亚洲同志"项目成果，2018年11月发布。

者）中，61.5%正经历不同程度的抑郁情况，73.2%正经历不同程度的焦虑，21.2%有过自残的行为，12.7%有过自杀行为。而据世界卫生组织统计，2016年中国总人口自杀率的数据是10万人中有8人。[①] 此外，有能力获得性别重置手术的跨性别者仅占14.8%，仅有1%的跨性别者如愿变更了身份证上的性别，28%的跨性别者避免去需要出示证件的场合。跨性别人群的失业率达11.87%，而同期人社部公布的中国城镇登记失业率仅为3.97%。认为工作环境对跨性别身份不友好的占24.58%，在党政机关、事业单位、军队所感受到不友好的占比则高达35.04%。[②] 有调查进一步显示，跨性别者的就业率和工作稳定度分别比普通大众低10个百分点和10%左右，跨性别者当中低收入者的比例约为普通大众的1.5倍，而普通大众当中高收入者的比例也大概是跨性别者的1.5倍，超过四成的跨性别劳动者不享有任何保险，31%的跨性别者曾因性别问题被拒聘，14%的跨性别者曾因性别问题被解雇。[③]

2018年12月12日，最高人民法院颁布《关于增加民事案件案由的通知》，增加了"平等就业权纠纷"案由，自2019年1月1日起施行。2019年8月23日，小马在公益律师和同语等社群的支持下，针对原工作单位杭州某文化创意有限公司在她性别重置手术之后以多次迟到为借口予以辞退的不公平的差别对待行为（多个同事迟到多次并未被辞退），向杭州市某法院提起侵权诉讼，请求法院判令被告公开向原告赔礼道歉并赔偿原告精神损害抚慰金10000元。2020年1月19日，杭州市该法院以原告主张基于性别歧视解除劳动合同依据不足为由，驳回了原告的诉讼请求。[④] 小马不服，提起了上诉。2020年6月24日，杭州市中级人民法院做出二审

[①] 吴利娟、齐霁、辛颖等：《2017中国跨性别群体生存现状调查报告》，联合国开发计划署"亚洲同志"项目成果，2017年11月20日发布。

[②] 吴利娟、齐霁、辛颖等：《2017中国跨性别群体生存现状调查报告》，联合国开发计划署"亚洲同志"项目成果，2017年11月20日发布。

[③] 吴利娟：《中国性少数群体生存状况——基于性倾向、性别认同及性别表达的社会态度调查报告》，北京同志中心承办联合国开发计划署"亚洲同志"项目成果，2016年5月17日发布。

[④] (2019) 浙0108民初5749号民事判决书。

判决驳回上诉，维持原判。①

尽管两审判决均未支持小马的诉求，但作为中国首例跨性别平等就业权纠纷，诉讼影响深远，小马目前正准备申请再审。小马在谈到被辞退后的感受时说：

> 整个人是蒙的，身体还没有完全恢复，在接到被辞退的消息后，整体的状态很崩溃，然后很迷茫。我当时重新找工作的焦虑点就在于我存款没有多少，因为手术全花光了，租的房子就要到期了。所以那段时间特别焦虑，早上起来先哭，哭完了擦干眼泪，下午去面试，晚上回到家，有时候什么东西都吃不下就睡了。有时候睡到半夜醒过来就再哭一场。
>
> 对于跨性别女性来讲，并不是每一个人的外形声音都能够完全过关的，都能够像一个顺性别的女性一样。很多时候面试官就会说："你真的是女孩子吗？天哪，你长得好像男孩子。"有些会比较委婉，但有些就会说一些不太好的话。这还只是在面试的过程中。我应对的策略就是"脸皮厚"，有时候会半开玩笑地说："老娘就这么爷们！"有时就打一些哈哈应付过去。因为我不可能每面试一次就出柜一次，我还没有那么大的勇气。
>
> 直到手术后改了身份证性别之后，我才感受到大龄女青年找工作的不易，真的是太难了。所有的面试都会问你，有没有结婚，有没有男朋友，打算什么时候结婚，打算什么时候生孩子各种问题。
>
> 提起诉讼的案子，不是说要给公司多大的压力，我要拿多少钱，就是想我能推进一小步，让其他的兄弟姐妹在后面，如果遇到这样的情况，能够知道该怎么去处理。

小马的上述经历和感受在跨性别群体中具有代表性。访谈结果显示，如果不改变排斥性少数群体的工作环境，仅凭当事人提高竞争力是难以逃

---

① （2020）浙01民终2725号民事判决书。

脱被排挤的厄运的。例如，因性别重置手术被某网站（以下简称 A 网）以旷工为名辞退的小高在接受访谈时谈及公司曾发给她的一封函件（见下文），从中可见其遭受的不公平对待和承受的压力的严重程度。

小高先生，您好！A 网就北京市东城区人民法院做出的一审判决，准备提请上诉。考虑到法院在劳动仲裁案件中，通常支持员工利益，A 网同期在做您返岗的准备工作。近期国航航班，发生了精神病员工严重侵害正常人合法权利情况，A 网在做安排您返岗时，同时需考虑公司近千名员工的合法权利。因此，公司在您返岗之前，与您沟通以下问题并听取您的解决方案：

1. 关于 A 网其他员工安全工作环境的问题。您作为精神病人，享有精神病人的权利。A 网作为雇主，需要保护全体员工的合法、正当权利。这种权利的体现，不仅仅是精神病人发作时其他员工不受侵害，还要包括其他员工不在恐惧、不安、伦理尴尬的状态下安心工作。为了安全环境，您自行配备安保人员？还是您作为精神病患者，请人力资源和社会保障局介入？请提出方案。

2. 关于如厕问题。公司就该问题征求了员工的意见，女同事坚决反对您使用女厕所，男同事反对您使用男厕所。过往，公司在支持残疾人就业方面，如办公环境、如厕条件，做了很多努力。变性人如厕，如何做到、并尊重和保护其他员工的权利及意愿，请您及您的律师提供方案。这些问题请您和您律师深入思考，即便您不选择在 A 网继续工作，在其他工作环境，您和您的律师，都需要解决变性、精神病患这些具体工作问题。

另外，在向北京市第二中级人民法院上诉的同时，公司会提请北京市人力资源和社会保障局及法院考虑以下几个问题：

一、东城区劳动仲裁委及东城区人民法院未公平、公正考量员工和公司双方面的证据。

二、是什么力量让东城区劳动仲裁委、东城区人民法院如此裁决？公司会提请劳动局、司法局巡视组就劳动仲裁、一审程序中实体及程序审理是否正确、仲裁员及法官是否有不当行为，做出回答。公司亦会通过东城区人民政协"社情民意"提请东城区相应委、办、局进行了解。

三、北京市政协委员、A 网网董事长俞渝女士，将提请北京市政协"社会和法制委员"就本案的审理、二审进行监督，切实保障 A 网其他员工权利。

此函将小高做性别重置手术视为"精神病人"的行为，主观推测这会使其他员工恐惧、不安、伦理尴尬，声称"女同事坚决反对您使用女厕所，男同事反对您使用男厕所"，且以董事长的政协委员身份对案件施压——这让小高非常愤怒。在法院判决继续履行劳动合同之后，小高的岗位职级与工资被降了两级，工资仅为原来的 40%。调整后的岗位属于非常简单的事务性工作，令她觉得没意思，她目前很纠结要不要离职。由此可见，性少数群体中的佼佼者即使晋升到高管层（小高曾任技术部产品总监，月薪达 5 万余元），也会在被发现非主流性别或性倾向时受到就业歧视。即便是其司法诉求获得法院的支持，也要承受被报复的后果。

（二）保障性少数群体平等就业权的法律与政策存在诸多缺失

1. 性少数群体尚未被明确列入法律与政策规范之中

迄今为止，性少数群体尚未被明确列入法律与政策规范之中。在明珏诉青岛某幼儿园劳动争议案中，之所以没有把"同性恋的就业权益受法律保护"写进法律文书，是因为现行法律尚无直接关于"同性恋""性倾向"的内容。事实上，面对就业歧视行为，现行法律唯一可以涵盖性少数群体平等就业权的是《就业促进法》第 3 条规定——"劳动者依法享有平等就业和自主择业的权利。劳动者就业，不因民族、种族、性别、宗教信仰等不同而受歧视"。其中的"性别"应当涵盖女跨男、男跨女和性别酷儿及其"性别认同"与"性别表达"；"等"字为开放性语汇，可以将性倾向等纳入这一条款所列歧视的种类之中。

2. 无性别、性别歧视、就业歧视等概念的定义

中国法律尚未界定"性别""性别歧视""就业歧视"等概念，使法官在认定"就业歧视"时无明确的标准可依。虽然我国政府于 1980 年签署并批准了联合国《消除对妇女一切形式歧视公约》，其中"对妇女的歧视"进行了界定，并认定了性别歧视的标准，但是我国司法机关一般不直接援引国际公约，只有立法机关将国际公约转化为本国法律，其才能被引用作为裁判依据。

2017 年，小 C 诉贵阳某体检中心有限公司一般人格权纠纷案获得胜诉。但因立法中的"性别"并没有涵盖跨性别者及其性别表达，通常将其窄化为男女两性，所以判决书并未认定被告因误解小 C 为"同性恋"且不肯着女性工装而辞退小 C 的行为属于"就业性别歧视"。迄今为止，司法尚无确认用人单位对同性恋者、跨性别者及其性别表达的排斥行为构成就业性别歧视的判例。

此外，立法没有明确"就业歧视"的定义，这不仅使司法缺乏法律依据，还导致劳动监察与企业人力资源管理难以把握就业歧视的认定标准，将就业歧视行为误解为企业在行使用工自主权，企业管理者对其行动后果缺乏合理预判。

3. 无就业歧视案适用的举证规则

在全国首例同性恋职场歧视案（穆易诉深圳市某装修艺装饰设计有限公司侵犯平等就业权案）中，原告被辞退的真实原因是"小红帽事件"视频反映了其同性恋的私生活，而被告认为该事件对公司有负面影响。在案件审理过程中，被告对"小红帽事件"的真实性、合法性以及辞退行为与"小红帽事件"之间的关联性均不认可。法院认为，"因被告对其不予认可，原告也未能提供其他证据加以佐证，本院无法确认上述对话录音资料是否确为原告与被告工作人员之间所进行，故法院对上述对话录音资料的证明效力不予采信"。最终这起全国首例同性恋就业歧视案以原告败诉告终。设若现行法明确规定就业歧视侵权案的举证规则，加重雇主方的举证责任，本案就不会出现如此苛求原告举证的困境。

4. 法律责任形式不明确

在就业歧视案件中，尚无"赔礼道歉""精神损害赔偿"两种法律责任形式，多数法院认为原告要求被告"赔礼道歉"于法无据。而原告（歧视受害者）更重视"赔礼道歉"。比如，在小C诉贵阳某体检中心有限公司案件中，小C在接受访谈时明确表示，"其实钱对于我来说已经不重要，我是希望能拿到对方公司的公开书面道歉，让更多人知道不能以不正当的理由开除员工，每个人都该有平等就业权"。

5. 缺乏惩罚性赔偿责任

现行法律关于就业歧视案件，并无赔偿金的标准。黄蓉诉杭州市某烹饪职业技能培训学校一般人格权纠纷案是国内首例认定招聘阶段性别歧视的案例，一审法院判决被告赔偿原告精神损害抚慰金2000元。该案因开创性意义，入选《人民法院案例选》[①]。该案作为具有指导性的案例，使之后的马户诉北京市某物流有限公司和北京某劳务派遣有限责任公司一般人格权纠纷案、高晓诉广东某经济发展有限公司和广州市某酒楼一般人格权纠纷案、小C诉贵阳某体检中心有限公司一般人格权纠纷案，原告均获得2000元的精神损害抚慰金。

自2019年1月1日起实施的新案由"平等就业权纠纷"仍然隶属于一般人格权纠纷。一般人格权指以民事主体全部人格利益为标的的总括性权利，主要包括人格尊严权、自由权和平等权，并由此产生和规定具体人格的基本权利。人格尊严是一般人格权的核心内容，一般适用民法典第1165条第1款规定的"行为人因过错侵害他人民事权益造成损害的，应当承担侵权责任"。但是，法院对构成侵害人格尊严的要求有时过高，使人格尊严受到损害的没有得到应有的精神损害赔偿。概因《最高人民法院关于确定民事侵权精神损害赔偿责任若干问题的解释》第8条规定："因侵权致人精神损害，但未造成严重后果，受害人请求赔偿精神损害的，一般不予支持，人民法院可以根据情形判令侵权人停止侵害、恢复名誉、消

---

① 最高人民法院中国应用法学研究所编《人民法院案例选》（2015年第4辑），人民法院出版社，2016，第84~88页。

除影响、赔礼道歉。"这导致法院即便支持了原告的精神损害赔偿诉求，精神损害赔偿金额也低得既不能抚慰受害人身心创伤，也不能震慑就业歧视的实施方和潜在的侵权责任人。

6. 国家立法规定的劳动监察事项无就业歧视

2015年6月，笔者曾对75位劳动监察员进行问卷调查。对于"招聘歧视行为是否属于劳动监察的范围"，回答"是"的有41人，占54.7%；回答"不是"的有34人，占45.3%。有20.5%的劳动监察员认为劳动监察部门无权处罚实施就业歧视的招聘单位，因为《劳动保障监察条例》以及劳动和社会保障部《关于实施〈劳动保障监察条例〉若干规定》均未明确规定劳动监察大队的监察事项中有就业歧视，只能将招聘歧视行为归为"法律、法规规定的其他劳动保障监察事项"，况且其他法律也没有明确将就业歧视纳入劳动保障监察事项中。

二　完善保障性少数群体平等就业权立法与政策的可行性

（一）性少数群体强烈的立法诉求

在2013年的中国LGBT社群对话大会上，"职场歧视"作为一个关键议题被提出。89%的性少数受访者渴望权利得到保护，其中赞成法律中应该去除男女二元性别划分的占63.9%。调查表明，公众的观点正在发生变化，70%的受访者并不赞同将同性恋视为病态，也不赞同对性少数人群的偏见。非性少数人群的受访者同样赞成制定和实施平权政策，尊重和保护性少数群体。他们认为，性少数群体同样应享有各种社会服务及经济权利，包括让他们的同性伴侣同等享受保险福利。超过80%的受访者认为，法律应明确表示保护性少数人群的权利。[①] 特别是跨性别者做完性别重置

---

① 吴利娟：《中国性少数群体生存状况——基于性倾向、性别认同及性别表达的社会态度调查报告》，北京同志中心承办联合国开发计划署"亚洲同志"项目成果，2016年5月17日发布。

手术后改身份证、学历证等证件上的性别时经常遇到障碍，其对相关政策的呼声尤其强烈。

作为明珏诉青岛某幼儿园劳动争议案的原告，明珏在接受访谈时曾陈述被歧视之痛，表达了他对反歧视法的渴望：

> 作为一个同性恋者，根本就不能获得承认，甚至连同性恋这个词都不能说。你要隐藏得特别深，一旦被领导和同事发现的话就可能面临着纠纷，被解雇，甚至可能永远离开这个行业。希望立法能就性倾向、性表达方面的歧视出一个惩罚性的禁令，让所有的单位，特别是公务员、事业编制、教育行业都能发挥社会标杆的作用，引领社会包容多元性别。

作为小 C 诉贵阳某体检中心有限公司一般人格权纠纷案的原告，小 C（女跨男）也曾憧憬"反就业歧视法"出台后弱势群体就业权得到保障的美好前景：

> 当我听说孙晓梅在 2015 年全国人大会议上提交了制定"反就业歧视法"的议案时，我真是仿佛看到了希望啊！如果这个法能通过，它保障的不仅是我一个人的权益，而是很多弱势群体的就业权呀！

（二）典型判例表明了司法态度

1. 法院宣称对他人的性别认同及性别表达应当予以尊重

在小 C 诉贵阳某体检中心有限公司一般人格权纠纷案中，一审判决确认被告辞退原告的理由是原告不按规定着工装。一审法院引用《劳动法》第 12 条、《就业促进法》第 3 条等反歧视条款，且两次提及"差别对待"，认为被告解除与原告的劳动合同关系不符合《劳动法》第 26 条的规定，被告对原告实施了差别对待，侵犯了原告平等就业的权利，并且给原告的精神造成一定的损害，遂判决由被告赔偿原告精神损害抚慰金 2000 元。①

二审判决则开创性地宣称："本院认为，自然人的人格权是每个公民应当享有的基本的权利，个人的性别认同、性别表达属于一般人格权的保护范围，对他人的性别认同及性别表达应当予以尊重。同时，劳动者就业不因民族、种族、性别、宗教信仰不同而受歧视，应当消除城乡、行业、身份、性别等一切影响平等就业的制度障碍和就业歧视，尊重个人的性别认知和性别表达。不应当因个人性别认知和性别表达，使劳动者在就业过程中受到差别对待。"② 这起"中国跨性别就业歧视第一案"的判决表明了司法的积极态度，司法机关开创性地宣称尊重性少数群体的性别认同及性别表达，为后续立法提供了价值指引。

审理小高诉 A 网劳动争议案的二审法官在判决理由中明确提出，"法律条文虽然并未明确规定劳动者不因变性而受歧视，但劳动者因为进行性别置换手术而转变性别并获公安机关认可后，其享有平等就业不受歧视的权利，应系其中之义"③。这进一步体现了法官对多元性别的包容、理解、重新认知的积极态度以及对传统文化的检视，诠释了"社会宽容乃法治之福"的逻辑，表达了司法对公民尊严和权利的珍视。此论断既为小高以"平等就业权纠纷"提起诉讼奠定了基础，也揭示了对以立法方式明确性少数群体享有平等就业不受歧视权利的司法需求。二审审判长 D 法官在接受访谈时说：

> 本案真实的解雇原因是在小高向公司提交了没遮挡的假条之后，被发现做了变性手术。仅仅因为性别变了，就不让她回去上班，法院不给她支持的话，她就想自杀，还可能会产生反社会、报复社会的倾向。用共情的心理考虑一下，做变性手术需要下多大的决心，花多大的代价？后期长期吃激素还要花很多钱。变性本身并没有社会危害性，况且还有合法身份——身份证已经改了性别。公司的函提出如厕

---

① 贵州省贵阳市云岩区人民法院（2016）黔 0103 民初 2174 号民事判决书。
② 贵州省贵阳市中级人民法院（2017）黔 01 民终 5744 号民事判决书。
③ 北京市第二中级人民法院（2019）京 02 民终 11084 号民事判决书。

问题,人家已经变成女的了,上女厕怎么了?

我花了两周时间写判决书,把公司的函全写进去了,其中有歧视,她的权益受到侵犯了。在劳动争议纠纷中,也要认定就业歧视。如果互联网这种先进的公司都不能接纳她,还能指望其他公司接纳她吗?她再求职时,新公司做背景调查时会质疑她文凭中的性别,增加求职的难度,干了好几年,在产品设计部是第一把手,手下有20多人呢。她如果再求职可能会从头做起。考虑在新冠肺炎疫情期间能保住一份稳定的工作对她有利,所以判决劳动合同继续履行。

2. 法院认为同性恋并非精神类疾病

1990年5月17日,世界卫生组织正式把同性恋从当时的疾病名册中删除,意味着不再视同性恋为任何疾病,同性恋是人类性向中一种正常类别,不需要治疗。世界卫生组织还通过声明呼吁各国政府,坚决反对诊所和医院提供性向治疗,并应立法惩处或制裁提供性向治疗的医疗机构。2001年,《中国精神障碍分类与诊断标准第3版(CCMD-3)》出版发行,也将同性恋从精神疾病名单中剔除,实现了中国同性恋非病理化。2018年,世界卫生组织发布了《国际疾病分类》,在该分类中,性别认同障碍或性别焦虑症(Gender Identity Disorder/Gender Dysphoria)正式被更名为Gender Incongruence,即性别不一致或性别不符,并且将其从精神疾病目录当中删除,这标志着该组织对性别认同过程中出现纠结心理状态的去病化。

在燕子诉重庆某心理咨询中心和北京某网讯科技有限公司侵犯身体权、健康权和一般人格权纠纷案中,北京市海淀区法院做出的一审判决明确认定"同性恋并非精神类疾病","同性恋是不能治疗的"。[1] 该案入选《人民法院案例选》,得到最高人民法院的肯定。其中"同性恋并非精神类疾病"的判词为政府出台政策、扭转公众(尤其是人事管理者)的恐同偏见奠定了基础。

---

[1] 北京市海淀区人民法院(2014)海民初字第16680号民事判决书。

(三) 中国政府表态积极

2013年10月，中国政府代表团参加联合国人权理事会第二轮普遍定期审议会。在会上，爱尔兰与荷兰在工作组报告（A/HRC/25/5/Add.1）的"结论和/或建议部分"就性倾向与性别认同相关议题向中国政府提出了建议。中国政府回应，"中国《劳动法》规定，劳动者就业，不因民族、种族、性别、宗教信仰不同而受歧视。《就业促进法》对反对就业歧视做出较为系统的规定"。

2014年，国务院妇女儿童工作委员会办公室副主任牟虹女士在消除对妇女一切形式歧视公约委员会对中国的审议程序中申明："在中国，任何人都受法律保护，不会因为性倾向被歧视，中国社会对这些人也越来越宽容，也有专门提供研究、服务的组织。政府有关机构也尽力为他们提供方便，比如为相关组织提供注册登记。中国的知名舞蹈家金星在变性以后也提供了身份证的更改。我女儿的同事也是同性恋者，但这丝毫不影响其在事业上的发展。"

尽管《就业促进法》对反对就业歧视并未做出较为系统的规定，且无明确保护性少数群体的规定，但是中国政府的表态彰显了中国政府反就业歧视的积极态度，这为相关立法奠定了政治基础。

(四) 部分企业已出台对性少数员工的友好政策

已有部分企业主动将维护性少数群体平等就业权、确保工作环境多元、性别友善作为履行企业社会责任的重要组成部分。例如，陶氏化学（中国）投资有限公司、拜耳（中国）有限公司、国际商业机器（中国）有限公司（IBM）等公司对性少数员工的友好政策，包括禁止歧视和伴侣福利等规定。企业应该意识到，一个对LGBTIQ不友好的工作场所意味着LGBTIQ员工不能全力以赴地工作，不仅工作满意度下降，而且人才流失率提高，进而增加签订或解除劳动合同、职业培训等人力资源管理成本，加大非熟练工在工作效率上的差异。对性少数员工的友好政策提高了LGBTIQ员工的忠诚度，增强了其全身心投入工作的热情和归属感，同时有助于在全社会营造一种包容、尊重、理解、互助、共享改革开放成果的氛围。

(五) 域外有可借鉴的立法经验

随着国际社会对性少数群体平等权利关注度的不断提升,许多国家和地区出台了相关法律。例如,2002年纽约市修订《城市人权法》,重新定义"性别",不仅包括实际的或感知到的性,还包括"一个人的性别认同,自我形象,外表、行为或表情,不论性别身份、自我形象、外貌、行为或表情不同于传统上与合法性别有关的出生时分配给那个人的性别"①。

欧洲的《2006年性别平等指令》(Gender Equality Directive of 2006)明确将针对跨性别者的歧视纳入其中。②《欧洲人权公约》(European Convention on Human Rights)第12修正案作为对公约第14条禁止歧视条款的补充,大大扩展了保护群体的范围,即除了公约中列明的歧视缘由之外,也禁止基于性倾向(sexual orientation)和性别认同(gender identity)等一切与列明理由相当的歧视。③

2009年,瑞典《反歧视法》(Discrimination Act)明确将跨性别认同和表达(transgender identity or expression)与性别、种族、宗教等并列加以保护。④ 英国2010年的《平等法》(Equality Act)禁止工作场合出

---

① New York, N. Y., Admin. Code § 8 – 102 (23) (N. Y. Leg. Publ'g Co. 2015).
② European Parliament and Council Directive 2006/54/EC of 5 July 2006, on the implementation of the principle of equal opportunities and equal treatment of men and women in matters of employment and occupation (recast), 5 July 2006, at Recital 3. 另见, EU Fundamental Rights Agency, Homophobia, transphobia and discrimination on grounds of sexual orientation and gender identity: comparative legal analysis (2010 Update), at 21。
③ Protocol No. 12 to the Convention for the Protection of Human Rights and Fundamental Freedoms (ETS No. 177) Article 1 – General prohibition of discrimination. 1. The enjoyment of any right set forth by law shall be secured without discrimination on any ground such as sex, race, colour, language, religion, political or other opinion, national or social origin, association with a national minority, property, birth or other status. 2. No one shall be discriminated against by any public authority on any ground such as those mentioned in paragraph 1.
④ Chapter 1. Introductory provisions. The purpose of the Act Section. 1. The purpose of this Act is to combat discrimination and in other ways promote equal rights and opportunities regardless of sex, transgender identity or expression, ethnicity, religion or other belief, disability, sexual orientation or age.

现基于性别、年龄或性取向的歧视。之前的《性别歧视（性别转换）规则》对《性别歧视法》加以解释，防止对跨性别者以性别为由在薪金及雇佣待遇和培训方面产生歧视。① 新西兰在 1993 年人权法案（Human Rights Act 1993）中明确了禁止基于性别（sex）和性倾向（sexual orientation）的歧视。2015 年，泰国的《性别平等法》禁止基于性别表达的歧视。

美国国会在 1964 年制定《民权法案》时，"性别"指出生时的性别，当时没有顾及跨性别与同性恋者。1989 年，美国最高法院经由普华永道诉霍普金斯（*Price Waterhouse v. Hopkins*）案②，扩大了"性别"的外延。之后，很多法院认为《民权法案》第七章可以直接适用于保护跨性别者的性别不驯行为，③ 一些法院进一步指出《民权法案》第七章禁止的"性别歧视"可以涵盖基于性别认同（gender identity）、性别表达（gender expression）和性别转换（gender transition）的歧视。④ 美国平等就业机会委员会（Equal Employment Opportunity Commission，EEOC）一致宣称：基于跨性别身份的歧视在《民权法案》第七章的性别歧视项下可视为基于性别认同的歧视，性别歧视有多种多样的形式，包括性别表达不符合传统性别气质、进行了变性手术或正在进行变性手术、不喜欢某雇员自我认同为跨性别等。⑤ 美国《加州安鲁民权法案》（The California Unruh Civil Rights Act）禁止对性别认同的歧视，该法案将"性别"（sex）界定为包括但又不限于个人的社会性别（gender），即性别、性别认同及性别表达。⑥

---

① 饶志静：《英国反就业性别歧视法律制度研究》，《环球法律评论》2008 年第 4 期。
② *Price Waterhouse v. Hopkins*，490 U. S. 228（1989）.
③ *Chavez v. Credit Nation Auto Sales*，2016 WL 158820 at ＊1（11th Cir. 2016）.
④ 例如，*Glenn v. Brumby*，663 F. 3d 1312，1318 – 21（11th Cir. 2011）；*Doe v. State of Arizona*，2016 WL 1089743，＊2（Mar. 21，2016）.
⑤ 高文谦：《涉及 LGBT 的反就业歧视法比较研究》，刘小楠主编《反歧视评论》（第 2 辑），法律出版社，2015，第 139 页。
⑥ 高文谦：《涉及 LGBT 的反就业歧视法比较研究》，刘小楠主编《反歧视评论》（第 2 辑），法律出版社，2015，第 139 页。

三 完善保障性少数群体平等就业权立法与政策的具体建议

（一）出台"中华人民共和国反就业歧视法"

这是自2015年以来，孙晓梅等多位人大代表、政协委员陆续提出的议案和建议，已被立法机构接受。依照中国宪法"中华人民共和国公民在法律面前一律平等"以及"国家尊重和保障人权"的规定，由全国人大常委会制定"中华人民共和国反就业歧视法"，已经在立法机关、主管部门、专家学者和社会公众之间达成了初步共识。2008年，蔡定剑教授牵头以高校学者和人大常委会法工委为主体的专家小组，起草了《反就业歧视法（专家建议稿）》。之后由刘小楠教授组织专家组，对《反就业歧视法（专家建议稿）》进行了六次修改，包括笔者在内的76名专家参与了修订工作。

《反就业歧视法（专家建议稿）》对就业歧视的定义、适用范围、反就业歧视措施、专门机构（平等机会委员会）、司法程序、举证规则、法律责任形式和惩罚性赔偿等拟出了具体条款。《反就业歧视法（专家建议稿）》第3条界定了就业歧视：本法所称就业歧视，是指用人单位基于劳动者与工作能力和职业的内在需要不相关的因素，在就业中做出区别对待，从而取消或损害劳动者平等就业权利的行为。其中，"不相关的因素"包括：性别认同、性别表达及性倾向。《反就业歧视法（专家建议稿）》建议增设国家和地方的平等机会委员会，作为反就业歧视工作的专门执行机构，依法独立地开展工作。《反就业歧视法（专家建议稿）》确立了就业歧视案适用的特殊证据规则：只要原告有证明被告涉嫌歧视的初步证据或线索，就完成了自己的初步举证责任，举证责任就开始转移给被告。在法律责任部分规定了精神损害赔偿的标准，并提出精神赔偿应当遵循的三项原则：（1）考虑对受害人是否能起到抚慰的作用；（2）考虑对加害人是否发挥制裁的功能；（3）能否对潜在的侵权人有警示作用。

（二）人社部出台关于保障性少数群体平等就业权的通知

建议在"反就业歧视法"正式颁行之前，由人力资源和社会保障部出台关于保障性少数群体平等就业权的通知（以下简称"通知"），以政策的形式禁止针对性少数群体的就业歧视。

1. 对"性别"进行扩展性解释

性别如同光谱，男性和女性在两端，中间部分取决于染色体和第二性征以及心理认同和性别表达。美国著名的社交网络脸书（Facebook），在注册时为用户提供了除男女外56种非传统的性别选项。建议"通知"对"性别"进行扩展性解释，至少涵盖间性人、跨性别者及所有性少数群体与生理性别不同的性别表达。

2. 制定针对性少数群体就业歧视的认定标准

"通知"可以借鉴中国香港特别行政区的《性别歧视条例》第8条中的"若非因"判断标准，制定针对性少数群体就业歧视的认定标准，规定若非因其为性少数群体（LGBTIQ）中的一员，就不会采取区别对待行为。只要用人单位对求职者、员工实施的这种区别对待行为是基于劳动者与工作态度、能力和职业的内在需要不相关的因素，例如性别认同、性别表达及性倾向等，不论行为人主观上有无故意，只要在客观上已有取消或损害劳动者平等就业权利的结果（包括被拒录、被降职、被减薪、被辞退或者被迫辞职等），就构成就业歧视。

从前述小马诉杭州某文化创意有限公司平等就业权纠纷案的判决可见，法官习惯于按照审理劳动争议的思路，在确认原告存在迟到等严重违纪行为之后，就维护公司在员工违纪时的用工自主权，而不再审查公司辞退员工的真实理由（小马做了性别重置手术）及其是否存在不公平的区别对待。因此，"通知"应当界定混合动机歧视（mixed motive discrimination）。所谓混合动机歧视，即用人单位在做某项决定时，同时具有合法性与违法性双重动机。只要有歧视的因素存在，就算辞退原告有其他合法的根据，也不影响对歧视的认定。2019年11月26日，杭州互联网法院宣判的一起平等就业权纠纷就涉及"混合动机歧视"。来自河南的闫某某到被告公司应聘,该公司不愿意招录河南人,并且要求员工应当有工作经验。虽然闫某某即使不是河南人,也不符合公司要求员工有工作经验的标准;但公司拒录她是基于"河南人"和"无工作经验"的混合动机,这仍然构成了歧视。因此法院判决被告于判决生效之日起十日内,赔偿原告闫某某精神抚慰金及合理维权费用损失共计10000元(包括精神抚慰金9000元);向原告闫某某进行口头道歉并在《法制日报》上公开登报赔礼道歉。[1]

3. 明确劳动监察部门的职责

"通知"应将就业歧视列入劳动监察事项,明确劳动监察部门的职责集中于受理劳动者的投诉和举报,及时调查,尽量保护投诉和举报人,并对就业歧视行为依法及时妥善地处理。例如,劳动监察部门发现某用人单位因为员工正在计划或已经进行性别转换而辞退她/他,便需及时介入,在核实事实之后,责令该单位撤销辞退决定,双方继续履行劳动合同。当有人投诉所在单位因为员工的同性恋身份而拒绝给予晋升机会时,劳动监察部门受理后应及时调查取证,要求该单位陈述与性倾向无关的正当理由,在认定该单位并无正当理由之后,责令该单位改正此类就业歧视行为。对于拒绝改正就业歧视行为的单位,劳动监察部门有权依法给予行政处罚,并将其纳入失信惩戒系统予以公示。

4. 健全联合约谈机制

在就业性别歧视领域,工会、妇联与人社部门运用联合约谈机制已经取得了显著效果。"通知"可以授权工会、妇联、性少数组织约谈涉嫌就业歧视的用人单位。例如,发现某单位因为应聘者是一名跨性别女性而拒绝录用她,工会、妇联、性少数组织可以联合劳动监察部门,共同约谈该单位,帮助招聘主管认知就业歧视及其后果,及时纠正这种就业歧视行为。对于拒绝约谈或者约谈后拒不改正就业歧视行为的单位,由劳动监察部门依法给予行政处罚,并将其纳入失信惩戒系统予以公示。

5. 鼓励用人单位实施对性少数员工的友好政策

现实中已有公司做出良好实践,不仅禁止对所有人的就业歧视,提供

---

[1] 浙江省杭州市互联网法院(2019)浙0192民初6405号民事判决书。

多元性别教育和包容性培训，而且为性少数员工提供晋升通道，设置无性别厕所，为性少数员工的同居伴侣提供产假、健康保险等福利。这些对性少数员工的友好政策已经带来经济和社会效益，形成良性循环，值得推广。建议"通知"对这些先进企业在财税优惠政策、政府采购等方面予以鼓励。

6. 加强平等就业培训，提升性别多元意识

在小马诉杭州某文化创意有限公司平等就业权纠纷案中，被告向专家辅助证人刘小楠教授提出问题："跨性别和正常人迟到都开除，是否是对跨性别的歧视？"对于该问题，刘小楠教授当场予以纠正：跨性别对应的用词是顺性别，两者都是正常人，"跨性别"与"正常人"不能并举。由此可见，现实需要更多的性别多元培训。

"相较于在地方组织和公立机构工作的性少数群体而言，在国际组织和私营机构工作的性少数群体中有更多的员工表示，他们目前的工作单位提供关于性少数知识、平等意识及维权途径培训，以及他们目前的单位明确指出性少数员工应受到平等对待。"[①] 考虑到中国多数管理者缺乏性别多元意识、缺乏对就业歧视的认知，建议"通知"规定相关的职业培训具体要求，包括培训资质、培训内容、经费补贴和验收标准等细则。

综上所述，为了解决性少数群体遭受严重的就业性别歧视的问题，借鉴域外的经验，建议将全国人大常委会制定"反就业歧视法"作为远期目标，将人社部出台关于保障性少数群体平等就业权的通知作为近期目标。通过完善立法与政策以确保消除基于性倾向、性别认同及性别表达的歧视，保障性少数群体的平等就业权和人格尊严不受侵犯，进而实现中国政府关于2030年可持续发展目标"不让任何人落伍"的承诺。这符合联合国的要求与中国政府的施政方针，也符合现实的迫切需求及国情民意。

［责任编辑：杨一帆］

---

① 孙耀东：《性少数群体在中国的职场经历》，北京同志中心承办联合国开发计划署"亚洲同志"项目成果，2018年11月发布。

性/别少数者在受教育权实现中面临的挑战及其对策

沈飞飞　余若凡　张志敏　康子豪[*]

摘要：作为个人和社会发展的重要保障，受教育权是所有人应当平等享有之权利。性/别少数者在其受教育权实现过程中面临诸多挑战。在既往研究基础上，通过问卷调查和半结构式访谈，从校园暴力与欺凌、平等的受教育机会和性与性别平等教育三个具有代表性的角度切入，分析性/别少数者在受教育权实现方面的现状和挑战，并结合现有法律政策体系，提出促进性/别少数者受教育权保障的建议与措施。

关键词：性/别少数；受教育权；校园暴力与欺凌；平等受教育机会；性与性别平等教育

一　导论

（一）研究背景

教育是立国之本、强国之基，是实现人的自由而全面的发展的关键要

---

[*] 沈飞飞，中国政法大学人权研究院2019级硕士研究生，研究方向：性别与人权；余若凡，中国政法大学人权研究院2019级硕士研究生，研究方向：教育法学；张志敏，中国政法大学人权研究院2018级硕士研究生，研究方向：人权法学；康子豪，上海社会科学院社会学研究所2020级硕士研究生，研究方向：性与性别社会学。感谢所有问卷填答者和访谈受访者的勇气、努力以及对性/别少数群体研究的支持，感谢刘小楠教授对"性/别少数者在受教育权实现中面临的挑战及其对策"项目的指导与支持，感谢《反歧视评论》审稿人宝贵的修改建议，感谢所有帮忙推广问卷的个人、高校性/别社团和关注教育权益的社群服务机构。

素。教育事业的优先发展是推动党和国家各项事业发展的重要先手棋。[1]对于在社会生活中处于贫困和不利地位的个人和群体而言，教育具有帮助其改变自身状况的重要作用，弥合社会阶层间潜在的分裂。作为一项基本人权，受教育权在经济、社会和文化权利中具有举足轻重的地位，从个人自身发展的角度来看，其是其他人权实现和发展的逻辑前提和事实基础。从社会整体发展的角度出发，其更是实现全社会平衡充分发展的关键要素之一。作为推动人类社会不断向前发展的基本手段和保障，毫无疑问，受教育权是在全世界范围内最具有共识和普遍性的权利之一。对属于社会少数群体的性/别少数者而言，受教育权对其实现自由而全面的发展具有关键意义和核心作用。

作为一项人权的受教育权，其基本内涵指向受教育者所享有的权利以及与之相对应的国家应当承担的义务。[2]《世界人权宣言》第26条规定"人人都有受教育的权利"，《经济、社会及文化权利国际公约》第13条规定"人人有受教育的权利"，可见该权利为所有人均应当享有之权利，且最终目的为使所有人能够享受到与自身相适应的教育资源，并同时要求国家为权利实现提供相关环境或条件。然而，在教育领域，性/别少数者的合法权利缺乏有效法律保障，在受教育过程中遭受各种形式的暴力和歧视的现象时有发生。如有研究显示，40.2%（N=19148）的性/别少数者反映在学校遭受过不友善对待，其中有些人遭受过身体暴力、被禁止参加集体活动、被要求叫家长见老师、被要求不再去学校、被建议转学、辍学或被驱逐以及遭受性骚扰。[3]这些广泛存在的歧视和不平等侵犯了性/别少数者的受教育权，阻碍着性/别少数者的个人发展。

消除对性/别少数群体的暴力与歧视既是国际社会的共识，也是国家的法律义务。根据国际人权法，性/别少数者有权接受不受暴力和歧视的教育，以促进对人权和基本自由的尊重。《世界人权宣言》与核心人权公

---

[1] 冯培：《坚持把优先发展教育事业作为推动党和国家各项事业发展的重要先手棋》，《中国高等教育》2019年第Z3期。
[2] 杨成铭：《从国际法角度看受教育权的权利性质》，《法学研究》2005年第5期。
[3] 孙耀东：《性少数群体在中国的教育经历》，http://doc.baige.me/v？i＝R4j，最后访问时间：2020年8月15日。

约规定人人享有平等的受教育权,人权条约机构在其一般性评论、结论性意见和看法中,也确认各国有义务保护每一个人不受基于性倾向或性别认同的歧视。性/别少数者的受教育权应当得到同等的保障。

(二) 文献综述

国内学界涉及部分群体受教育权实现和保障的研究主要关注儿童、顺性别女性及少数民族等社会群体。在留守儿童、流动人员随迁子女、残障人、女童、少数民族等社会群体的受教育权实现和保障方面,已有较全面和深入的研究。处于学前教育阶段、义务教育阶段和高等教育阶段等特定受教育阶段的受教育者的受教育权的实现和保障状况也得到了相当程度的研究。与之相反的是,作为社会中最为边缘和弱势群体之一的性/别少数群体,对于其受教育权实现和保障之状况,全面和系统性的研究较为缺乏。在笔者视野范围之内,仅有刘小楠采用焦点小组访谈以及文献分析和比较的研究方法,总结了跨性别者受教育权的国际标准和国内法律保障,并从平等的受教育机会、校园暴力与欺凌、性和性别平等教育、校园设施和活动,以及学籍、教育证书和职业资格证书中的性别标记修改五个方面对跨性别者所面临的问题进行分析并提出相应的法律政策建议。[1]

尽管缺乏对于性/别少数者受教育权实现和保障的系统性研究,但国内学界对于性/别少数群体在受教育过程中所遭遇的典型问题和困境已有一定研究。董晓莹指出,不同于传统意义上的性暴力,针对性/别少数群体等校园边缘群体的校园性暴力未得到应有的关注,不利于阻止校园性暴力的发生。[2] 魏重政等发现,同性恋学生遭受校园暴力与欺凌的比例显著高于双性恋学生和性倾向不确定的学生,跨性别学生比例高于男性学生,男性学生高于女性学生,性/别少数群体学生所遭受的校园暴力和欺凌与其抑郁情绪和自杀想法呈现显著正相关关系。[3] 方刚认为,性别暴力的外

---

[1] 刘小楠:《中国跨性别者受教育权实现状况及法律对策》,刘小楠、王理万主编《反歧视评论》(第6辑),社会科学文献出版社,2019,第225~278页。
[2] 董晓莹:《校园性暴力的现状与思考》,《中国性科学》2013年第9期。
[3] 魏重政、刘文利:《性少数学生心理健康与遭受校园欺凌之间关系研究》,《中国临床心理学杂志》2015年第4期。

延需要加以扩展，包含基于性倾向、性别表达和性别选择的暴力，对于校园性别暴力的规制应当重点关注针对校园边缘化群体的暴力与欺凌。[1] 郭凌风等发现，性倾向、性别表达等内部因素和污名化等外部因素构成性/别少数学生遭受校园暴力与欺凌的危险因素，同时，负面的校园环境氛围将会加剧这一负面结果。[2] 胡春梅等发现，接近50%的中学生遭受过校园暴力与欺凌，同/双性恋的性倾向与中学生遭受校园暴力和欺凌间呈现正相关关系。[3] 罗鸣发现，在风险行为和负面情绪程度方面，遭受过校园暴力与欺凌的性/别少数学生高于未遭受者，曾目击针对性/别少数学生的校园暴力与欺凌的性/别少数学生高于未目击者，而友善的校园环境则有助于减轻负面影响。[4] 由此可见，长期处于社会边缘的性/别少数群体在校园中仍然处于不利地位，其遭受校园暴力与欺凌的概率相较其他人群高出很多，并由此产生诸多负面影响。此外，也有相关研究指出，在校园暴力与欺凌中，存在一类较为特殊的校园暴力，即学校、教师和其他组织通过其与学生间的不对等权力关系对被欺凌者合法权益进行侵犯的制度暴力。[5] 此类暴力的核心在于某个主体通过制度性手段不合理地剥夺了受教育者应当享有的平等接受教育的权利。

在改善性/别少数学生所处的文化环境方面，郭凌风等发现，系统的性教育是改善小学高年级学生对于性/别少数学生态度的有效手段，对于预防和治理校园暴力和欺凌具有积极意义。[6] 在1992年，学者刘达临在《中国当代性文化中》报告了源于全国范围两万多例"性文明"调查的样本成果梳理，在社会中赢得了广泛的好评，这可以视作国人正从较为保守

---

[1] 方刚：《校园性别暴力：新的定义与新的研究视角》，《中国青年研究》2016年第3期。
[2] 郭凌风、刘文利：《性少数群体校园暴力与欺凌的危险和保护因子》，《中国学校卫生》2019年第1期。
[3] 胡春梅、冯兆、张纬武：《中学生遭受校园暴力与性取向的关系》，《中国学校卫生》2020年第6期。
[4] 罗鸣：《校园性别欺凌与学生身心健康的影响机制分析：以性与性别少数学生为例》，《全球教育展望》2020年第4期。
[5] 同语：《校园性别暴力实证研究与政策建议》，http://www.tongyulala.org/index.php?m=content&c=index&a=show&catid=23&id=137，最后访问时间：2020年8月27日。
[6] 郭凌风、方世新、李雨朦、刘爽、刘文利：《性教育课程改善小学生同性恋态度效果评价》，《中国学校卫生》2019年第10期。

的思想中走出,开始迈向科学了解性的理性开放状态的标志。[1] 郭凌风等发现,联合国教科文组织在 2018 年《国际性教育技术指导纲要》中提出的"全面性教育"有助于改变大学生对于性/别少数群体的态度,营造多元包容的校园氛围,促进高校学生的身心健康。[2] 然而,我国的性教育至今还处在基础的发展阶段,远未形成独立的教育体系,[3] "全面性教育"依然是个需要不断努力的目标。

总而言之,性/别少数学生在受教育权实现和保障过程中成为校园暴力与欺凌指向的主要对象之一,且校园暴力与欺凌对其产生了严重的负面影响。在各类校园暴力与欺凌中,制度暴力严重影响了性/别少数学生平等接受教育。现有研究同时发现,系统、全面的性教育的缺失对预防和治理针对性/别少数学生的校园暴力与欺凌产生了消极影响,并且这种消极影响的范围可能扩展至受教育者的身心健康上。因此,本研究从校园暴力与欺凌、平等的受教育机会和性与性别平等教育三个角度出发,通过实证研究力图对性/别少数学生在受教育权实现和保障过程中遭遇的挑战和困境做全面和系统的分析,以弥补国内学界现有研究之不足。

(三) 研究方法

本研究主要通过问卷调查和半结构式访谈相结合的方法,对性/别少数者在受教育中面临的挑战进行了调查。

1. 研究对象的来源

问卷调查采取了线上问卷的形式,通过互联网多重渠道,利用微信公众号平台的转发功能,采取滚雪球的方式获取问卷调查的对象。调查对象可以通过手机或电脑在线填答并提交问卷。滚雪球线上调查的形式在一定

---

[1] 转引自朱梅《20 世纪初中国的性教育》,《南京大学学报》(哲学·人文科学·社会科学版) 2001 年第 1 期。
[2] 郭凌风、赖珍珍、李雨朦、刘爽、刘文利:《全面性教育课程对大学生性知识态度干预效果分析》,《中国学校卫生》2019 年第 12 期。
[3] 王雪婷:《改革开放以来中小学性教育内容演变研究——以文本分析为中心的考察》,硕士学位论文,沈阳师范大学,2019,第 5 页。

程度上限制了研究对象的来源和构成，根据对样本构成的分析，调查样本多是大学本科生。

由于此类研究对象大都比较顾及隐私，行事较为低调，所以通过与高校性/别社团、关注教育权益的社群服务机构合作的方式推广调研，利用其平台和影响力尽可能广泛地推动问卷的分发和填答。

在调查问卷的末尾，受访者可以选择是否提供个人联系方式、自愿接受访谈。在成功提交问卷的 1501 位调查对象中，有 425 位留下了个人联系方式。研究团队根据问卷调查对象是否遭受过校园暴力与欺凌、是否在平等受教育机会上遭受过歧视、是否接受过性与性别平等教育等描述状况，优先选择经历较丰富的调查对象，并在一定程度上考虑了调查对象的性别身份、性倾向身份和当下接受的教育程度后，生成了访谈对象的名单。访谈员通过调查对象留下的联系方式与其联系，如果得到对方许可，则通过线上语音的方式，通过半结构化访谈开展一对一的深入调查。通过这种方式，共联系了 51 位调查对象，成功完成 32 次访谈。

2. 研究对象的基本情况

（1）样本数量

网络问卷自 2020 年 2 月 25 日开放填答，截止到 3 月 16 日，在 20 天的时间内共收到了 1693 份问卷。因为问卷调查的是在中国（不包含港澳台地区）就读的性/别少数学生的在校经历，因此排除 192 份顺性别异性恋学生和不在中国（不包含港澳台地区）接受在校教育的性/别少数学生后，共获得有效问卷 1501 份，有效问卷率为 88.66%。共访谈 32 人，全部为自愿接受访谈并留下联系方式的问卷填答者。

（2）问卷调查样本的基本特征

根据在线问卷调查所获取的数据（见图 1、图 2），填答者的年龄为 10~31 岁，年龄均值为 20.77 岁，众数为 20 岁。其中，0.13%（2 名）的填答者是小学生，1.67%（25 名）的填答者是初中生，0.73%（11 名）的填答者是中专/技校/职高生，10.46%（157 名）的填答者是普通高中生，4.53%（68 名）的填答者是大学专科生，70.82%（1063 名）的填答者是大学本科生，10.26%（154 名）的填答者是硕士研究生，

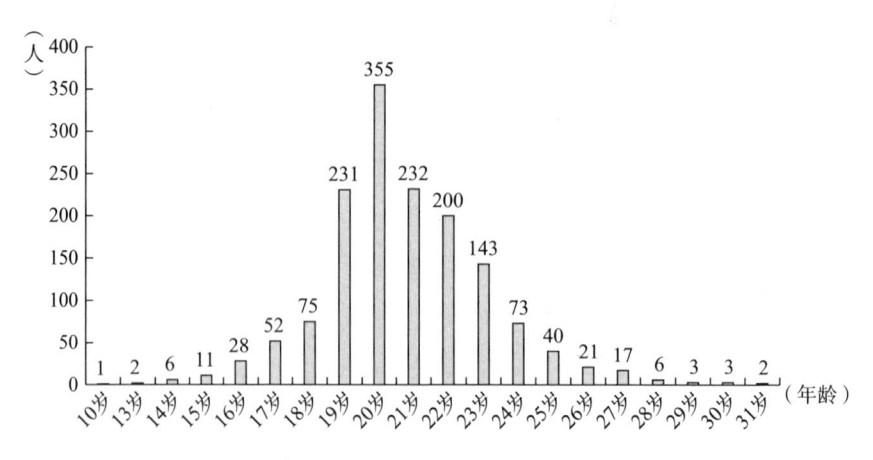

图 1　问卷调查样本的年龄分布情况（N = 1501）

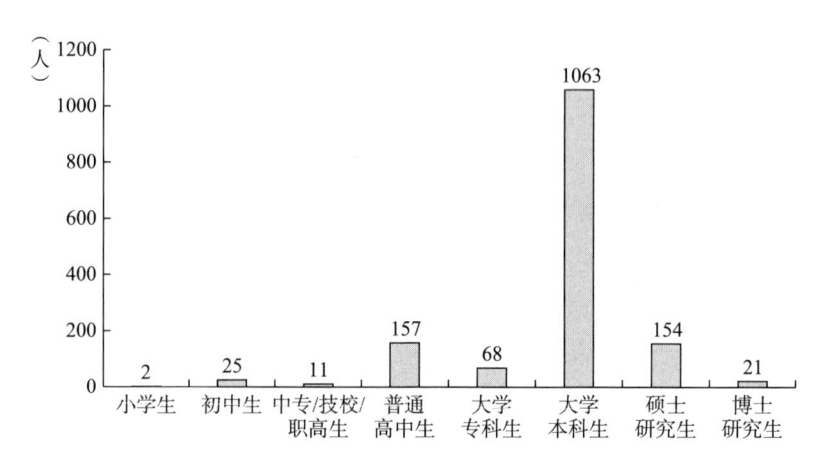

图 2　问卷调查样本目前接受教育情况（N = 1501）

1.40%（21名）的填答者是博士研究生，因此本调查大部分样本是就读于大学本科的学生。

图3和图4分别显示的是样本的性别身份和性倾向，可以看出，样本在性别身份和性倾向的构成方面多元程度较高。从全体样本的性别构成来看，顺性别者占了绝大多数（85.74%），其中顺性别男性和顺性别女性分别有647、640名，此外，还包括数量较少的跨性别男性（67名）、跨性别女性（50名）和其他性别者（97名）。在1287名顺性别者的性倾向构成上，同性恋占比最高（59.36%），其次是双性恋（27.66%），泛性恋

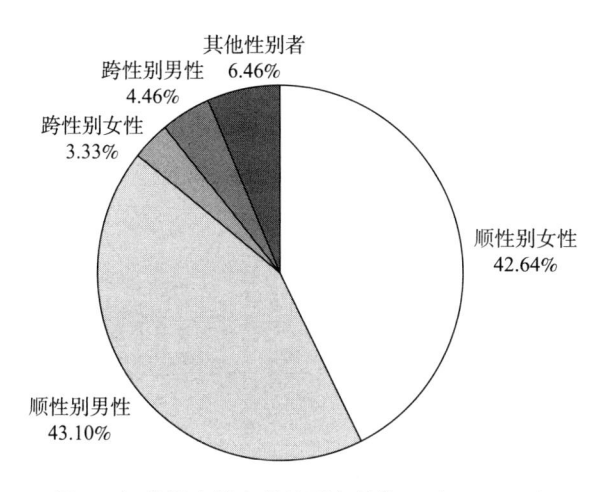

图3 问卷调查样本的性别身份情况（N=1501）

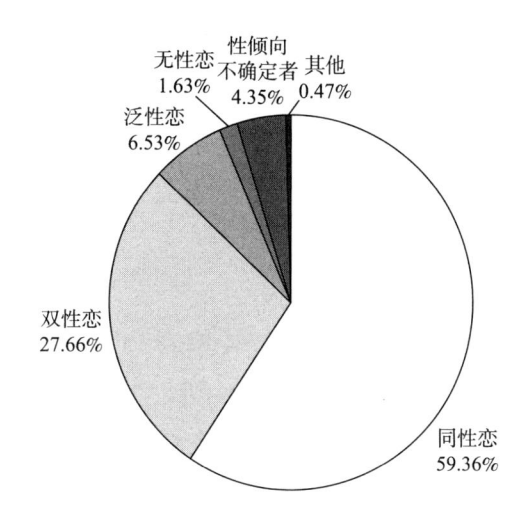

- 其他性别者 6.46%
- 跨性别男性 4.46%
- 跨性别女性 3.33%
- 顺性别女性 42.64%
- 顺性别男性 43.10%

图4 问卷调查样本的性倾向情况（N=1287）

- 性倾向不确定者 4.35%
- 其他 0.47%
- 无性恋 1.63%
- 泛性恋 6.53%
- 双性恋 27.66%
- 同性恋 59.36%

所占的比例排在第三位（6.53%），此外还包括较低比例的无性恋（1.63%）、性倾向不确定者（4.35%）和其他可能存在的性倾向身份（0.47%）。

从问卷填答者的籍贯地分布（见图5）可以看出，本次问卷调查的样本覆盖了除香港特别行政区、澳门特别行政区和台湾之外的全部省、自治区和直辖市。图5按照各地区填答者在全体样本中所占比例由高到低的顺

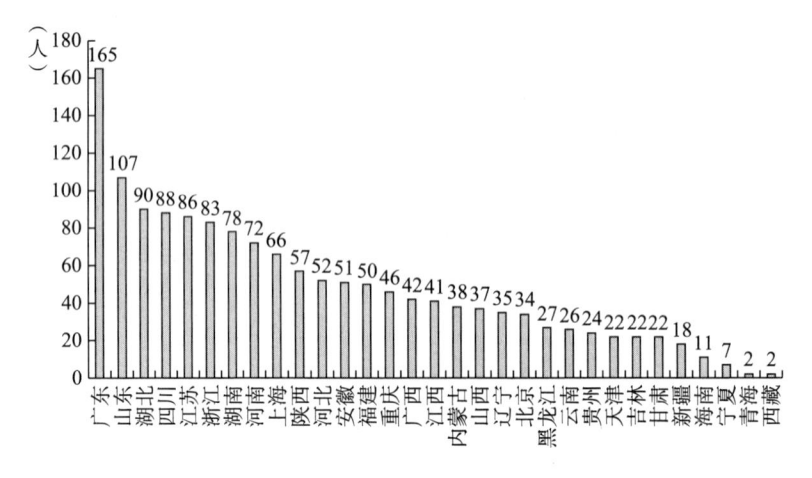

图 5　问卷调查样本的籍贯分布情况（N=1501）

序，依次排列本次问卷调查覆盖的所有31个区域。来自广东省的填答者在全体样本中所占比例超过10%，来自山东、湖北、四川、江苏、浙江和湖南的填答者在全体样本中所占比例处于5%~10%之间。而来自这七个省的填答者在全体样本中占比为46.44%，将近总数的一半。总体而言，问卷样本在区域分布上集中于东部和中部地区，来自西北地区的样本相对较少。

（3）访谈受访者的基本情况

32位受访者中，有1名初中生、5名普通高中生、6名大学专科生、18名大学本科生和2名硕士研究生。在性别和性倾向构成上，有12名男同性恋者、7名女同性恋者、6名跨性别女性、3名跨性别男性、2名其他性别者、1名女双性恋者和1名男泛性恋者。在当下就读的院校背景方面（见图6），接受访谈的32位受访者中，1名来自乡镇中学，3名来自县市中学，2名来自国际中学，4名来自技术、专科院校，6名来自普通本科院校，11名来自重点大学，5名来自中外合办大学。

这些受访者中，31人遭受过校园暴力与欺凌，13人在平等的受教育机会上曾遭受过歧视，30人或多或少接受过性与性别平等教育。

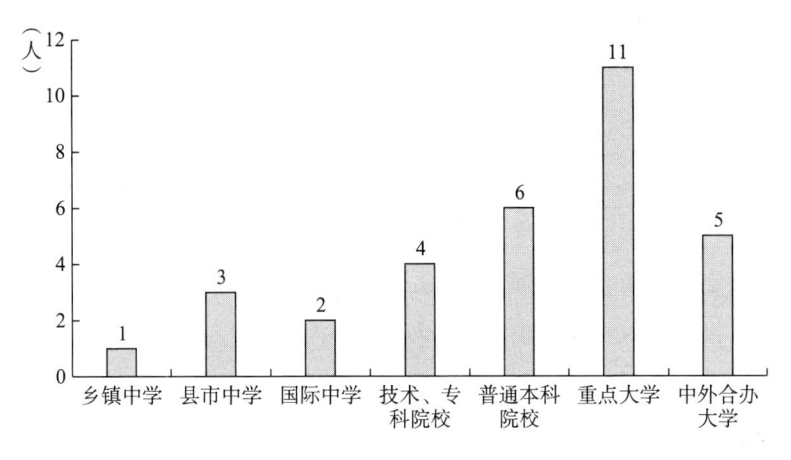

图 6 受访者就读院校背景（N＝32）

注：重点大学指双一流大学。

二 校园暴力与欺凌现象及其对策

近年来校园暴力与欺凌事件频发，校园暴力与欺凌治理逐渐进入国家教育政策调整视野。2016 年 11 月，教育部等九部门联合发布了《关于防治中小学生欺凌和暴力的指导意见》。2017 年 11 月，教育部等十一部门联合发布了《加强中小学生欺凌综合治理方案》。校园暴力与欺凌治理问题已成为受教育权保障方面不容忽视的核心议题之一。

联合国教科文组织在其 2017 年 1 月发布的《校园暴力与欺凌——全球现状报告》中明确指出，校园暴力包括身体暴力、心理暴力（包括语言暴力）、性暴力以及欺凌。与其他三项暴力相比，欺凌以具有规律性为构成前提，而非相互独立的偶然性事件，并常伴随着不平等的权力关系。[1]遵循上述分类方式，则校园欺凌是校园暴力的表现形式之一，且其外延小于身体暴力、心理暴力和性暴力。反之，身体暴力、心理暴力及性暴力在满足特定条件时即构成校园欺凌。

---

[1] 联合国教科文组织：《校园暴力与欺凌——全球现状报告》，https://unesdoc.unesco.org/ark:/48223/pf0000246970_chi? posInSet＝1&queryId＝4a72865f－0d15－4e8d－a64c－bb58ebba6c36，最后访问时间：2020 年 8 月 27 日。

最早对校园欺凌问题进行系统性研究的挪威心理学家丹·奥维尤斯（Dan Olweus）将校园欺凌定义为以下情形：一名学生反复且长期地遭受一名或多名学生的负面行为，且该负面行为是指某人出于故意对他人造成或试图造成伤害或不适的行为。[1] 他其后又指出，这些负面行为可以通过身体接触、语言或其他方式，例如做鬼脸、呈现侮辱性的姿态、传播流言以及有意地进行孤立等，加以实施。[2] 在校园欺凌的具体类型方面，现有研究基本将之分为身体欺凌、言语欺凌和关系欺凌三类。[3]

结合上述资料，本研究在设计调查问卷具体问题时，考虑到进一步调查校园欺凌问题的需要，设置身体暴力、语言暴力、心理暴力以及性暴力四个封闭式选项以及一个开放式选项。此外，本研究所讨论的校园暴力与欺凌现象不包括校外人员针对校内师生的一切行为，同时也不包括学生针对教师等学校员工以及教师间的一切行为。因此，本研究所关注的主要是以性/别少数学生为遭受者的学生间的校园暴力与欺凌以及教师等学校员工对学生施加的校园暴力与欺凌。

（一）校园暴力与欺凌概况

根据在线问卷调查所获取的数据（见图7），1501人中有248人（16.52%）自身遭受过校园暴力与欺凌，340人（22.65%）自身未遭受过校园暴力与欺凌，但知晓身边同学遭受过，913人（60.83%）既未自身遭受过校园暴力与欺凌，也未听说过身边同学遭受过。因此，在性/别少数学生群体中，有83.48%的人自身未遭受过校园暴力与欺凌，

---

[1] Dan Olweus, "Bully/Victim Problems in School: Facts and Intervention," *European Journal of Psychology of Education*, Vol. 12, Iss. 4 (Dec., 1997), pp. 495-510.

[2] Dan Olweus, "Bully/Victim Problems in School: Facts and Intervention," *European Journal of Psychology of Education*, Vol. 12, Iss. 4 (Dec., 1997), pp. 495-510.

[3] 关系欺凌，主要指欺凌者通过操纵人际关系，使受欺凌者被孤立，感到不被群体认同，被排斥。言语欺凌，指欺凌者对受欺凌者进行口头上的恐吓、责骂、羞辱、嘲弄、贬低等，从而对受欺凌者造成心理伤害，此行为通常伴随着关系欺凌。身体欺凌，指欺凌者遭受身体暴力，钱财物被勒索、抢夺或被偷，被强制做不想做的事情等。详见李佳哲、胡咏梅《如何精准防治校园欺凌——不同性别小学生校园欺凌的影响机制研究》，《教育学报》2020年第3期。

有 16.52% 的人自身曾遭受过校园暴力与欺凌，这一比例显著高于罗鸣的 8.74%，[1] 但与联合国教科文组织的 16%~85% 基本保持一致。[2]

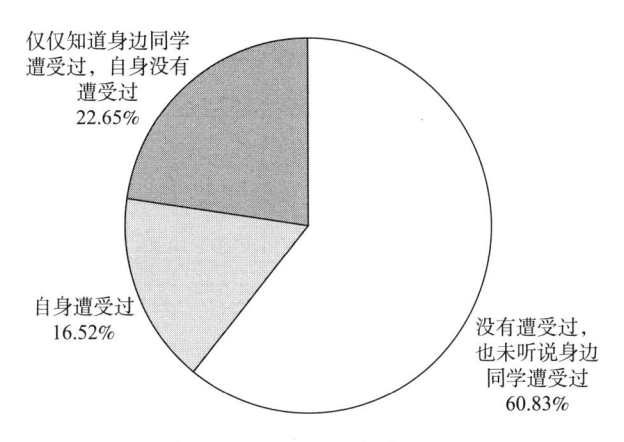

图 7　校园暴力与欺凌的总体情况（N = 1501）

在校园暴力与欺凌的类型分布方面（见图 8），248 名自身遭受过校园暴力与欺凌的填答者中，61 人（24.6%）曾遭受过身体暴力，231 人（93.15%）曾遭受过语言暴力，174 人（70.16%）曾遭受过心理暴力，41 人（16.53%）曾遭受过性暴力。此外，在 248 名填答者中有 2 人选择了"其他"这一选项，具体指涉"冷暴力"和"不合群"两种现象，实则涉及心理暴力和关系欺凌。由此可见，语言暴力现象在性/别少数学生群体所面临的校园暴力与欺凌中最为多发，其分布率已接近 95%，心理暴力现象次之，其分布率也已达到 70%。而身体暴力现象和性暴力现象分布率则较低，但也均超过 15%。

在校园暴力与欺凌的受教育阶段分布方面（见图 9），248 名自身遭受过校园暴力与欺凌的填答者中，98 人（39.52%）在小学阶段遭受过校园暴力与欺凌，149 人（60.08%）在初中阶段遭受到校园暴力与欺凌，111 人（44.76%）在高中阶段遭受过校园暴力与欺凌，41 人（16.53%）在

---

[1] 罗鸣：《校园性别欺凌与学生身心健康的影响机制分析：以性与性别少数学生为例》，《全球教育展望》2020 年第 4 期。
[2] 联合国教科文组织：《校园暴力与欺凌——全球现状报告》，https://unesdoc.unesco.org/ark:/48223/pf0000246970_chi? posInSet = 1&queryId = 4a72865f - 0d15 - 4e8d - a64c - bb58ebba6c36，最后访问时间：2020 年 8 月 27 日。

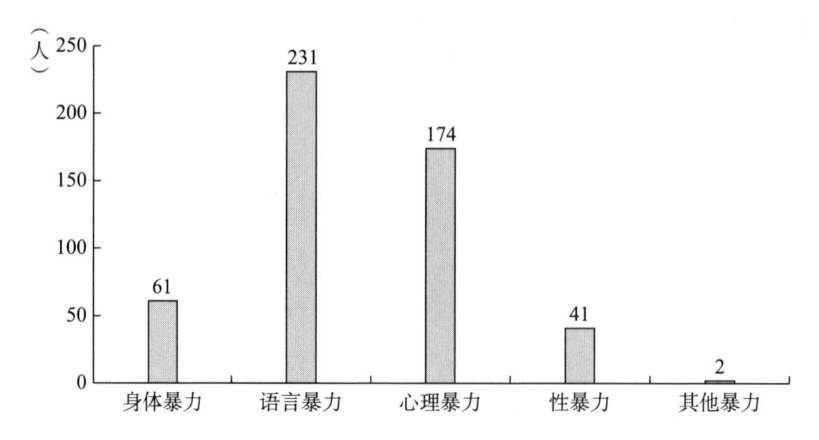

图8 校园暴力与欺凌的类型分布（N=248）

大学阶段遭受过校园暴力与欺凌，5人（2.02%）在研究生阶段遭受过校园暴力与欺凌。由此可见，性/别少数学生群体所遭受的校园暴力与欺凌集中分布于初中阶段，占比超过60%，高中和小学阶段的分布集中程度次之，且均超过39%，大学阶段和研究生阶段相比较低。

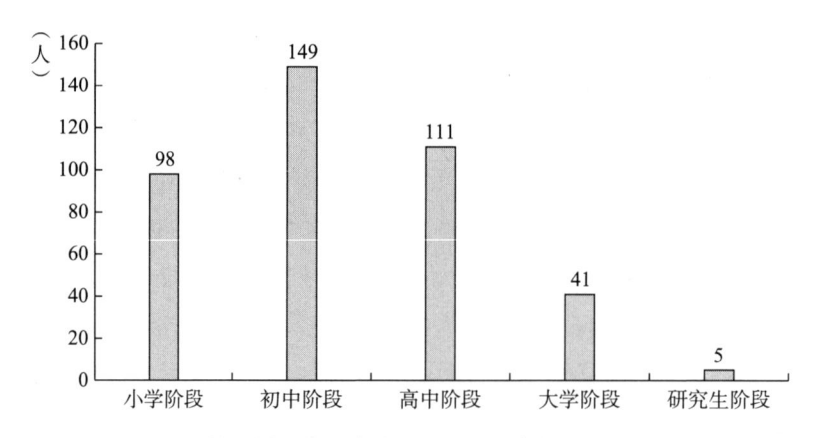

图9 校园暴力与欺凌的受教育阶段分布（N=248）

在遭受校园暴力与欺凌后的救济方面，248名自身遭受过校园暴力与欺凌的填答者中，197人（79.44%）在遭受校园暴力和欺凌后未获得任何来自学校的救济或帮助，51人（20.56%）在遭受校园暴力和欺凌后获得了来自学校的救济和帮助。由此可见，绝大部分性/别少数学生在遭受校园暴力与欺凌后未能获得有效的救济和帮助。

在遭受校园暴力与欺凌后所产生的负面影响分布方面（见图10），

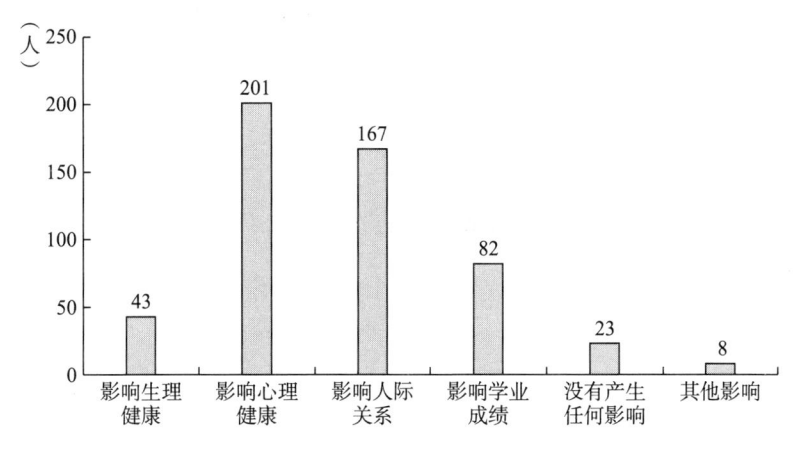

图 10 校园暴力与欺凌所造成的负面影响分布（N = 248）

248 名自身遭受过校园暴力与欺凌的填答者中，有 43 人（17.34%）因之影响到了生理健康，有 201 人（81.05%）因之影响到了心理健康，167 人（67.34%）因之影响到了人际关系，82 人（33.06%）因之影响了学业成绩，8 人（3.23%）因之受到了其他影响，23 人（9.27%）认为其所遭受的校园暴力与欺凌未对其造成任何影响。由此可见，在遭受校园暴力与欺凌后，超过 90% 的性/别少数学生受到了负面影响。而对于心理健康和人际关系的影响占比最高，分别超过了 81% 和 67%，对于生理健康和学业成绩的影响分布较低，但也分别超过了 17% 和 33%。

（二）校园暴力与欺凌的典型表现形式

在 31 位受访者所遭受的校园暴力与欺凌中普遍存在身体暴力、语言暴力、心理暴力以及性暴力四种表现形式。其中 26 位受访者遭受过语言暴力，17 位受访者遭受过身体暴力，20 位受访者遭受过心理暴力，6 位受访者遭受过性暴力。这种语言暴力和心理暴力最为多发，身体暴力其次，性暴力更次的分布趋势与问卷数据所显示的特征保持了基本一致。尤应指出的是，在访谈案例中，受访者所遭遇的负面行为，均具有多种暴力因素粘连的特征，对于校园暴力和欺凌的遭受者产生了多方面的影响。此外，相关研究指出，校园暴力除上述种类外，还存在学校、教师和其他组织通过其与学生间的不对等权力关系对其进行侵害的制度性暴力。① 本研究将在平等的受教育机会部分对该类暴力进行集中探讨，故在此不再赘述。

1. 身体暴力

身体暴力是指以任何形式故意造成伤害的身体攻击，包括人身伤害、体罚和财物损害等。② 总体而言，受访者所遭受的身体暴力主要包括殴打、体罚（来自教师的攻击行为）、人身伤害、捉弄以及其他等五种。

典型案例：殴打

1365 号受访者③当时（小学六年级）被拉到女厕所，几个女生在厕所门口对其拳打脚踢，并将其拉到厕所里面扇耳光。那时受访者不是站着的，是那几个女生将其弄倒并拉进厕所的，厕所内有很多尿，导致其身上也都是。

典型案例：体罚

359 号受访者④初中的体育老师注重男子气概，而受访者是体育委员，所以老师对其并不满意，会让其站直或者是说话声音更大一点，可能是想让其某些"阳刚"的特征更加显露出来。有时候老师会攻击受访者，对其进行如踢踹、揪领子等身体上的攻击。受访者初中的班主任，在受访者因为别人打他而引发的一些冲突中，会说"某某（指受访者）也上来""一起做俯卧撑"，这是在班主任明知受访者做不了俯卧撑的前提下发生的体罚。除此之外，班主任会打受访者的屁股，一般惩罚男生时候会让他们做俯卧撑，但对受访者则用惩罚女生的手段进行处罚，即趴到他的腿上打屁股。

---

① 同语：《校园性别暴力实证研究与政策建议》，http://www.tongyulala.org/index.php? m = content&c = index&a = show&catid = 23&id = 137，最后访问时间：2020 年 8 月 27 日。
② 联合国教科文组织：《校园暴力与欺凌——全球现状报告》，https://unesdoc.unesco.org/ark:/48223/pf0000246970_chi? posInSet = 1&queryId = 4a72865f - 0d15 - 4e8d - a64c - bb58ebba6c36，最后访问时间：2020 年 8 月 27 日。
③ 1365 号受访者：2002 年出生，顺性别男性，同性恋，普通高中生。
④ 359 号受访者：2001 年出生，顺性别男性，同性恋，大学本科生。

典型案例：人身伤害

939号受访者①学校旁边有一条河，当时没有设立围栏，可以去河边玩，河边没有教师巡逻。受访者在那儿受到殴打，施暴者们将她拖到河边，把她的头按在水里，看到她呼吸不上来再拉上来，然后又按下去，施暴者们因此取乐。

除了上述三种身体暴力，受访者们还遭受到了捉弄和其他两种暴力。1493号受访者②经常被同学集体针对，同学时常藏匿其日用品或弄脏弄乱其衣物，这是典型的受到了捉弄的状态。199号受访者③则受到了某种歧视性的对待，当其肚子疼想如厕时，会被后进来的同学要求离开他们习惯使用的隔间，但此时已没有其他隔间了。

2. 语言暴力

语言暴力是指通过中伤、辱骂、传播谣言、讽刺、嘲笑、恐吓、威胁等言语方式故意造成伤害的攻击行为。总体而言，受访者所遭受的语言暴力主要包括诬告陷害、侮辱、中伤、嘲讽、网络途径的言语攻击、威胁、取笑、恐同言论、散播谣言、性/别矫正"劝诫"以及性/别身份质问等，这些暴力方式复杂多样，大部分方式如诬告陷害、侮辱、中伤、嘲讽、威胁、取笑、散播谣言等通过字面就可以理解其意涵，一部分方式如网络途径的言语攻击、恐同言论、性/别矫正"劝诫"和性/别身份质问等需要引用事例进行说明。

典型案例：网络途径的言语攻击

791号受访者④被其同学在微信朋友圈公开性倾向和恶意中伤，说"不要去惹他"之类的话。并且其同学还会在QQ空间等网络空间进行私下的攻击，包括利用QQ发一些匿名的消息去辱骂受访者之类的行为。

---

① 939号受访者：1999年出生，顺性别女性，同性恋。
② 1493号受访者：2001年出生，跨性别女性，大学本科生。
③ 199号受访者：1998年出生，顺性别男性，同性恋，大学本科生。
④ 791号受访者：1998年出生，顺性别男性，同性恋，大学本科生。

典型案例：恐同言论

827 号受访者①被其舍友连名带姓地质问"是不是在被子里看黄片？"和"你是不是同性恋？"之类的问题，并认定受访者有同性恋倾向，在不听取受访者解释的情况下说出"我们宿舍很不欢迎同性恋"或"我觉得同性恋都是死变态"或与之类似的言论。

典型案例：性/别矫正"劝诫"

1365 号受访者②喜欢绣十字绣，在和与其关系比较好的一个同学说了这个爱好之后，没多久全校人就知道了。然后就有同学对其进行"男孩子要怎么样，不能这样"之类的"劝诫"。受访者的班主任也与其谈过，觉得这个事情（指绣十字绣）男孩子不要做，这是一些女孩子该做的事，认为其应该做一些男孩子该做的事，比如说去打篮球。

典型案例：性/别身份质问

1107 号受访者③曾在教室被当众问询其同性恋身份。有男生在课间受访者从其身旁经过时，突然莫名其妙地叫住受访者询问其是不是同性恋。

3. 心理暴力

本研究中使用的心理暴力概念主要指通过社交关系等进行的情感虐待，其主要形式包括孤立、排挤、忽视/漠视、歧视、侮辱、胁迫等。总体而言，受访者所遭受的心理暴力主要包括排挤、孤立、威胁出柜以及被出柜等。

典型案例：排挤

1332 号受访者④在高中时处处受到同学的排挤、排斥，如任何活动都不会被提前通知，并且各种各样的事情都逼着受访者一个人做，甚至体育课活动、运动会之类的也是受访者自己一个人参加。

---

① 827 号受访者：1998 年出生，其他性别，硕士研究生。
② 1365 号受访者：2002 年出生，顺性别男性，同性恋，普通高中生。
③ 1107 号受访者：2001 年出生，顺性别女性，同性恋，大学本科生。
④ 1332 号受访者：2001 年出生，跨性别女性，大学本科生。

典型案例：孤立

968号受访者①意识到被同学们有意识地、集体地孤立了。"他们像是约好了一样"，但其同学隔一段时间就会调侃他，具体是关于性别气质方面的。同班的一些女生也会传播关于受访者恋爱对象不断变化的谣言。

典型案例：威胁出柜

1462号受访者②曾被其教师威胁"我要告诉别人家长你是同性恋"，说要让他们的孩子不要跟受访者一起玩，这让受访者明显感到了被冒犯。

典型案例：被出柜

同样是1462号受访者，她的同学向别的班的同学们说"我们班的那个同学她是女同性恋"，并造谣"她以前经常喜欢跟别人抱一抱，然后她可能都是喜欢你的，你不要跟她太接近，她会对你有意思"，目的是让其他同学与他一样与受访者"保持距离"。

4. 性暴力

性暴力是指带有性意味的恐吓、骚扰、强行触摸、胁迫性行为以及强奸。③ 总体而言，受访者所遭受的性暴力主要包括胁迫性行为、强行触摸以及骚扰等。

1332号受访者曾被胁迫，曾有四五个同学在中午放学时将其拉进空教室并脱掉其裤子，要求验证其是男是女。1549号受访者④则被强行触摸，其在高中时被本班一个高壮男生按在楼道墙角用生殖器压蹭身体，因为体力有限，受访者根本无法挣脱。1482号受访者⑤则被明显骚扰，其在

---

① 968号受访者：2002年出生，跨性别男性，初中生。
② 1462号受访者：2004年出生，顺性别女性，双性恋，普通高中生。
③ 联合国教科文组织：《校园暴力与欺凌——全球现状报告》，https://unesdoc.unesco.org/ark:/48223/pf0000246970_chi? posInSet = 1&queryId = 4a72865f - 0d15 - 4e8d - a64c - bb58ebba6c36，最后访问时间：2020年8月27日。
④ 1549号受访者：2001年出生，跨性别女性，大学本科生。
⑤ 1482号受访者：1994年出生，顺性别女性，同性恋，硕士研究生。

洗澡和上厕所时都曾有很多女生将手机从门上面伸进来录像,以此验证和向他人"展示"其是男是女。

这些不同形式的性暴力表现方式复杂多变,很难通过固定的规章和方式来规避和制止,因此性暴力还会在相当长的一段时间内持续,亟须在制度和行动两个方面加强保护。

(三) 不同受教育阶段的校园暴力与欺凌

尽管问卷调查数据显示不同种类的校园暴力与欺凌在全受教育阶段普遍存在,但身体暴力、语言暴力、心理暴力以及性暴力在不同的受教育阶段显示出不同的分布比例(见图11)。对问卷调查数据的交叉分析显示,语言暴力在各受教育阶段均呈高比例分布样态,在各受教育阶段其分布比例均高于90%。心理暴力在各受教育阶段的比例分布大致呈线性增长趋势,从小学阶段的63.27%至大学阶段的87.80%,受教育阶段层次越高,心理暴力的分布比例越高。

身体暴力在各受教育阶段总体呈低比例分布样态,但其大学阶段比例低于13%,高中阶段比例为20%,小学阶段和初中阶段比例均高于30%,相比高中和大学阶段分布比例较高。性暴力在各受教育阶段总体呈低比例分布样态,同比身体暴力所占比例较低。与身体暴力相同,其高中和大学阶段比例也低于小学和初中阶段。

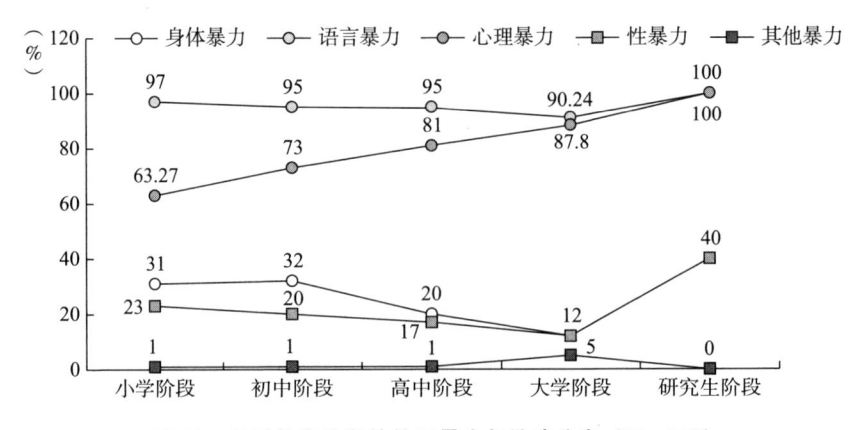

图11 各受教育阶段的校园暴力与欺凌分布(N = 248)

(四) 校园暴力与欺凌的遭受者

1. 校园暴力与欺凌受暴者的性别身份分布

从图12中可以观察到，尽管问卷调查数据显示校园暴力与欺凌这一现象在性/别少数学生群体中广泛存在，但其在不同性别认同和性倾向学生中的分布存在显著不同。对问卷调查数据的交叉分析显示，在1501名填答者中，跨性别女性群体中有52.00%的人自身曾遭受过校园暴力与欺凌，跨性别男性群体中有28.36%的人自身曾遭受过校园暴力与欺凌，该比例显著高于顺性别女性群体的7.66%和顺性别男性群体的19.78%。此外，性别认同为"其他性别"的人群中也有26.80%的人自身曾遭受过校园暴力与欺凌，该比例同样显著高于顺性别男性与顺性别女性。

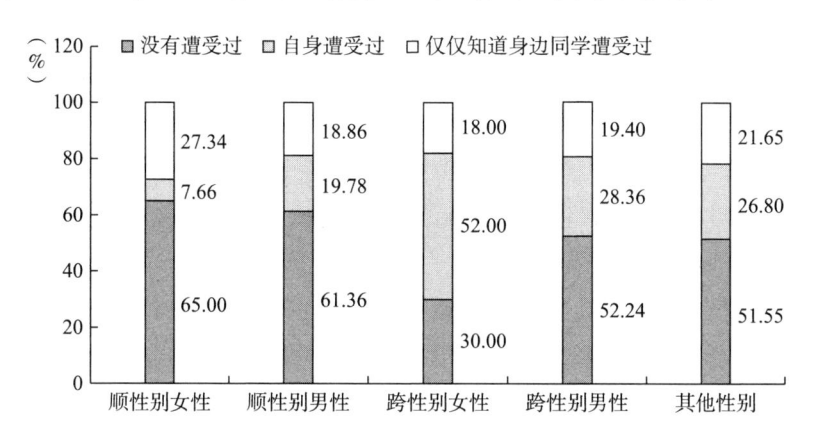

图12 校园暴力与欺凌的性别认同分布（N=1501）

整体观之，跨性别女性学生遭受校园暴力与欺凌的比例最高，已超过50%，显著高于整体比例16.52%。跨性别男性学生与性别认同为"其他性别"的学生遭受校园暴力与欺凌的比例也均超过25%，呈高发趋势。而在顺性别学生中，顺性别男性学生遭受校园暴力与欺凌的比例为19.78%，虽低于前述三类群体，但仍显著高于顺性别女性学生的7.66%。由此可见，从校园暴力与欺凌的发生比例角度出发，跨性别女性学生在性/别少数学生群体中处于最不利地位，而顺性别女性学生在性/别少数学生群体中处于最有利地位。顺性别男性学生较跨性别男性学生和性别认同为"其他性别"的学生处于相对有利地位。

2. 校园暴力与欺凌受暴者的性倾向分布

对问卷调查数据的交叉分析显示（见图13），在1287名顺性别填答者中，同性恋学生群体中有19.63%的人自身曾遭受过校园暴力与欺凌，双性恋学生群体中有5.06%的人自身曾遭受过校园暴力与欺凌，泛性恋学生群体中有7.14%的人自身曾遭受过校园暴力与欺凌，无性恋学生群体中有4.76%的人自身曾遭受过校园暴力与欺凌，而对自身性倾向不确定的学生群体中有3.57%的人自身曾遭受过校园暴力与欺凌。由此可见，从校园暴力与欺凌的发生比例角度出发，顺性别同性恋学生遭受校园暴力与欺凌的比例显著高于其他顺性别性倾向学生，但均低于跨性别学生群体比例。

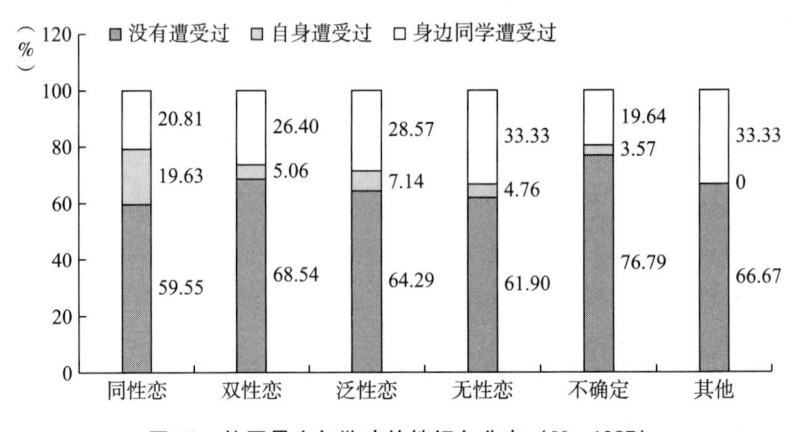

图13 校园暴力与欺凌的性倾向分布（N=1287）

（五）导致校园暴力与欺凌现象发生的微观因素

国内外相关研究对校园暴力与欺凌现象产生的原因提出了多种不同的理论模型加以解释，可分为微观层面（校园暴力与欺凌的参与者）、中观层面（家庭、学校等小社会环境）以及宏观层面（大社会环境）三大层次。① 本部分以访谈案例为研究材料，分析影响性/别少数群体遭受校园暴力与欺凌的微观因素。

---

① 乔东平、文娜：《国内外校园欺凌研究综述：概念、成因与干预》，《社会建设》2018年第3期。

在31位自身曾遭受校园暴力与欺凌的受访者中，25位受访者认为其遭受校园暴力与欺凌完全或部分由于其性别气质或性倾向。细论之，有22位受访者认为遭受校园暴力与欺凌与其自身性别气质有关，而有8名受访者认为遭受校园暴力与欺凌与其自身性倾向有关。大部分受访者认为，在同等社会、学校和家庭环境下，非性/别少数学生不会遭受同等的校园暴力与欺凌。

1. 性别气质

女性主义性别理论认为，性别气质作为性别权力关系在社会生活中的具体体现，其与生理性别及其特征并无关联，而是基于社会因素所建构成的。[①] 现有的被建构出的男性性别气质和女性性别气质正是男性异性恋霸权文化保持自身地位的必然结果。因此，任何背离二元性别气质文化规范者必然招致原有性别文化体系的攻击，这一判断也符合访谈案例所体现出的特征。此外，以性别气质为肇因的校园暴力与欺凌，其具体表现形式体现出浓烈的性与性别特色。这一点在语言暴力和性暴力方面体现得尤为明显，以语言暴力为例，"娘""娘炮""娘娘腔"等具有强烈性别和性别气质色彩的词语几乎在全部访谈案例中反复出现。如199号受访者[②]认为因其性格、声音或者行为方式表现出了阴柔气质而被同学嘲笑为"娘娘腔"。

2. 性倾向

如前文所述，性倾向同样是导致性/别少数学生遭受校园暴力与欺凌的核心因素之一。与前述相同，以性倾向为肇因的校园暴力与欺凌，其具体表现形式也同样体现出强烈的性与性别特色，在语言暴力和性暴力方面尤为明显。如359号受访者[③]向其室友出柜的时候，有室友表现了对其的认可或理解，但也有室友后来经常在背后攻击或嘲笑他，如辱骂"男的喜欢男的，真是变态"。

---

① 孙明哲：《西方性别理论变迁及其对性别定义的影响——当代性别理论的两极：两性平等与性别建构》，《学习与实践》2018年第6期。
② 199号受访者：1998年出生，顺性别男性，同性恋，大学本科生。
③ 359号受访者：2001年出生，顺性别男性，同性恋，大学本科生。

（六）校园暴力与欺凌现象发生后的救济

问卷调查数据显示，79.44%的遭受过校园暴力与欺凌的填答者在遭受校园暴力与欺凌后未能获得任何形式上的救济。31位受访者中只有4名受访者成功通过向教师或家长寻求帮助的途径解决了遭受校园暴力与欺凌的问题。访谈案例显示，校园暴力与欺凌的低救济率存在多重原因。

1. 心理暴力难以救济

与语言暴力和身体暴力不同，心理暴力并不经常体现为主动型的、直接指向受暴者的某个或一系列具有规律性的行为。因此，该类校园暴力与欺凌具有隐蔽性和间接性，受暴者在收集和固定证据方面具有较大困难的同时，也难以引起教师和家长的重视。

135号受访者[①]认为，不同的生理性别会有难度不同的取证方式。男性之间的暴力或有迹可循，女性之间的暴力则很难寻找到确凿证据。虽然这只是受访者的个人看法，但其所反映的心理暴力的破坏力和隐蔽性都非常值得重视。

2. 校园暴力与欺凌规制机制缺位

在31位受访者中，有21位受访者选择不向学校和家长寻求任何形式的救济，有4位受访者在向教师和家长寻求救济后未得到任何结果，导致其后续遭受另一轮校园暴力与欺凌时不愿再去寻求任何形式的救济。如192号受访者[②]在遭受校园暴力与欺凌后，跟学校教师反映了情况，但教师并没有投入较多精力去处理，因此收效甚微，最后问题并未得到解决。原因在于一方面规制校园暴力与欺凌的体制机制不健全，另一方面，教师和家长对校园暴力与欺凌现象缺乏正确认知，面对校园暴力与欺凌现象难以及时识别并加以正确处置。此外，也有受访者指出，向教师或父母等寻求救济将产生遭受其他负面影响的风险。如1493号受访者[③]之所以不敢向教师寻求救济，是因为担心向教师寻求帮助后被同学知晓，被同学说其向

---

① 135号受访者：1999年出生，跨性别男性，大学本科生。
② 192号受访者：1995年出生，顺性别男性，同性恋，大学本科生。
③ 1493号受访者：2001年出生，跨性别女性，大学本科生。

教师"打小报告",对其"影响更不好"。

(七) 校园暴力与欺凌现象发生后产生的典型负面影响

问卷调查数据显示,超过90%的遭受过校园暴力与欺凌的填答者认为在遭受校园暴力与欺凌后,其受到了由此产生的负面影响。在31名受访者中,有30名受访者认为其遭受了由校园暴力与欺凌所产生的负面影响。而在各类具体负面影响中,对于心理健康、人际关系和学业成绩的影响分布率最高,分别超过了81%、67%和33%。在访谈案例中,最为典型和严重的负面影响主要有产生性别负面情绪、被迫转学、恐惧出柜、持续性心理损伤、影响学业成绩、影响性格和人际交往以及出现精神疾病和自杀倾向等七类。

135号受访者[1]从小学到高中基本上都受到了来自女生的排挤,因此直到高中,受访者都有明显的"厌女"情绪,与女性教师和同学的相处方式是能不说话就不说话,这是明显的产生性别负面情绪的实例。相比之下,被迫转学是个非常明显的标志。359号受访者[2]的高中班主任在得知其同性恋身份后曾找其谈话,之后向很多学生家长说受访者有心理疾病,这件事最终演变为了高三上半学期很多同学对受访者的嘲讽,在极大的精神压力下,受访者向父母提出要转学。

恐惧出柜是一种比较常见的现象,很多受访者或多或少提到过这样的问题。426号受访者[3]曾对出柜有过积极的尝试,他在高中时向部分同学出柜,有的同学接受了他,但依然有很多同学因此歧视和孤立受访者,这深深伤害了受访者的感情,从此他就很少向别人出柜了。

1585号受访者[4]曾遭遇过基于其同性恋身份的性骚扰事件,尽管这件事已经过去很久,但依然导致其时常陷入噩梦之中,这完全造成了真实的持续性心理损失。学业成绩的下降在遭受不公平对待的受访者中是十分常

---

[1] 135号受访者:1999年出生,跨性别男性,大学本科生。
[2] 359号受访者:2001年出生,顺性别男性,同性恋,大学本科生。
[3] 426号受访者:2001年出生,顺性别男性,泛性恋,大学专科生。
[4] 1585号受访者:2000年出生,顺性别女性,同性恋,大学专科生。

见的。939 号受访者①在经常被他人欺凌后，学习成绩从年级前 100 名滑落到了年级末尾，并且出现了厌学、逃课等问题。在最为严重的情况中，827 号受访者②的性格和人际交往受到了极为严重的影响，而 359 号受访者③则因此罹患精神疾病并产生了自杀倾向。

（八）治理校园暴力与欺凌的对策建议

性/别少数学生群体所面临的校园暴力与欺凌现象既具有作为普遍现象的校园暴力与欺凌所具有的共性因素，又因遭受者的性/别身份而具有鲜明的性/别色彩。因此，对于该种校园暴力与欺凌进行规制时应当综合考虑两类因素，并充分尊重性/别少数学生群体的隐私权。

1. 全面推进校园暴力与欺凌相关立法

目前，尚未就校园暴力与欺凌治理问题制定专门性法律，仅有教育部等多部门联合印发的《关于防治中小学生欺凌和暴力的指导意见》和《加强中小学生欺凌综合治理方案》两大规范性文件。地方层面上，仅有天津市人大常委会于 2018 年通过了《天津市预防和治理校园欺凌若干规定》这一地方性法规。与校园暴力和欺凌规制相关的其他法律法规则散见于《中华人民共和国教育法》（以下简称《教育法》）、《中华人民共和国未成年人保护法》、《中华人民共和国刑法》等法律中，且其并未直接提及校园暴力与欺凌这一概念，仅为规制校园暴力与欺凌提供了间接性依据。总体而言，对于校园暴力与欺凌现象的治理在宏观上缺乏方向指引，在微观上缺乏程序规范。因此，应当就此制定专门性法律，为校园暴力与欺凌治理法律政策体系建立提供效力依据和基本指引。在立法中，应当明确家庭和学校、教育等行政部门在校园暴力与欺凌治理当中应当承担的责任和履行的义务，并建立工作联动机制。

2. 建构校园暴力与欺凌治理性/别视角

前文已述，超过 80% 的受访者认为其遭受校园暴力与欺凌的原因在于

---

① 939 号受访者：1999 年出生，顺性别女性，同性恋。
② 827 号受访者：1998 年出生，其他性别，硕士研究生。
③ 359 号受访者：2001 年出生，顺性别男性，同性恋，大学本科生。

自身的性/别少数身份。相关研究也已指出，性/别少数学生群体是各种形式的基于性别的校园暴力的易遭受群体。[①] 然而，在现行的校园暴力与欺凌治理体系中，性/别因素完全缺乏，基于性别、性倾向、性别认同和性别表达的校园暴力与欺凌现象并未得到正视与重视，故而，现行措施对该现象的治理难以取得真正的成效。因此，应当在相关立法和政策制定过程中明确校园性别暴力这一概念，并根据校园性别暴力的表现形式和典型特征制定相应的规制措施。

3. 提升教师等学校教职工对校园暴力与欺凌的处理水平

问卷调查数据显示，将近80%的遭受过校园暴力与欺凌的填答者在遭受校园暴力与欺凌后，未获得任何来自学校的救济和帮助，32.45%的填答者目前所在的学校未建立禁止暴力与欺凌、反对歧视的制度，33.84%的填答者对于目前所在的学校是否建立禁止暴力与欺凌、反对歧视的制度并不清楚。由此可见，校园暴力与欺凌现象的低救济率不仅与遭受者所在学校未建立禁止校园暴力与欺凌的制度相关，还与已经建立的禁止校园暴力与欺凌的制度未能及时、有效地发挥作用有关。在访谈中，有受访者指出，向教师寻求救济后，教师采取了"视而不见""没有管"的态度，也有受访者指出，向教师寻求救济后，教师表示对此种情况"无能为力"。因此，即使在校园内建立校园暴力与欺凌治理的相关制度，也必须通过集体培训等方式建立教师等学校教职工对于校园暴力与欺凌现象的正确认知，并培养其处理校园暴力与欺凌的能力。

4. 加强学校心理咨询服务工作

问卷调查数据显示，接近90%的填答者目前就读的学校提供了心理咨询服务，但仅有不到10%的填答者曾向心理咨询老师寻求过相关的帮助。同时，超过47%的填答者认为咨询过程友好，对其产生了实质性帮助，50%的填答者认为尽管咨询过程友好，但并未对其产生实质性帮助。由问卷数据可见，绝大多数填答者出于各种因素的考虑，并未寻求心理咨询服

---

① 同语：《校园性别暴力实证研究与政策建议》，第94页，http://www.tongyulala.org/index.php?m=content&c=index&a=show&catid=23&id=137，最后访问时间：2020年8月27日。

务，但在寻求过心理咨询服务的人中，近50%的人获得了实质性的帮助，超过97%的人未因寻求心理咨询服务而遭受其他创伤。在访谈案例中，也有多位受访者认为，在其遭受校园暴力与欺凌后，心理咨询服务的介入在消除负面影响方面可以发挥或发挥了重要作用。故而，在消除因校园暴力与欺凌而产生的负面影响方面，心理咨询服务具有重要作用和关键地位。因此，应当从心理咨询师专业素质提高、接受心理咨询服务学生的个人隐私保护、学校心理咨询服务的进一步普及等方面着手，增强学校心理咨询服务在校园暴力与欺凌现象当中能够发挥的作用。

5. 对于校园暴力与欺凌分受教育阶段、具体种类和遭受者身份进行治理

前文已述，不同受教育阶段校园暴力与欺凌分布率存在较大差别，其中以初中阶段和高中阶段为最高。在各类校园暴力中，语言暴力与心理暴力分布率最高，分别超过93%和70%，且语言暴力、心理暴力均属于非物理性暴力，治理难度较高。此外，相较于非性/别少数者学生，性/别少数学生群体更易成为基于性别、性倾向、性别认同、性别表达和性别气质的校园暴力的对象。由此可见，校园暴力与欺凌作为教育领域内的一种现象，其本身具有复杂多变的表现形式和典型特征，在不同的受教育阶段不同种类的校园暴力与欺凌分布率截然不同，以性/别少数学生为对象的校园暴力与欺凌更包含特殊因素。因此，建立校园暴力与欺凌治理体系时，对于校园暴力与欺凌现象不可一概而论，应当根据现有研究结论，因地制宜，有的放矢，在具有普遍性的标准和原则的基础上，根据受教育阶段、地区、易遭受群体等因素的差异，制定具有针对性的校园暴力与欺凌治理方案。

三 平等受教育机会受损及其对策

平等的受教育机会是性/别少数群体平等享有受教育权的重要内容，它是指从每一教育阶段的开始（入学、升学）到结束（毕业、休学、退学、转学），包括受教育过程中获得教育资源、发展机会和学业评价等方面，不得基于性倾向、性别认同和表达而做出任何不合理的区别对待。根据《经济、社会及文化权利国际公约》第 3 条关于平等享受经济社会文化权利的规定①和第 13 条关于受教育权的规定②,我国作为公约缔约国,有义务确保人人享有受教育之权利,不得基于性别而作任何的区别、排斥或限制,其影响或其目的均足以否认性/别少数者在接受教育方面的人权或妨碍其实现。而根据调研情况,在当下的社会现实中,性/别少数者平等的受教育机会未得到充分的保障。

(一) 平等受教育机会受损的整体情况

1501 位问卷填答者中(见图 14),有 35 人(2.33%)自身经历过平等受教育机会受损的情况。35 人中,26 人在入学或升学时遭遇了不合理的区别对待,24 人曾有过休学、退学、转学、被开除的经历,25 人曾在学业评价上受到不利影响或不公平对待。

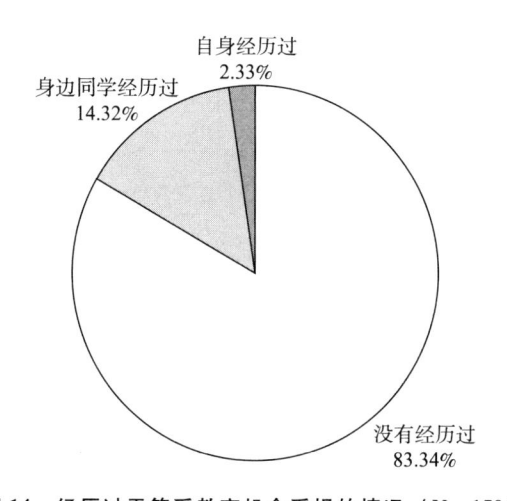

图 14 经历过平等受教育机会受损的情况 (N = 1501)

接受访谈的 32 位受访者中,遭受过平等受教育机会受损的有 13 位。其中,有 2 位经历过"入学或升学时遭遇不合理的区别对待",有 8 位经历过"休学、退学、转学、开除",有 4 位经历过"学业评价上受到影响

---

① 《经济、社会及文化权利国际公约》第 3 条:本盟约缔约国承允确保本盟约所载一切经济社会文化权利之享受,男女权利一律平等。
② 《经济、社会及文化权利国际公约》第 13 条第 1 款:本盟约缔约国确认人人有受教育之权。

或不公平对待（如荣誉称号与奖助学金的评选、入党和保研资格）"。

从不同教育阶段来看（见图 15），35 位亲历过平等受教育机会受损的填答者中，就平等受教育机会受损的三种具体情形，高中阶段发生最多，发生频段递减顺序为：高中阶段（包括普通高中、中专/技校/职高）＞大学阶段（包括专科、本科）＞初中阶段＞小学阶段＞研究生阶段（包括硕士、博士）。

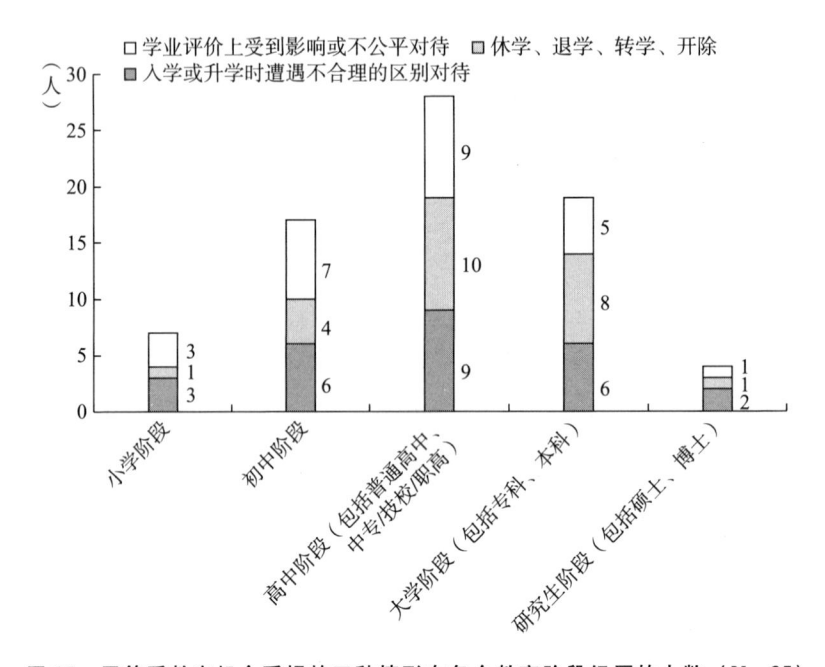

图 15　平等受教育机会受损的三种情形在各个教育阶段经历的人数（N = 35）

就平等受教育机会受损者的性别身份分布而言（见图 16），在 1501 名填答者中，自身经历过平等受教育机会受损的顺性别女性在其群体中所占的比例为 1.41%，顺性别男性为 0.93%，跨性别女性为 22.00%，跨性别男性为 5.97%，其他性/别少数者为 5.15%。可见，顺性别者平等受教育机会受损的比例均低于整体比例（2.33%），其他性/别少数者和跨性别者在获取平等的受教育机会方面相对于顺性别群体面临更大的挑战。其中，跨性别女性平等受教育机会受损的比例约为整体比例的 10 倍，其面临的歧视最为严重。

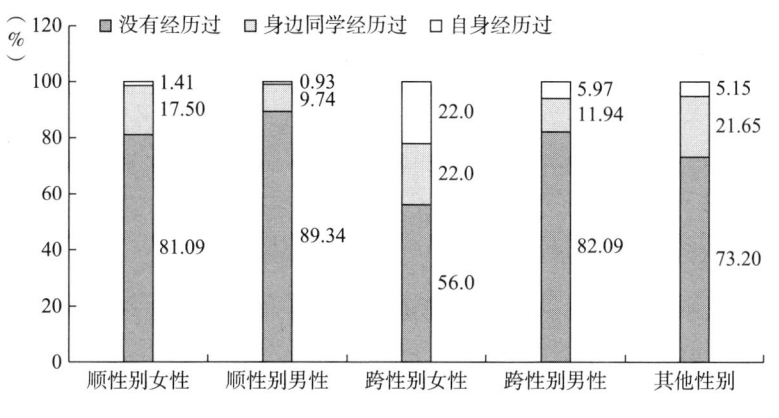

```
 %  120  ■没有经历过  ■身边同学经历过  □自身经历过
       100    1.41          0.93                           5.97           5.15
               17.50         9.74          22.0            11.94          21.65
        80                                 22.0
        60                   89.34                         82.09          73.20
               81.09                       56.0
        40
        20
         0
             顺性别女性    顺性别男性    跨性别女性    跨性别男性    其他性别
```

图 16 平等受教育机会受损者的性别身份分布（N = 1501）

（二）平等受教育机会受损的具体表现形式

1. 入学或升学时遭遇不合理的区别对待

在平等地获取教育机会（包括入学和升学）方面，性/别少数者可能会遭受区别对待。在入/升学考试中，跨性别者可能因呈现不符合其生理性别的传统性别气质和性别表达，身份的真实性受到质疑，或者在考试中被要求做出符合大众性别刻板印象的行为表达。如1549号受访者[①]在参加高考和艺考时均曾遭受不公平对待。在高考时，因性别表达与生理性别不同而被反复盘问和检查证件，在安检环节还被触碰了隐私部位。在艺考时，被要求穿着男士西装进行演奏，这使她感到压抑，影响了发挥。更有甚者，性/别少数者因其性倾向遭受教师污名化评价和差别对待，平等的入学或升学机会受到严重影响乃至被剥夺。如939号受访者[②]曾在高考升学时因其性倾向遭到歧视。其高中教师在其学籍档案中评价，"该生系同性恋者，违背了社会道德、违背了学生应有的本分、道德沦丧"，这直接导致她在高考后因档案被目标大学拒绝录取。

2. 休学、退学、转学、开除

休学、退学、转学、开除是性/别少数者在入学后，由于其性/别少数

[①] 1549号受访者：2001年出生，跨性别女性，大学本科生。
[②] 939号受访者：1999年出生，顺性别女性，同性恋。

者的身份，未能顺利完成相应阶段的学业，主动或被动放弃享受教育机会和教育资源的情形。根据访谈结果，休学、退学、转学、开除往往与校园暴力（尤其是身体暴力、精神暴力、语言暴力）有着较强的因果关系。性/别少数者往往是因为无法忍受教师或同学们的欺凌和暴力行为而选择主动休学、退学、转学，也有受访者因为不满教师恐同、歧视同性恋的做法而进行反抗，遭到学校开除。此外，除了学校的因素，性/别少数者选择主动退/休学的原因可能还包括身体、情绪状态或其他个人原因，有时是多种因素综合的结果。

上述提及的939号受访者①除了遭受校园暴力和因负面评价影响升学之外，还被给予了其他严重的不公平对待。教师在知晓其性倾向后，经常针对她，寻找各种理由告知或暗示其父母让她退学、休学，给她强加处分。在一次因性倾向而被给予校级严重处分后，她被要求退学，此事在她寻求市教委对学校进行调查后才作罢，但依然有不平等待遇，并对她的学习成绩和学习意愿产生了严重的消极影响。

284号受访者②不能认同当地社会对男性气质与表达的刻板标准，无法承受周围环境对其穿着打扮的舆论压力，因而精神状态变得焦虑，影响到了正常作息、学习成绩和身体健康，其随后开始逃课，并在频繁逃课后选择了主动休学。

3. 学业评价上受到影响或不公平对待

在学业评价上，如综合素质评价、荣誉称号评选、奖助学金评选、入党和保研资格等方面，如果校园环境和校园制度的包容度较低，评价者（包括教师和同学）对性/别少数群体缺乏科学的态度和理性的认知，以群体属性或刻板印象来区别对待个体，性/别少数身份就很可能成为性/别少数者获得公正的评价、平等享有教育资源的一种阻碍。如对1601号受访者③而言，其因行为举止像男孩，在小学阶段被教师指责、提醒注意形象，之后被教师区别对待，被故意打低平时分。这不仅使其整体学业评价变得

---

① 939号受访者：1999年出生，顺性别女性，同性恋。
② 284号受访者：1997年出生，性别酷儿，大学本科生。
③ 1601号受访者：2000年出生，顺性别女性，同性恋，大学专科生。

负面,还使她从此难以再信任任何教师。

(三) 平等受教育机会受损的原因

"入学或升学时遭遇不合理的区别对待"是由于性/别少数者被教师放置在刻板印象和群体属性的评判框架之下,因不符合传统的性别表达或大多数人的性倾向而遭受不合理评价与不公平对待。

"休学、退学、转学、开除"的重要原因是校园暴力与欺凌,主要是语言暴力和心理暴力,即来自教师和同学的谩骂、羞辱和孤立。此外,还存在制度暴力,即不合理的校园制度对传统性别气质和性别隔离的强化,以及对不符合标准者的打压。即使性/别少数身份未公开,受访者也可能会因自身的行为表达不符合刻板的二元划分的性别气质而遭受暴力。如果受访者的性/别少数身份被传播开来,其遭受暴力的范围和程度会更加严重。在这种极不友好的敌意氛围和多重压力之下,性/别少数者大多会被动或主动(此时的主动为"看似主动实则被动")地转学、退学、休学。导致转学、退学、休学的因素除了来自学校,也可能来自家庭或个人,但此种情形较少。只有一位受访者是同时受到家庭压力、学校差别对待、自身状况等多因素影响而休学的。

"学业评价上受到影响或不公平对待"也是由于受访者不符合传统的性别气质、性别表达从而被污名化、被作出负面评价或未平等获得教育资源与发展机会。但值得注意的是,这种歧视行为可能是隐性的,除非负面评价中包含对性别身份或性别气质的评价,否则很难有证据直接表明二者之间的关联。

总体而言,性/别少数者平等受教育机会受损与制度暴力、语言暴力、精神暴力、肢体暴力有着极为密切的因果关系。而社会制度与群体行为有更为深层的思想根源,即社会大众对性少数群体封闭狭隘的固化认知和刻板印象,这有赖于性与性别平等教育去消除。

(四) 平等受教育机会受损的影响

访谈分析发现,平等受教育机会受损对性/别少数者的影响呈现以下三个特点：消极影响大于积极影响、当时影响多于长期影响、源于教师的影响高于源于同学的影响。

1. 消极影响与积极影响

消极影响主要包括：①影响学习意愿与学习成绩，"学习变成痛苦的事情"，出现厌学、逃学的情况，如果因此而丧失受教育机会，则将对个人发展和人生轨迹产生不可估量的影响；②影响身体和精神健康，有些受访者会自伤自残，"跳楼后脊椎骨折，差点瘫痪"，"撞墙后轻微脑震荡"，也可能影响精神状态，对生活失去信心，"很累很想死，然后也不知道将来的日子要怎么过"，甚至可能患上心理疾病，如双向情感障碍、抑郁症等；③影响人际交往与性格形成，会受人欺负，变得敏感、讨好、自卑。也有极少数受访者在遭受此不平等对待后奋发图强、成绩提高。但总体而言，消极影响远远大于积极影响。

2. 当时影响与长期影响

受访者表示平等教育机会受损的经历在当时对自己打击很大，包括对身心健康、人际交往和学业成绩等方面带来多重负面影响，需要花较长时间去调整和疗愈。但随着时间流逝，由于自我认同完成、心智成熟与阅历丰富，已经能慢慢走出当时的阴影，现在受到的影响较小。

3. 源于教师的影响与源于同学的影响

三位受访者表示教师对自己的伤害更大，"自此很难信任老师""觉得老师挺过分的，一直记到现在，可以理解但不能原谅""因为女老师歧视、语言侮辱自己，所以产生厌女情绪。从初中到高中，对女老师和女同学，能不说话就不说话"。因为教师与学生处于不平等的权力关系之中，教师相对于学生处于更强势和更有影响力的地位，所以当性/别少数者受到教师不合理的区别对待时，会觉得伤害更大，其后果也更加严重。其中最为严重的是教师利用地位上的不平等施加制度暴力，这直接减损甚至剥夺了性/别少数学生所应享有的平等受教育机会。

（五）平等受教育机会受损后寻求救济的情况

性/别少数者在平等的受教育机会受损之后，绝大多数人没有寻求救济，寻求救济且救济有效的极少。受访者因性倾向、性别认同和性别表达等遭到不公平对待但未寻求救济的原因主要有四种：第一，投诉无门，不存在或不清楚寻求救济的方式和渠道；第二，对救济的不信任，认为学校无法提供有效举措，或担心寻求救济反而带来不利影响，受到打击报复甚至造成失学等更坏的结果；第三，认为休学/退学/转学是自己的主动选择（即使是被迫无奈），没有考虑过针对导致休学/退学/转学的事件寻求救济；第四，尚未完成性别认同，对自己的身份缺乏清楚的认识，无法向别人解释或者即使知道自己的性/别少数身份但不愿对外暴露。这些原因总体来讲可以归为两类，即一类是客观上缺乏通畅、有效、便捷、安全的救济渠道，另一类则是主观上没有意识到可以寻求救济（认为是自己的主动选择），或基于不信任或出于对身份认同的困扰和对身份暴露的担忧而未寻求救济。

（六）保障平等受教育机会实现的对策建议

性/别少数群体享有平等受教育机会的情况不容乐观，实现性/别少数群体平等地享受受教育机会存在重重的制度困境和思想障碍。制度层面，首先缺乏更明确有力的法律保障；其次尚未构建开放包容的校园管理制度；最后救济制度不够健全，仍待完善。思想层面，固化、传统的性别观念是更深层次的行为根源。因此下文将从教育立法、校园管理、提供救济、教师培训这四个方面提出建议。

1. 教育立法应纳入性别视角，明令禁止各教育阶段基于性倾向、性别认同和性别表达的歧视

平等与不歧视原则是国际人权法的基本原则之一。我国教育立法中存在公民享有平等教育权的一般规定[①]，但是没有关注到性/别少数群体。在基于性别的歧视方面仍局限于传统二元性别的框架，没有禁止基于性倾

---

① 《中华人民共和国教育法》第9条规定："中华人民共和国公民有受教育的权利和义务。公民不分民族、种族、性别、职业、财产状况、宗教信仰等，依法享有平等的受教育机会。"第36条规定："受教育者在入学、升学、就业等方面依法享有平等权利。学校和有关行政部门应当按照国家有关规定，保障女子在入学、升学、就业、授予学位、派出留学等方面享有同男子平等的权利。"

向、性别认同和性别表达的歧视，没有把更广泛的多元性别平等纳入法律视野，而联合国人权条约机构已将性别歧视的内涵发展为包括基于性倾向和性别认同在内的歧视。①

因此可以通过修改教育立法、作出权威司法解释或者制定专门反歧视法的方式，明确"性别"的内涵与外延，将性倾向、性别认同和性别表达认定为禁止歧视理由，保障性/别少数者依据法律享有平等受教育机会和教育资源。

2. 建立和完善性别多元包容的校园管理制度，营造性别友善氛围

在每一教育阶段的各个教学管理环节都应该摒弃性别偏见，融入多元性别平等观念，尊重性/别少数者的人格尊严和性别差异，努力营造出性别平等的友好氛围。

在入学或升学环节，不得基于性倾向、性别认同和表达对性/别少数学生做出不合理的区别对待，譬如在考试报名中仅提供二元性别的选项、拒绝为性/别少数群体提供参加招生考试的机会、在考试选拔过程中要求呈现符合公众刻板印象的二元性别表达、提高性/别少数群体的录取标准或做出不公正的评价等。

在日常的校园管理中，也应冲破二元性别对立和隔离的桎梏，如在校服设计、发型着装要求中应避免对性别表达刻板印象的强化，在座位编排、校园就餐时或进行其他校园管理活动时避免性别之间的严格区分，在学业评价或发展机会上应对性/别少数群体一视同仁，同时在其他方面也应尽量考虑性/别少数群体的需要。

在休学、退学方面，应当确保性/别少数群体受到公平对待，不得仅仅依据性倾向、性别认同和表达对其做出处分或休学、退学的决定，剥夺其平等接受教育和享受教育资源的权利。

3. 完善救济制度，提供有效的救济途径

调查结果显示寻求救济且救济有效的比例极低，很大原因在于缺乏有

---

① 参见经济、社会、文化权利委员会第 20 号一般性意见和消除对妇女歧视委员会第 27、28 号一般性意见。

效的、可获得的、安全的、透明的救济渠道。当前我国教育法律救济的途径主要有三种，即司法救济、行政救济和其他救济。[①] 司法救济，就是相对人就特定的侵权行为向人民法院提起诉讼，请求人民法院依法对纠纷做出公正裁决。行政救济主要是向主管教育机构的政府部门提起申诉。但是当前只有《普通高等学校学生管理规定》具体规定了学生申诉的受理机构、申诉事项、申诉程序，该法仅适用于接受普通高等学历教育的受教育者，不能覆盖所有教育阶段的受教育者。总体而言，我国法律对行政申诉的规定简略粗疏，可操作性不强，统一的学生申诉制度基本上没有建立。[②] 其他渠道主要是指通过学校或其他教育机构内部或者民间组织进行救济的渠道，如调解、仲裁等。救济方面应当完善救济的程序，明确可以获得救济的情形、提供救济的部门、寻求救济的方式，确保救济的渠道为公众所了解，并对寻求救济者加以保护。

4. 加强对学校教职工的性别知识培训

教职工的性别观念和性别认知对学校的教育理念、管理制度、教学过程以及师生关系都具有重要影响。学校教职工封闭落后的性别观念和刻板印象会给性/别少数群体带来一系列显性或隐性的压力。我国法律规定应当加强教师培养，发展教师教育，[③] 但是除了专业技能的培训之外，对学校教职工的培训中还应加入性别内容。对教育机构的管理者和教师进行健康、科学的性别教育，有助于改变其对性/别少数群体根深蒂固的片面认知，从根本上促进其真正地尊重、理解和接纳性/别少数群体，从而助力性/别少数群体平等受教育权的实现。

---

① 相关的法律规定有《义务教育法》第27条："对违反学校管理制度的学生，学校应当予以批评教育，不得开除。"第9条规定："任何社会组织或者个人有权对违反本法的行为向有关国家机关提出检举或者控告。"《教育法》第43条第4项规定：受教育者享有的权利包括"对学校给予的处分不服向有关部门提出申诉，对学校、教师侵犯其人身权、财产权等合法权益，提出申诉或者依法提起诉讼"。

② 参见袁兵喜《我国行政申诉制度的构建及完善》，《河北法学》2010年第10期。

③ 《义务教育法》第32条规定："县级以上人民政府应当加强教师培养工作，采取措施发展教师教育。县级人民政府教育行政部门应当均衡配置本行政区域内学校师资力量，组织校长、教师的培训和流动，加强对薄弱学校的建设。"

四 性与性别平等教育失衡及其对策

(一) 性与性别平等教育的政策环境

性与性别平等教育在人的学习中是非常重要的一环，它帮助人们了解自我、尊重他人。在我国，性与性别平等教育有着长期的政策引导与支持。2001年，在国务院印发的《关于基础教育改革与发展的决定》中，要求应把思想品德类课程与青春期教育等内容结合起来，对学生进行教育，其目标是"帮助学生掌握一般的生理和心理保健知识和方法"。同年，教育部要求将防范艾滋病、性病的知识纳入教学计划，随后，《中华人民共和国人口与计划生育法》(以下简称《人口与计划生育法》) 通过审议，其中规定"学校应当在学生中，以符合受教育者特征的适当方式，有计划地开展生理卫生教育、青春期教育或者性健康教育"。上述规定为在学校开展性与性别平等教育提供了法律和政策依据，也形成了我国此类教育的基本价值观与导向，直到现在，上述政策、法律都没有发生实质性的改变，依然将性教育与性相关疾病防控深度结合在一起。

2008年，教育部编制了《中小学健康教育指导纲要》，指出中小学每学期应安排6~7课时的健康教育课，其中从小学高年级起就应教授有关青春期生长发育、防范性侵害、了解和预防艾滋病的知识，在高中时应教导学生避免婚前性行为。此后，2011年，教育界出版《珍爱生命——小学生性健康教育读本》，2013年，教育部和公安部下发文件要求"提高师生、家长对性侵犯罪的认识"。[①] 直到2016年，中共中央、国务院共同颁布《"健康中国2030"规划纲要》，提出要以青少年为重点，"开展性道德、性健康和性安全宣传教育和干预"，但对课时等具体操作并无要求。

(二) 性与性别平等教育现有的不足

关于性与性别平等教育相关问题，我们对1501份有效问卷和接受过性

---

① 参见王雪婷《改革开放以来中小学性教育内容演变研究——以文本分析为中心的考察》，硕士学位论文，沈阳师范大学，2019，第39~45页。

与性别平等教育的 30 例访谈问答进行梳理总结，试描述其大致情况和影响。

1. 性与性别平等教育的分化与割裂

即使目前学界广泛认可了性与性别平等教育的一体性和必要性，[①] 但从对问卷问题"在您的各个求学阶段中，您是否在学校中接受过以下有关性与性别平等的教育？"的回答结果来看，这种一体性尚未被应用于日常教学中。现阶段，对性教育与性别平等教育的不同程度的忽视从问卷调查结果（见图 17）来看是普遍的，约有 71.49% 的填答者在初中进行了性与生殖解剖、青春期发育的相关生理知识学习，而同样处于初中时期，在诸如安全性行为知识，性骚扰、性霸凌与性侵害的相关知识与防治，性别平等相关知识（如男女平等、社会性别、性别刻板印象、性别歧视）和多元性别相关知识（如 LGBT、性倾向、性别认同与性别表达）等方面则均未超过 25%，这些生理知识不同的方面被比较明显地忽略了。

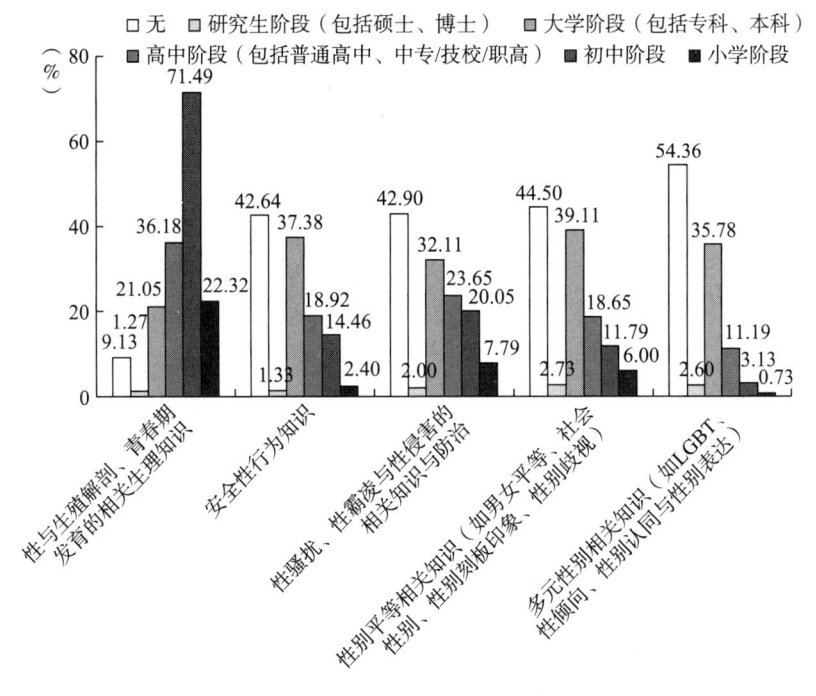

图 17 性与性别平等教育在各个教育阶段的接受情况（N = 1501）

[①] 参见李传印《学校性教育的内容与途径探析》，《中国性科学》2020 年第 4 期。

同样比较明显的是，性教育与性别平等教育依据受教育阶段被区隔，似乎呈现了一种来自学校的有侧重、浅层次的教学习惯。前述的四个不被初中明显提及的方面，在高中和大学阶段被大规模地学习了，这一点在问卷调查结果中尤为明显，有50%左右的填答者在这一时期有过来自学校的这四个方面的受教育经历。

联合国教科文组织发布的《UNESCO国际性教育技术指导纲要（修订版）》建议，各国应实施"全面性教育"（Comprehensive Sexuality Education, CSE），即"一个基础课程，目的在于使儿童和年轻人具备一定的知识、技能、态度和价值观，从而确保其健康、尊严和福祉的探讨性的认知、情感、身体和社会层面的意义的教学过程"，这是一种要求相对较高、内容相当完备且有着科学价值观引导的课程，但在当下中国，这种全面性教育几乎没有立足空间。目前，我国性教育存在滞后的现象，青少年和学生接受性教育的权利虽然得到了法律的保护，但因师资匮乏、政策落地难、保守的社会性观念等现实情况，即使试行全面性教育，也会有投入不充足、运用不充分、态度不科学甚至环境不允许等现实困境①，因此，这种试行的全面性教育也是浅层次的。在本次研究中，性与性别平等教育被分为了性生理与性发育教育和不包含性生理与性发育内容的浅层次全面性教育（以下简称"不完整浅层次性教育"）两个大类，后者主要包含前文所提到的安全性行为知识，性骚扰、性霸凌与性侵害的相关知识与防治，性别平等相关知识和多元性别相关知识等四个方面，这两个大类的教学阶段有所不同。

性生理与性发育教育主要在小学和中学阶段进行，而不完整浅层次性教育则多在大学期间进行。由这种不同受教育阶段不同教学内容的教学习惯形成了近乎顺序化的从性生理与性发育教育到不完整浅层次性教育的教学逻辑。这种思路与《人口与计划生育法》第13条中"学校应当在学生中，以符合受教育者特征的适当方式，有计划地开展生理卫生教育、青春

---

① 参见黄仙保《高中阶段开展全面性教育的实践与思考》，《中小学心理健康教育》2020年第13期。

期教育或者性健康教育"的规定有关,即性教育应以适应受教育者特征的方式来安排。

从性生理和性发育讲起,是想要首先解决学生在基本生理方面"认识你自己"的问题,并对同一年龄阶段可能出现的发育中的生理症状进行学习,避免学生因对自身生理和发育情况不清楚而产生负面心理状态和隐性的校园欺凌。性生理与性发育教育之后的不完整浅层次性教育则明显地体现了教育体系拖延的问题,现在被认为应当一体进行的性与性别平等教育在高中和大学阶段才不同程度地进行了不完整的教学,实施这种分离式的教学可能存在两种原因。第一,这是为了符合人的正常发育规律,这一原因所展示的教育理念是,相比对性方面的综合性认识,人在发育过程中对性生理与性发育的认识较早,因此需要将不完整浅层次性教育放到下一阶段。第二,我国性教育观念比较落后,整体偏向于保守①,这一原因所展示的教育理念是,若非必要,性与性别相关的知识尽可能延后教授或直接避开,使性与性别相关知识尽量少或者直接不通过体系化教育被学生所接触。

在这种教学逻辑的影响下,性与性别平等教育自然出现了明显的分化,学生们需要在升入不同学习阶段后才能接触到相应的知识,从而导致知识不平等的出现。不能整体性学习的最大弊端在于,我国的高中及更高层次的教育体系并非所有学生都能够触及,不完整的性与性别知识可能会产生比性与性别平等教育缺失更负面的影响,这种基于教育资源分配不均等产生的分化会割裂受教育者群体,产生无法弥补的教育和人格发育上的缺憾。

2. 不完整浅层次性教育的缺位

从问卷结果(见图17)中,可以发现有一组显著的教育空缺经历,对于不完整浅层次性教育的四个方面,均有超过600位填答者认为自己从未接触过来自学校的系统教育。其中,安全性行为知识,性骚扰、性霸凌

---

① 参见黄仙保《高中阶段开展全面性教育的实践与思考》,《中小学心理健康教育》2020年第13期。

与性侵害的相关知识与防治，性别平等相关知识的教育经历空白率分别是42.64%、42.90%和44.50%，多元性别相关知识的教育空白率达到了54.36%。能够看出，不完整浅层次性教育的空白率保持在了40%以上，而其中多元性别相关知识教育空白率超出一半，相比于性与生殖解剖、青春期发育的相关生理知识9.13%的教育空白率，综合性性知识在学生学习阶段的学习率的确保持在一个较低的水平。

综合性性知识的缺位，不只可以通过问卷调查结果看出，亦可以在30位参与访谈的受访者的回答中发现。受访者在回答各教育阶段性与性别平等教育经历相关问题时，大多将其描述为学校只对性生理与性发育知识进行了相对系统化的教学，对于综合性性知识，有少量提到过"防止性侵害""安全性行为"等内容。统观受访者的回答，能够发现，教授性生理与性发育知识是现阶段性教育的主流，而综合性性知识教授多是以辅助教学、延伸学习等形式展开，并未专设相关课程。

不完整浅层次性教育的缺位有着不良的影响。1618号受访者[1]讲到高中时，有医院的教授来学校进行性教育宣讲，在涉及安全套等内容时，在场的三个年级学生"哄堂大笑"，受访者本人感到非常迷惑，不明白他们大笑的原因。该受访者的回答有着很强的代表性，他在性知识讲座中听到的笑声，既是对突然接触到的性知识感到不好意思的掩饰，也是在不完整浅层次性教育缺位的情况下，学生们对于科学性知识的娱乐化负面消解，他们淡化了其中的科学性和严肃性，在笑声中完成了对相关知识的庸俗化解构和无意识抗拒，这种对性知识的集体负面消解，不仅是不完整浅层次性教育缺位愈发严重的助推因素和直接结果，也是性教育体系不协调、不严谨和不完整的生动写照。

（三）性与性别平等教育的开展方式及其问题

笔者将学习阶段简单分为小学—高中阶段和本科—研究生阶段，这两个阶段呈现的教育经历有较大差别，应当分别展开研究。

---

[1] 1618号受访者：2001年出生，顺性别男性，同性恋，普通高中生。

1. 小学—高中阶段

在小学—高中阶段，性与性别平等教育有着比较固定的教学方式，主要有课程关联、正式课程、讲座、小课堂和自学五种形式。课程关联指在原有的必学课程中加入部分性教育元素，如在生物课和思想品德课中进行关于性知识的简单讲解；正式课程是指将性与性别平等教育以单列专门课程的方式加入教学计划中，如135号受访者①提到的在小学时专门开设的生理健康课；讲座则比较多元化，是指邀请校内外人员专门对学生进行性知识相关的宣讲，这种讲座一般只会举办1~2场，上文中1618号②和1585号受访者③都曾参加过性知识相关讲座；小课堂是介于正式与非正式之间的一种课程安排，形式多样，如667号受访者④提到，班主任当时给学生进行了一堂讲性生理、性发育和两性相处的小课，除此之外，1601号受访者⑤谈到在小学六年级时，学校将男女学生分开，各自进行了一堂关于性生理与性发育的小课；最后一种自学则非常自由化，这种形式往往意味着学校或教师对性教育的逃避心态。

关于以上五种教学方式，其中的利弊并非对等分布的，而往往是利弊相偕，产生不同的效果。

对课程关联而言，在正式课程中加入相关元素，可以视为对课本内容和正常教学计划的尊重，在完整讲述课本内容的前提下，可以让学生对性生理与性发育知识有个比较完整和科学的大体认识，但同样地，在只能给到1~2个课时的教学部分，不能够对其知识的体系化和深入性有要求，也不能寄希望于借此进行全面的综合的性教育。大多数受过此种教育的受访者对其实际作用评价不高，这些评价大都比较微妙："是会有影响的。"1107号受访者⑥的评价较高，认为这些课程帮助他对自己有了更清楚的认

---

① 135号受访者：1999年出生，跨性别男性，大学本科生。
② 1618号受访者：2001年出生，顺性别男性，同性恋，普通高中生。
③ 1585号受访者：2000年出生，顺性别女性，大学专科生。
④ 667号受访者：1998年出生，顺性别男性，同性恋，大学本科生。
⑤ 1601号受访者：2000年出生，顺性别女性，大学专科生。
⑥ 1107号受访者：2001年出生，顺性别女性，同性恋，大学本科生。

识，1493 号受访者①则认为"没有什么很大的影响，毕竟只是一两节课"。需要指出的是，在课程关联的教学方式中，性与性别知识多是作为生物课、科学课等课程中生理卫生教育②的附属知识，这导致知识的全面性和体系化无法得到保证，实施方式几乎完全由任课教师自行决定③，对教学的科学性、系统性影响极大，这实际上导致了课程关联这种教学方式的效果很难真实有效，可能产生"教不如不教"的结果。

对正式课程而言，这是在该阶段最明确的利大于弊的教学方式，一个整体的由专业教师进行教学的全课时课程可以帮助学生完整理解相关知识，但同样存在一个隐患，在我国未能形成统一教材的当下，这种体系化的学习将产生传达过时甚至错误知识的风险。但毫无疑问，在一个系统化、专业化的教育教学体系中，该类负面影响可以被降到最低。目前采访到的受访者中，经过正式课程学习的只有一人，135 号受访者④认为这种影响是不确定的，唯一能够肯定的是其"知识普及作用"，这与预先的设想不符，其在小学时进行的两周一次的生理健康课由科学课教师讲授，因而在教材和教学深度上有所取舍，导致最终效果不及预期。放弃这种最有效的方式或敷衍了事，产生的负面作用会远远超出正面作用，整体情况堪忧。

对讲座而言，在理论上其能够帮助学生简单理解相关知识，但在实际中，这种作用非常有限，受访者对于此类讲座的影响与效果有"没有影响"和"有积极影响"两种反映。选取比较典型的例子来讲，1316 号受访者⑤认为"影响真的不多"，她认为"当时的教育只是浮于表面，没有真正多少干货"。1360 号受访者⑥则认为这种影响见诸舆论而非价值观，其效果是"班级同学不再那么'口嗨'了"。

---

① 1493 号受访者：2001 年出生，跨性别女性，大学本科生。
② 参见刘盼盼《初中生物教学中青春期性教育的现状及有效策略》，《中学课程资源》2015 年第 3 期。
③ 参见刘娟丽《浅析性教育在中学生物教学中的渗透》，《中学教育科研学术成果集》2020 年第 2 季度。
④ 135 号受访者：1999 年出生，跨性别男性，大学本科生。
⑤ 1316 号受访者：1999 年出生，跨性别女性，大学专科生。
⑥ 1360 号受访者：2002 年出生，跨性别女性，普通高中生。

对小课堂而言，依据形式不同而产生不同影响和效果。前文中提到的667号受访者[①]的初中班主任的小课堂是在受访者本人因为性别表达而遭到校园欺凌后专门开设的，但因为受访者所在的学校是12年一贯制，效果相当有限。359号受访者[②]高二时参加了由学校心理老师在男女分开的情况下进行的性知识小课堂，他认为这堂课"对普及产生了一定帮助"，但在"校园暴力或者是性这方面""可能不全面"，从这些判定中，能够发现小课堂这种教学方式实际效果并不理想。

对自学而言，这种消极的教学方式显然是弊大于利的。1383号受访者[③]提到在初中科学课中涉及性教育，但教师让学生"自学"，667号受访者[④]高中时则被发了一本生理知识的小册子，但被男生们"拿来开玩笑"了。不能够让学生产生基本的科学认识，甚至导致学生加深了茫然与偏见，可见这种教学方式是五种教学方式中实际效果最差的。

从整体上讲，即使目前已经知道专门课程等教学方式，但结果仍不及预期。从实际的填答数据和受访者的回答中，能够发现上述五种教学方式无论是哪一种都难以真正有效地发挥其应有的功能，小学—高中阶段的性与性别平等教育大多数时候仍保持在一个浅层次、效果未及预期的教育水平。相当关键的是，虽然已经存在五种形式，但在小学—高中阶段，更常见的是性与性别平等教育被直接忽略，没有相关教育的情况亦非常普遍，不难想象，我国在这方面的教育力度和效果可堪贫瘠。

2. 本科—研究生阶段

在本科—研究生阶段，性与性别平等教育体系发生了改变，主要有专门必修课、专门选修课、课程关联、讲座、社团活动和相关宣传六种教学方式。专门必修课是比较少见的一种教学安排，就读于某中外合办大学的678号受访者[⑤]在大学期间有很多强制进行的性教育课程和活动，其中包含了非常完整的性与性别平等教育相关知识。专门选修课是由学生自己选

[①] 667号受访者：1998年出生，顺性别男性，同性恋，大学本科生。
[②] 359号受访者：2001年出生，顺性别男性，同性恋，大学本科生。
[③] 1383号受访者：2002年出生，顺性别男性，同性恋，普通高中生。
[④] 667号受访者：1998年出生，顺性别男性，同性恋，大学本科生。
[⑤] 678号受访者：2000年出生，顺性别男性，同性恋，大学本科生。

择的专注于性教育的课程，也比较少见，就读于上海某双一流高校的791号受访者①曾在本科时期选修过"酷儿运动"等性与性别平等教育课程，这些课程更多是关于多元性别相关知识的，但对性与性别知识也有较完整的教学。课程关联则比较常见，心理学、社会学、生理健康等课程中都有一两小节是关于性教育的。讲座与小学—高中阶段一样多样，国内大学举办的讲座不具有强制性。基于学校存在性知识宣讲社团、禁毒防艾类社团和彩虹社团，学生可以在社团活动中进行性知识普及和深度学习。相关宣传是比较特殊的一种形式，667号②和284号受访者③都在学校内看到过与性知识相关的宣传牌，但这种宣传局限在防范性侵害、避免危险性行为等性安全方面。

对专门必修课而言，和小学—高中阶段的正式课程一样，这是一种非常难得的教学方式，学生通过这种方式完整地接触到了性与性别平等教育中应有的各方面知识，这种知识不仅系统化，而且还具有相当程度的科学性。就读于上海某中外合办大学的678号受访者④认为这是"比较宝贵的一个经历"，这门课程使他知道了该对性与性别平等方面的各种人、事、物持有怎样的态度，自己应对自己的哪些行为负责等，其正面效果是非常明显的。但令人惋惜的是，这种教学方式非常少见，目前只有这一位受访者有过这样的经历。这种形式虽然能够发挥巨大的作用，但普及程度保持在一个近乎无法产生效果的极低水平。

对专门选修课而言，其与专业必修课有着类似的效果，但存在非常明显的局限性，即教学受众有限制和主要内容有偏向。791号受访者⑤指出，参与专门选修课，他能够感受到一种信心和肯定，解决了其性倾向认同所引发的精神紊乱问题，但他同时认为"对他们（非性/别少数群体），实质上的作用其实没有我们本来的群体（性/别少数群体）的大"。专门选修课大都围绕一个主题进行，虽然有涉及整体化的知识，但着墨点依然在

---

① 791号受访者：1998年出生，顺性别男性，同性恋，大学本科生。
② 667号受访者：1998年出生，顺性别男性，同性恋，大学本科生。
③ 284号受访者：1997年出生，性别酷儿，大学本科生。
④ 678号受访者：2000年出生，顺性别男性，同性恋，大学本科生。
⑤ 791号受访者：1998年出生，顺性别男性，同性恋，大学本科生。

课程主题上,因而不容易形成较均衡的知识体系。

对课程关联而言,其存在和小学—高中阶段的课程关联相同的问题,即很难使学生形成科学全面的知识体系。516 号受访者①在大一时曾上过心理健康教育课,他认为这门课中所涉及的性生理和性安全方面的知识无法对他和身边的人产生任何影响。

对讲座而言,本科—研究生阶段相较于小学—高中阶段最大的不同在于宣讲重点的不同,本科—研究生阶段的讲座弱化了单纯性生理与性发育方面的知识,转而强调男女两性的平等和深层次探讨。其对于学生的精神方面有着积极影响,但同样,若先期没有经过基础的性生理与性发育知识的学习,这种讲座的积极作用就会被削弱。

对社团活动而言,其最大的优势在于强调所有参与者理解的最大化,因而可能是学习效果相当好的,但其劣势也极为明显,非社团成员主动参加的情形极少。有受访者选择主动进行公开化的活动,1585 号受访者②对其社团活动对其他非社团成员的积极影响信心十足:"(大学期间的社团活动)效果的话,不是我自卖自夸,我当时开完这个活动之后,好多同学都不想让我们走,想让我们再去开,让我们再到他们那班去开。"不过,135 号受访者③在谈及其所在的性/别社团的相关活动时感叹道:"大学阶段的活动很难吸引到非性/别少数群体,对这类群体收效甚微。"这反映了社团活动的影响力始终难以扩大的事实。

对相关宣传而言,这可能是所有教学方法中最为公开但效果最差的,其无效的宣传效果使受访者在回答这些教育的影响时直接忽略。

综上所述,我国性与性别平等教育实质上处于被分化、割裂的浅层次,即不仅在整体教育理念指导上出现了分化,在具体的课程展开形式上也是五花八门,效果参差不齐,这表现出现阶段我国性与性别平等教育双重失衡的状态。

笔者所认为的双重失衡,是指不仅性与性别平等教育整体上在现阶段

---

① 516 号受访者:1996 年出生,顺性别男性,同性恋,大学本科生。
② 1585 号受访者:2000 年出生,顺性别女性,同性恋,大学专科生。
③ 135 号受访者:1999 年出生,跨性别男性,大学本科生。

教育体系中处在不受重视的失衡状态,而且在性与性别平等教育中各部分间也存在失衡。这种双重失衡实质上客观反映了性与性别平等教育在总体上和自身中都出现了不同程度的负面状态,想要改变这些状况,必须倾听诉求、寻找对策。

(四)性/别少数学生对于性与性别平等教育在各教育阶段的诉求

通过上述分析,能够发现性与性别平等教育仍存在诸如形式较少、普及度和实操度低、缺乏具体指导、教学和科研并不深入和社会舆论负面化等多种缺陷,也受到了部分其他因素的影响,但这不妨碍学生对所期待的性教育发出合理的诉求。

30位受访者对访谈问题"您觉得在各个教育阶段,您需要/想要接受什么样的性与性别平等教育?"做了不同的回答,在后期的集中分析中,笔者发现这些回答在很多方面存在高度同一性。受访者的诉求共性体现在以下几点上,近乎所有回答了该问题的受访者都认为:性与性别平等教育非常重要,必须进行,并应按照某种顺序进行,开始时间不能太晚;同时也认为应当加强性别平等、多元性别等相关知识的学习。

1. 性与性别平等教育非常重要,必须进行相关教育

每位受访者在表达对性与性别平等教育的诉求时,其实都默认了他们支持进行相关的教育,亦有受访者对这种教育的真实性感到担忧,791号受访者[①]感叹道:"其实我觉得形式不是很重要,我觉得反而现在很多学校它根本就不会提这些事情。"这种来自受访者的感叹在问卷调查结果中被非常明显地呈现了出来,现实情况是,除了简单的性生理与性发育知识的学习外,学生们很难在各教育阶段接受来自学校的系统化教学。在真实性不能保证的前提下,性与性别平等教育很难说得到了真正的重视与执行。

2. 性与性别平等教育应遵循某种比较紧凑的顺序

一言以蔽之,大多受访者认为,应首先对学生进行性生理与性发育知

---

① 791号受访者:1998年出生,顺性别男性,同性恋,大学本科生。

识的教育，使学生们明白基础的性知识。其次，应当进行以防范性侵害和预防性疾病为主的性安全知识教育，使学生们首先认识自己，接着学会从原则层面保护自己。此后，应以合适的方式向学生传达性行为的特征与方法方面的知识，在此基础上，强调性行为的合理性和安全性行为的必要性。之后应引导学生了解性别，进而了解性别之间的生理差异与权利上的平等，这是对我国男女平等基本国策的必要学习，只有首先理解占据人群中绝大多数人的性别身份和其差异与平等，才能树立基本的尊重差异和追求平等的良好信念。最后，应引导学生了解多元性别相关知识，认识到社会中不只存在二元性别，引导学生认识自己、追求真正的情感、平等地对待每一个人。由此可见，性与性别平等教育的顺序可以概括为"性生理与性发育—性安全—性行为—两性性别与平等—多元性别与人的情感"。

3. 性与性别平等教育的开始时间不能太晚

有受访者认为应当在幼儿园时就进行相关教育，也有受访者认为应当从初中开始进行相关教育，但总的来看，还没有受访者认为进行性与性别平等教育应晚于九年义务教育，即最迟应在高中前就开始。事实上，我国的教育体系的确是在初中时使学生们接触到性生理与性发育知识的[①]，这个开始时间在受访者们的接受底线之上。

4. 加强性别平等、多元性别等相关知识的学习

1316号受访者[②]对平等有着更加友善的看法："最需要的是平等教育这方面吧，或者不应该说平等，更像是和谐友好相处，教育提倡男女之间和谐、平等相处，不要带着猎奇心理去了解。"此外，很多受访者受到的校园欺凌都与其性别表达的非大众化有关联。他们更渴望大众能够以平等的眼光来看待他们和用尊重的态度来对待他们的性别表达。1482号受访者[③]给出的建议非常具体："这方面应该从小就开始教育，比如告诉他们不要有性别刻板印象，不是说男生一定不能穿粉红色，女生一定要穿裙子之类的，男生女生都可以选择自己喜欢的东西，可以有自己的发展……等

---

① 初中生物课本中已经出现了对于男女两性生殖器官的介绍与基础学习内容。
② 1316号受访者：1999年出生，跨性别女性，大学专科生。
③ 1482号受访者：1994年出生，顺性别女性，同性恋，硕士研究生。

到上中学有一些性别观念之后，可以给他们普及不要有性别刻板印象，有些男生比较阴柔，有些男生比较阳刚，不要因为人家不符合男生的刻板印象就去嘲笑、欺负人家。"

结合上述诉求，能够感受到，虽然现阶段国内整体的性与性别平等教育尚在起步阶段，依然存在很多短板，① 但仍有很多的方法、规划和希望使其能够在未来获得更高的发展。这种发展之路绝非一帆风顺，它不仅受到文化、经济和政策的影响，还受到国家教育体系、育人理念、个人主观能动性、代际的观念和现实中错综复杂的具体情况等产生的或被动或主动的影响，为此，可以通过多个实操层面的建议来帮助其发展。

（五）促进性与性别平等教育的对策建议

1. 应通过更具体、更有操作性的法律和政策保障和支持更好开展科学、全面的性与性别平等教育

若想要真正普及和发展性与性别平等教育，中国必须在法律和政策层面，对性与性别平等教育在教育体系中的地位和其教学内容与方法以更加明确、更加具有可操作性的法条和文件形式加以规定。

（1）《教育法》第11条②要求性与性别平等教育应与各类教育一起，在现代国民教育体系中得到协调的、应有的、完善的发展，是故在具体的法规和政策中，应首先将性与性别平等教育纳入必修课程体系之中，对其课程的课时、教师要求和教材等进行规范，进而确保性与性别平等教育实施的必要性和真实性。

（2）应对性与性别平等教育的课程内容做出具体要求。不必局限在防治艾滋病和反性侵中，还应包含较完整、较科学的其他性与性别平等教育的知识，这种规定不只是为了保证教育的内容足够全面和科学，也是为了避免在真正实施的过程中，出现教师们因初次接触而无课可讲的问题。

---

① 参见童立《中国性教育：实干，推动与发展》，《中国性科学》2020年第6期。
② 《教育法》第11条：国家适应社会主义市场经济发展和社会进步的需要，推进教育改革，促进各级各类教育协调发展建立和完善终身教育体系。

（3）若条件允许，可以普及和推广性与性别教材的应用。当下，性与性别平等教育中大多没有一个广泛实用的、能够保证科学完整的教材，这会让任课教师们在较高的自由度下产生完全不同的教学结果，很难保证教育的目的真正达到，更难以确保学生们能够学习到比"认识自己"层次更高的价值理念。

开展科学、全面的性与性别平等教育，离不开法律和政策的保驾护航，如果失去法理和策略上的支持，性与性别平等教育只会是空中楼阁，难以得到有效的实行。

2. 性与性别平等教育应在尊重生理发育的基础上进行有顺序的体系化教学

当前，我国的性与性别平等教育仍以性生理与性发育为主，其他内容并不被完全实践。从前文问卷填答者和访谈受访者的回答来看，性与性别平等教育整体上不够深入，遑论体系化了。是故若要保证性与性别平等教育的质量，应当推行以下举措。

（1）明确性与性别平等教育不止于艾滋病防治、防范性侵害以及性生理与性发育知识，还包括更为丰富的安全性行为知识，性骚扰、性霸凌与性侵害的相关知识与防治，性别平等相关知识和多元性别相关知识，即应建立和完善性与性别平等教育的内容体系。建立无偏向而有重点的内容体系，是保证性与性别平等教育质量的基础，只有建立在科学全面的知识体系之上，教育才有获得理想效果的可能。

（2）各部门、多机制联动，在当下学生身心发育的客观规律和现实情况的基础上，将年龄、教育阶段和内容体系结合并对应起来，形成完整且有针对性的教学方案。将上述三者结合起来，不仅能够最大程度地将教学效果最优化，还能对不同年龄的受教育者起到合适且科学的指引作用，促进他们健康发展。

（3）建立和完善性与性别平等教育考评机制，从课程安排、教师情况和教学效果等多个维度进行考核评价，将之与学生学习成绩、教师的业务考评和学校的教学评审结合起来，从效能上维护和保证性与性别平等教育的真实性和高质量。

3. 开展性与性别平等教育中教与学和知识体系的研究，从理论准备和实践上保证教育教学的先进性、科学性和即时性

性与性别平等教育的教学方式、知识体系等并非一成不变，而是根据人们的认识、时代的发展和不断更新的理论成果在进行不同程度的更新和发展。要保持性与性别平等教育的先进性、科学性和即时性，就需要不断推进对性与性别平等教育中教与学的研究，也必须时刻紧跟理论研究发展步伐，对其方式和知识体系进行更新换代，是故可以推行以下举措。

（1）分别建立性与性别平等教育教学和知识体系的交流体制，使前者成为性与性别平等教育实施者间分享心得体会、交流提升技能的平台，后者成为性与性别平等教育研究者们交流创新、观念争鸣的平台，不断为性与性别平等教育创造技能和理论上的活水源头。

（2）鼓励高等院校和研究机构进行性与性别平等教育的研究，尤其是对于教育教学方法和知识体系的研究。通过专业人员的研究，能够发现性与性别平等教育中的问题和不足，及时改正和补足并进一步完善，确保达到性与性别平等教育的先进性和科学性的目的。

（3）促进国际交流。《教育法》第7条规定教育应当"吸收人类文明发展的一切优秀成果"，这决定了我国的性与性别平等教育不能敝帚自珍，而应在世界范围内不断交流，取其精华去其糟粕，用国际上的先进经验和优秀知识体系来改良和更新我国自己的教育体系，保证性与性别平等教育和研究的先进性和即时性。

4. 调动家庭参与性与性别平等教育，在全社会范围内形成良好的舆论和观念

性与性别平等教育的难题还有一部分不在学校之中，而在于受教育者的家庭乃至整个社会之中。

目前所谈及的性与性别平等教育主体为学校和政府等公共参与方，而家庭在其中并没有发挥真正的教育作用。对于很多家庭而言，性与性别平等教育往往是"交配教育"，"谈性色变"是家庭环境中的常态，[1] 唤醒家

---

[1] 参见吴学安《回避性教育才是问题》，《健康报》2019年4月23日，第2版。

庭在性与性别平等教育中的辅助作用，或是使家庭不再成为性与性别平等教育中的阻碍因素，这是相当重要的。

此外，社会舆论和观念对性与性别平等教育也产生了负面影响。对待性教育，家庭和社会都有着特殊的"沉默文化"，即从不谈"性"，也不鼓励不支持他人谈"性"。[①] 这种舆论使性与性别平等教育遇到极大阻力，不只是性与性别平等教育的实施遇到困难，即使真正实施了性与性别平等教育，其影响也难以走出校园。是故应当通过公益广告、合理宣传和打造标杆等多种形式来引导社会舆论，使性与性别平等教育所处的社会环境得到改善。

[责任编辑：黄周正]

---

① 参见陈文雯《性教育不能再"害羞"了》，《青海法制报》2020年7月15日，第3版。

学术专论

性骚扰的用人单位法律责任研究[*]

周宝妹[**]

摘要： 由于我国现行法律规定的缺失，司法实践中遭受性骚扰的劳动者无法追究用人单位的法律责任。劳动领域中的性骚扰行为侵犯了劳动者的就业权，用人单位应当为此负责，劳动法应当对劳动者遭受"与工作相关性骚扰"后用人单位的法律责任作出明确规定。用人单位的这一法律责任既不是侵权替代责任或连带责任，也不是因性骚扰而引起的劳动合同解除责任，而是劳动法上的独立责任。用人单位对性骚扰行为的控制程度是法律规定用人单位防治义务和法律责任的基础，我国的立法可以通过骚扰者是否为本单位劳动者来认定用人单位法律责任的程度。

关键词： 性骚扰；用人单位；劳动者；劳动关系；法律责任

劳动者在工作中遭遇性骚扰行为，其就业权受到侵犯，用人单位[①]应当为此承担法律责任已经为很多国家立法所承认。在我国，一方面是社会公众对性骚扰，特别是就业领域性骚扰广泛关注，性骚扰间或成为社会热点问题，[②] 理论研究中认为的用人单位应当为工作场所发生的性骚扰行为

---

[*] 本文为中国社会科学院大学校级卓越学者支持项目"新时代背景下女性劳动者权益保护研究"（项目编号：校20180012）的阶段性成果。特别感谢中国社会科学院大学政法学院2016级王可欣同学在案件收集整理中的帮助。

[**] 周宝妹，中国社会科学院大学政法学院副教授，法学博士，主要研究方向：劳动法、社会保障法。

[①] 我国的用人单位概念与境外法律中的雇主含义类似，本文使用"用人单位"概念，在引用相关文献时，遵循文献本身的语言表达。

[②] 如2017年发生于美国的"Me Too"运动在我国引起的广泛反响。

负责也基本成为共识；另一方面，由于相关法律规定缺失，司法实践中劳动者作为受害人无法要求用人单位承担相应的法律责任。本文拟以用人单位法律责任为核心，探讨劳动法对性骚扰的规制，抛砖引玉，以期有利于我国性骚扰法律规范的完善。

一 工作中性骚扰的现行立法规制与司法实践分析

我国现行法律规定禁止对女性的性骚扰行为，加害人应当承担相应的法律责任。对于劳动者在工作中遭遇的性骚扰行为，虽然相关法律规定明确了用人单位有采取相关措施预防和制止性骚扰行为的义务，但是对用人单位法律责任的规定则为空白。具体而言，2005年修正的《妇女权益保障法》中首次规定"禁止对妇女实施性骚扰"，"受害妇女有权向单位和有关机关投诉"。[①] 但是并没有涉及单位接受投诉后如何处理，更遑论用人单位的法律责任。《妇女权益保障法》实施后，虽然有地方性法规进一步明确了用人单位有采取措施预防工作场所发生性骚扰的义务，但并没有对用人单位违反义务应当承担的法律责任做出具体规定。[②] 在劳动法领域，《劳动法》和《劳动合同法》中并没有涉及性骚扰的专门条款，2012年出台的《女职工劳动保护特别规定》中虽然明确了在劳动场所，用人单位有预防和制止对女职工性骚扰的义务，但仍然没有规定用人单位履行这一义务的具体措施以及违反该义务时应当承担的法律责任。因此，用人单位具

---

① 2018年第二次修正中保留了该项内容。
② 有地方规定中提及"用人单位应当按照有关规定承当相应责任"，但并没有"有关规定"对用人单位的法律责任做出明确规定。参见《福建省实施〈中华人民共和国妇女权益保障法〉办法》第40条。也有地方规定"在工作场所发生对妇女实施的性骚扰，造成妇女身体、精神、名誉损害，单位或者雇主有过错的，应当依法承担相应的民事赔偿责任"，但是并没有具体规定单位或雇主的过错表现，因而如何追究用人单位的法律责任仍然欠缺明确的法律规定。参见《四川省〈中华人民共和国妇女权益保障法〉实施办法》第47条。

体的义务范围和法律责任规定仍然缺失。①

虽然性骚扰在一定程度上是社会热点问题，但进入司法程序的案件数量并不多，本文在无讼网上仅查阅到有效的性骚扰民事案件 139 件，② 从案件类型分析，涉及性骚扰的民事案件可以分为两类，一类是一般民事侵权案件，另一类是劳动争议案件。③ 就案件数量而言，一般民事侵权案件 89 件，劳动争议案件 54 件。

一般民事侵权案件中，主要以名誉权纠纷作为案由，④ 被告为疑似性骚扰行为人，在认定有性骚扰行为发生时，法院判决被告人承担民事侵权责任，具体的民事责任形式主要有赔礼道歉、损害赔偿（包括精神损害赔偿）等；劳动争议案件则表现为因性骚扰产生的劳动合同解除争议。⑤ 此种情形的劳动争议又可以分为两种情况，一是用人单位与加害人解除劳动合同的争议，二是受害人与用人单位解除劳动合同的争议，具体情况如表 1 所示。

---

① 《民法典》第 1010 条规定了禁止性骚扰内容："违背他人意愿，以言语、文字、图像、肢体行为等方式对他人实施性骚扰的，受害人有权依法请求行为人承担民事责任。机关、企业、学校等单位应当采取合理的预防、受理投诉、调查处置等措施，防止和制止利用职权、从属关系等实施性骚扰。"

② 参见无讼网 https://www.itslaw.com/bj。案件收集的截止时间为 2019 年 7 月。有效案件的收集标准为：性骚扰为案件的主要案情或争议焦点。对于判决书中虽然出现"性骚扰"一词，但性骚扰并不是案件的焦点问题，并且在案情中也没有展开的案件不予收集。

③ 2018 年 12 月，最高人民法院发布《关于新增民事案件案由的通知》，"性骚扰责任纠纷"被列为新增案由之一。但该案由被列在"教育"项下，因此性骚扰仍然不能成为劳动案件的立案案由。另外，该通知中同时新增的另一个案由为"平等就业权纠纷"。虽然理论上"性骚扰"与"性别就业平等"紧密联系，但是两者并不等同，在这一案由下是否包括"性骚扰"纠纷仍有待观察。在此之前，性骚扰案件多作为"人格权"中的侵权行为案件进行审理。

④ 在名誉权纠纷之外，有案件因为疑似性骚扰行为发生后，受害人（或其亲属）和加害人之间发生扭打等情况，进而产生身体损害，以人身权、健康权或一般人格权纠纷为案由立案。

⑤ 由于法律规定中没有明确用人单位的法律责任，因此迄今为止，并没有劳动者因性骚扰行为发生向法院起诉要求用人单位直接承担法律责任的劳动争议案件发生。为准确起见，在无讼网查询之外，以"性骚扰"为关键词，在中国裁判文书网（http://wenshu.court.gov.cn）的民事案件中也进行了查询，截至 2019 年 7 月，均没有发现关于用人单位因性骚扰行为发生承担法律责任的案件。

表 1 性骚扰中劳动争议案件分析

序号	案件分类	争议焦点	法院判决结果
1	用人单位与疑似性骚扰行为人解除劳动合同争议	1. 性骚扰行为是否存在； 2. 因性骚扰行为，用人单位以严重违反规章制度为由解除劳动合同是否合法	1. 现有证据不能证明性骚扰发生或加害人行为虽有不当，但不构成性骚扰，用人单位违法解除劳动合同，应当支付经济赔偿或劳动合同继续履行； 2. 性骚扰行为存在，用人单位解除劳动合同合法，不支付经济赔偿
2	疑似性骚扰行为的受害人与用人单位解除劳动合同争议	1. 性骚扰行为是否存在； 2. 劳动者主张因性骚扰行为劳动者被迫解除劳动合同，用人单位是否应当支付经济补偿	1. 因性骚扰行为被迫辞职，证据不足，劳动合同解除因劳动者自身原因，用人单位无须支付经济补偿； 2. 性骚扰的问题不属于劳动争议纠纷的审理范围，不予审理

通过分析以上案件可以发现，在用人单位与涉嫌性骚扰行为人解除劳动合同的案件中，由于用人单位内部劳动规章制度规定禁止性骚扰行为，当性骚扰行为发生时，用人单位通常以"严重违反规章制度"为由与加害人解除劳动合同，由此用人单位与加害人之间产生解除劳动合同的争议，此时案件的争议焦点不仅在于性骚扰行为是否发生，还在于性骚扰行为发生是否构成"严重违反劳动规章制度"，性骚扰行为是案件发生的导火索，案件的争议问题转化为用人单位规章制度的制定是否合理合法。从相关案件判决内容分析，很多企业都在内部规章制度中规定"禁止性骚扰"，并将性骚扰作为严重违反本单位规章制度的情形之一，从而在发生性骚扰行为之后，以此为由与涉嫌性骚扰的劳动者解除劳动合同；法院在审理中一方面要认定案件中争议的行为是否构成性骚扰，另一方面要确认单位内部的规章制度是否合法。疑似性骚扰行为的受害人与用人单位解除劳动合同争议，主要分为两种情况：一是劳动者以遭受性骚扰被迫单方解除劳动合同为由主张用人单位支付经济补偿金；二是在用人单位以某种情形解除劳动合同后，劳动者认为劳动合同解除的实际原因与性骚扰相关，诉求用人单位支付经济补偿金或违法解除劳动合同的经济赔偿。在此类案件中，劳动者（受害人）并不要求用人单位因性骚扰行为而承担法律责任。个别案件中，虽然有劳动者提出有关性骚扰的诉求，但法院认为，性骚扰的问题

不属于劳动争议纠纷的审理范围，不予审理；劳动者可直接向公司投诉或者另寻途径解决。①

二 劳动法所规制的性骚扰范围

劳动法所规制的性骚扰发生在劳动领域，据此法律对用人单位的法律责任作出规定，随之而来的问题是，法律如何对所调整的"劳动领域的性骚扰"作出范围界定。《女职工劳动保护特别规定》中将用人单位的预防和制止性骚扰的义务限定在"劳动场所"之内，理论研究中，学者们通常使用"工作场所性骚扰"这一概念。但是随着用工形式的复杂和互联网的发展，通过"工作场所"或"劳动场所"来界定劳动法所调整的性骚扰范围，其局限性日渐显现。

（一）与工作相关："工作场所"的局限性

从直观理解，无论是"工作场所"还是"劳动场所"，其中的"场所"是一个空间概念，在传统用工模式中，其往往表现为用人单位可控的物理场所，如本单位的办公场所或生产经营场所。尽管在现有理论研究和实践中可以通过"工作场所"的扩大解释将"工作场所"从用人单位的场所扩充到非用人单位的所在地，如可以将与客户见面之处解释为"工作场所"，但是该种解释仍然需要一个物理的空间。随着产业类型的变化、用工形式的发展和科学技术的进步，特别是网络技术的发展，性骚扰行为发生地点已经不局限于用人单位的"物理场所"，"工作场所虚拟化"现象的出现和发展，使得在网络虚拟空间等"虚拟场所"发生的性骚扰行为无法通过有形的"工作场所"进行合理解释，以"工作场所性骚扰"来概括劳动法所调整的性骚扰已经无法涵盖与工作相关的性骚扰

---

① 参见《四川省雅安市名山区人民法院民事判决书》，(2018) 川 1803 民初 897 号；《广东省增城市人民法院民事判决书》，(2015) 穗增法民一初字第 94 号；《广东省广州市中级人民法院民事判决书》，(2015) 穗中法民一终字第 2384 号；《上海市虹口区人民法院民事判决书》，(2018) 沪 0109 民初 27277 号；《上海市第二中级人民法院民事判决书》，(2018) 沪 02 民终 11484 号。

情形。

从语源来看,"性骚扰"和"工作场所性骚扰"均是舶来品。就翻译本身而言,经过翻译后的表达并不能总是与原文含义一致。① 翻译不仅是找到"确切"的词汇进行"语言的转换",还是一种文化基础之上的"转化"。② 我国学者对于"工作场所性骚扰"的理解很大程度上受到西方国家,特别是美国的影响。美国的《人权法案》将性骚扰作为性别歧视的内容加以禁止,美国平等就业委员会的指导规则将雇佣领域发生的"性骚扰"界定为"对雇用有影响的不受欢迎的性行为",并将其划分为两种类型:"利益交换性骚扰"和"敌意环境性骚扰"。利益交换性骚扰没有"空间"的限制;敌意环境性骚扰中虽然使用了"敌意环境"(hostile work environment)的概念,③ 但是环境(environment)④一词在英语中并非仅指物理的工作空间,因此"敌意工作环境"不仅指物理的工作环境,也可以理解为一种"工作氛围",其并不局限在具体的"空间范围"之内。我国的相关研究中,将以上两种类型的性骚扰概括理解为"工作场所性骚扰"。中文中"场所"本身具有物理空间的含义,指"活动的处所",⑤ "工作场所性骚扰"的表述在一定程度上突出了"场所"的重要性,由此产生"雇佣领域中发生的性骚扰"这样的转化,产生强调性骚扰发生的物理场所的限缩效果。

---

① 曾有中国学者的中文文章被翻译为英文,然后又从英文翻译为中文,在两次翻译后,有些地方竟变得"面目全非"。参见闵冬潮《全球化与理论旅行:跨国女性主义的知识生产》,天津人民出版社,2009,第64页。

② 参见闵冬潮《全球化与理论旅行:跨国女性主义的知识生产》,天津人民出版社,2009,第65~67页。

③ 根据"Title Ⅶ of the Civil Rights Act of 1964"的规定,禁止基于性别的就业歧视(Prohibits discrimination in employment on the basis of gender)。而性骚扰包括在性别歧视之内。美国平等就业委员会将与雇佣相关的性骚扰分为两种:利益交换性骚扰和敌意环境性骚扰("quid pro quo" and "hostile environment")。参见 https://www.eeoc.gov/policy/docs/currentissues.html,最后访问时间:2019年7月31日。

④ Environment 在英文中不仅指物理的环境,也指一种氛围或影响,"the conditions that affect the behaviour and development of sb./sth.; the physical conditions that sb./sth exist in",《牛津高阶英汉双解词典(第9版)》,商务印书馆,2018,第713页。

⑤ 中国社会科学院语言研究所词典编辑室编《现代汉语词典(第6版)》,商务印书馆,2015,第149页。

在我国，已经有学者在研究中指出从物理空间理解"工作场所性骚扰"的不足，认为"工作场所实际是因工作或其他经济联系而产生的一种关系形式，在与工作有关的联系中发生的性骚扰都可以被认为是工作中的性骚扰"。[1] 但也有学者认为，虽然随着就业形式的多样化和工作方式的改变，"工作场所"有拓展和开放的趋势，但是鉴于"工作场所性骚扰"问题源于工作场所，逐渐形成比较成熟的学术传统和脉络，沿用这一概念有助于对该问题的深入讨论。[2] 从国际趋势来看，近年来，国际劳工组织更多地使用了"劳动世界"（in the world of work）[3] 这一术语，特别是2019年6月国际劳工组织通过的《关于消除劳动世界中的暴力和骚扰的公约》（第190号公约）中使用了这一术语表述包括性骚扰在内的暴力和骚扰发生的空间范围，[4] 同时公约第3条所规定的适用范围强调侵害的发生与工作相关或者因工作而起（links with or arising out of work），[5] 而不是侵害行为是否发生在工作地点，即性骚扰发生是由于"工作"而不是因为其发生在"工作场所"。鉴于我国劳动法律中并没有统一明确规定性骚扰的调整范围和类型，在社会生活中，在"工作场所性骚扰"这一表述之外，人们也常使用"职场性骚扰"这一表达，而无论是"工作场所"还是"职场"均表明与其他类型的性骚扰的差异在于其发生的"社会关系"

---

[1] "工作场所中的性骚扰研究"课题组:《工作场所中的性骚扰:多重权力与身份关系的不平等——对20个案的调查与分析》,《妇女研究论丛》2009年第6期。

[2] 参见薛长礼、杨慧丽《工作场所性骚扰受害人劳动权保护的法理探析》,《山西大学学报》（哲学社会科学版）2010年第5期。

[3] "the world of work"不仅指物理的"工作场所", "The Convention also takes account of the fact that nowadays work does not always take place at a physical workplace; so, for example, it covers work-related communications, including those enabled by ICT"。参见国际劳工组织官方网站, https://www.ilo.org/global/about-the-ilo/newsroom/news/WCMS_711891/lang—en/index.htm, 最后访问时间: 2019年7月31日。

[4] Convention Concerning the Elimination of Violence and Harassment in the World of Work, 2019.

[5] Article 3: This Convention applies to violence and harassment in the world of work occurring in the course of, linked with or arising out of work: (a) in the workplace, including public and private spaces where they are a place of work; (b) in places where the worker is paid, takes a rest break or a meal, or uses sanitary, washing and changing facilities; (c) during work-related trips, travel, training, events or social activities; (d) through work-related communications, including those enabled by information and communication technologies; (e) in employer-provided accommodation; and (f) when commuting to and from work.

不同，而这种不同在于用人单位的义务和法律责任相联系的时候，如何在两者之间构建因果关系并没有明确的标准，因此本文认为，在未来的立法中，与其进一步解释或扩充"工作场所"的含义，不如将劳动法所调整的性骚扰范围概括规定为"与工作相关"，并通过具体的义务规定，确定用人单位承担法律责任的范围。即劳动法规定用人单位防治性骚扰的法定义务和法律责任既不是因为行为人（加害人）是本单位员工，也不是因为该行为"发生于工作场所"，而是因为其"与工作相关"：一方面，"与工作相关"强调的是性骚扰行为与工作紧密联系，避免了"物理场所"的假设前提，"并非发生在工作场所"不能成为用人单位的免责理由；另一方面，"与工作相关"这一标准不再限制加害人的身份，由外部人员实施的性骚扰行为，用人单位亦需承担法律责任。

（二）劳动关系的限制和法律责任主体的扩张

劳动领域发生的性骚扰为劳动法所规制的原因在于性骚扰侵犯了劳动者的就业权利，劳动法所调整的性骚扰不应仅为"劳动关系内的性骚扰"，相应地，用人单位的法律责任中的"用人单位"不应仅理解为"劳动关系内的用人单位"。将用人单位的法律责任适度扩张到劳动关系之外，既有利于劳动者权益保护的外延，也符合国际趋势。[①]

1. 用人单位对求职者的法律责任

在求职过程中，作为求职者的劳动者可能会受到来自招聘单位工作人员的性骚扰，此时用人单位的工作人员作为加害人应当承担法律责任，并且求职者与用人单位之间并没有建立劳动关系，用人单位的"保护义务"也无从谈起，那么此时法律规定用人单位的责任是否合理？本文认为，用人单位应当承担相应的法律责任，理由如下：从劳动者角度来讲，求职中的性骚扰不仅侵害了求职者的人身权利，同时也侵害了求职者的平等就业权利，这种侵害产生于"寻找工作"之中，属于"与工作相关"，因此，

---

① 《关于消除劳动世界中的暴力和骚扰的公约》第 2 条规定，公约保护的劳动者范围包括实习生和学徒、求职者等。

对于求职过程中遭遇性骚扰的劳动者,有权依据法律规定要求用人单位承担法律责任;[①] 从用人单位角度来讲,求职者在用人单位指定的场所或通过用人单位指定的途径应聘,用人单位有足够的监控能力保证求职过程的安全,有义务防范本单位工作人员对求职者做出违法行为,当本单位工作人员在招聘过程中性骚扰他人时,用人单位应当对其行为负责。[②] 当然,基于求职者和本单位劳动者两者之间身份上的差别,两种情况下用人单位的法定义务和法律责任应当有所区分。

2. 用人单位对被排除在劳动关系之外的劳动者的法律责任

根据现行劳动法的规定,童工、超过退休年龄的劳动者和实习生均无法与用人单位建立劳动关系,但这些人员同样在用人单位从事劳动。如果将用人单位对劳动者的法律责任局限在"劳动关系"之内,那么以上人员在提供劳动的过程中遭受性骚扰时无法追究用人单位的责任。

童工和超过退休年龄的劳动者在用人单位从事劳动,除年龄之外,其与本单位其他劳动者之间在劳动内容上并没有实质差别,显然不能将其排除在保护范围之外。按照教育法的规定,在校学生的实习属于教学环节,是按照教学计划的安排应当完成的学习任务,进行实习的在校学生并不与实习单位建立劳动关系。[③] 即此时的实习学生并非实习单位的劳动者,但与实习单位的其他劳动者一样,其亦在该单位的指挥下在其"工作场所"内从事劳动。就实习劳动的环境来看,实习学生和实习单位的在职劳动者之间并无实质区别,用人单位应当采取措施防治对实习生的性骚扰行为,并依法承担相应的法律责任。

---

① 《就业促进法》第62条规定:违反本法规定,实施就业歧视的,劳动者可以向人民法院提起诉讼。
② 参见《民法典》第1191条第1款。
③ 参见《教育法》第48条。2016年4月,教育部、财政部、人力资源和社会保障部、安全监管总局、中国保监会联合印发的《职业学校学生实习管理规定》中明确规定"职业学校学生实习",是指实施全日制学历教育的中等职业学校和高等职业学校学生按照专业培养目标要求和人才培养方案安排,由职业学校安排或者经职业学校批准自行到企(事)业等单位进行专业技能培养的实践性教育教学活动。普通高等学校的学生实习同样是高等学校教学内容的组成部分。

3. 劳务派遣用工方式下，用工单位应当承担"用人单位法律责任"

劳务派遣用工模式下的劳动关系与传统意义上的劳动关系存在很大差别。传统的劳动关系中，劳动者与一个用人单位建立劳动关系，签订劳动合同，并在该用人单位的指挥下利用其提供的劳动场所和生产资料进行劳动，劳动成果归属该用人单位，劳动者根据自己的劳动成果从该用人单位领取工资报酬，并由该用人单位保护劳动者在劳动过程中的生命安全和身体健康。劳务派遣用工模式下派遣单位在招聘劳动者之后，将其派到用工单位从事劳动。按照《劳动合同法》的规定，劳务派遣单位具有用人单位的地位，劳务派遣单位和被派遣劳动者签订劳动合同。但是作为劳务派遣单位的用人单位与传统的用人单位又存在差别，劳动者实际是在用工单位的指挥和管理下，在用工单位的工作场所从事劳动。在用工单位发生性骚扰行为后，让派遣单位进行调查处理显然存在一定困难，"要派单位若不配合，即便派遣事业单位优先考量派遣劳工之权益保障，仍难针对派遣劳工之性骚扰申诉采取立即有效之纠正与补救措施"。[①] 由于被派遣劳动者的工作任务主要在用工单位监督下完成，用工单位具有实际的"用工权"，被派遣劳动者实际处于用工单位的直接管理之下，在用工单位提供的劳动环境中从事劳动，并根据劳动情况取得劳动报酬，核心层面的"劳动合同"内容其实是在用工单位与被派遣劳动者之间完成的，用工单位在很多情况下分担了用人单位（劳务派遣单位）的权利和义务，因此，用工单位对被派遣劳动者遭受性骚扰承担法律责任具有合理性和可操作性，"在性骚扰防治责任等事宜，与劳务提供工作场所及劳务指挥监督有其关联性，在此情形下，要派公司也是最有可能对于职场性骚扰进行防治，故有必要使其负担雇主责任"。[②]

[①] 郑津津：《劳动派遣关系中之雇主性骚扰防治责任——台北地方法院劳诉字第一二六号民事判决评释》，《月旦裁判时报》2014年12月刊。

[②] 侯岳宏：《有关性平、就歧、女性夜间工作等之要派机构视同雇主之责任》，《台湾法学杂志》2014年3月刊。

三 法律义务的违反：用人单位承担法律责任的基础

我国目前司法实践中，因工作原因遭受性骚扰的劳动者不能通过劳动争议仲裁或诉讼途径追究用人单位法律责任的原因在于我国现行立法中并没有对发生性骚扰行为后用人单位承担的法律责任作出具体规定。在确定用人单位承担法律责任基于性骚扰发生"与工作相关"这一前提之后，用人单位违反法定义务则成为用人单位承担法律责任的直接原因。

（一）性骚扰的可控性

通常情形下，用人单位对本单位劳动者和工作场所有管理权，因此发生于其工作场所内部的本单位劳动者之间的性骚扰行为，用人单位承担法律责任容易被理解和接受，而用人单位对于发生在用人单位场所之外或来自用人单位外部人员的性骚扰行为承担法律责任的规定则需要慎重考量。劳动者因工作遭受性骚扰行为的侵犯，侵权人应当承担第一层次的法律责任，用人单位承担的法律责任则是第二层次的；就直接因果关系而言，用人单位承担法律责任不在于性骚扰行为的发生，而在于其违反了相应的法律义务。在判定用人单位承担法律责任时，则需要考量用人单位的法律义务：用人单位有哪些义务？用人单位是否履行了这一义务？

传统理论认为用人单位此时承担法律责任基于用人单位对劳动者的保护义务。劳动关系的从属性要求用人单位有保护劳动者权利的义务，包括对劳动者的生命与身体健康、人格权益和财产权益的保护；[1] 这一保护义务在此时可具体化为工作环境安全的保证义务。[2] 用人单位义务的设立和法律责

---

[1] 参见台湾"劳动法"学会编《劳动基准法释义——实行二十年之回顾与展望》，新学林出版股份有限公司，2005，第127页。

[2] 雇主实际上应提供劳工一适当、安全、无害之工作场所与环境，以保护劳动之生命、身体健康等重大利益免受危害之义务。参见黄程贯等《劳动、社会与法》，元照出版有限公司，2011，第14页；侯岳宏等《性别工作平等法精选判决评释》，元照出版有限公司，2014，第145页。

任承担应当考虑社会的实际情况，既要保护劳动者的权利，也不能将其绝对化，简单地将本单位劳动者遭受性骚扰侵害归结为用人单位未尽到保护劳动者的义务或劳动环境不安全，从而要求用人单位承担法律责任，可能会加重用人单位的负担。虽然用人单位有能力事先防范性骚扰，在疑似有此类事件发生后，也最能通过所设立的内部机制处理此种纠纷，采取措施纠正加害人行为并负担赔偿责任，①但是正如在社会生活中，即使有政府执法机构的存在也不能保证避免违法行为的发生，让用人单位保证工作环境的绝对安全，并对与工作有关的性骚扰行为完全负责未免牵强。②用人单位法律责任的承担应当与用人单位对性骚扰行为的"可控性"联系起来。所谓性骚扰的"可控性"是指用人单位预测性骚扰发生，并有能力防止及采取补救措施的可能性。③对于发生在有形工作场所内部的来自本单位劳动者的性骚扰，用人单位控制这一行为发生的能力更强；而对于发生在工作场所之外的性骚扰，特别是当性骚扰来自用人单位外部人员，并且发生于虚拟场所（如网络上的语言骚扰）时，对于用人单位而言，本单位工作人员遭遇性骚扰相对"不可控"。基于用人单位对发生性骚扰行为的"控制程度"，其法律责任认定需要区分不同情况：对来自用人单位内部人员的性骚扰，用人单位"在实

---

① 焦兴铠：《雇主知悉离职员工于在职期间遭受性骚扰——台北高等行政法院简字第112号判决》，台北大学法律学院、"劳动法"研究中心主编《性别工作平等法精选判决评释》，元照出版有限公司，2014，第155~164页。
② 司法实践中，已有法官在判决中表示，用人单位的义务并不意味着在用人单位发生的一切违法事项均属于用人单位未提供劳动保护、劳动条件或有违背预防和制止对女职工性骚扰的义务，当违法人的行为是用人单位无法预料和控制的，不能将用人单位的义务绝对化，在用人单位已经采取必要措施之后，用人单位可以免除相应的法律责任。参见《杭州市滨江区人民法院民事判决书》，(2014) 杭滨民初字第1173号。由于目前我国法律中并没有用人单位对于性骚扰的法律责任规定，该案中用人单位的法律责任表现为无须支付解除劳动合同的经济补偿。
③ 2016年国务院安委办发布了《标本兼治遏制重特大事故工作指南》，提出"安全风险管控"概念，指出"通过实施制度、技术、工程、管理等措施，有效防控各类安全风险"，从而降低风险损害。与工作相关性骚扰的发生可以视作用人单位在生产经营过程中的一种风险。通过企业内部采取相应措施可以减少发生性骚扰行为等，即发生这一行为虽然不能完全避免，但是发生这一行为的风险并非完全脱离企业的控制。因此，通过采取措施在多大程度上能够防范这一风险可以视作企业对发生这一风险的控制程度的大小。借鉴此种表述，文中用人单位在多大程度上能够管控性骚扰行为的发生，或者说用人单位对是否发生性骚扰的控制程度称为性骚扰的"可控性"。

际知悉或被推定知悉这类事件后，即应负担法律责任，除非能证明已采取立即而合适之纠正措施"，"如果这类事件发生在非受雇者，诸如主顾、一般顾客、售货员或承包商等，或甚至完全不相干一般公众进入工作场所性骚扰受雇者之情形"，则"应权衡雇主对这类事件之掌控程度来做决定"。[①]

（二）用人单位的法定义务

从我国现行法律规定分析，法律规定了用人单位在性骚扰行为发生时有接受投诉、求助的法定义务，但是如何具体化这一义务，相应法律规定语焉不详。分析境外的立法经验可以发现，雇主的义务通常表现为事先预防和事后处理的义务，具体表现为事先制定性骚扰防治措施、申诉及惩戒办法；在知悉性骚扰发生时，采取有效的纠正和补救措施；等等。[②] 境外立法例对于我国的立法具有重要的参考价值，但显然，我国的法律规定并不能直接照搬照抄某一种具体做法，特别需要避免立法先例中已经出现的不足和缺憾。

1. 义务主体的分类

从境外的立法经验来看，并非所有的用人单位履行相同的义务。[③] 这一点对于我国立法具有非常重要的警示作用。企业类型和企业规模应当成为立法设定企业义务需要考量的因素。中小企业、小微企业已经成为我国劳动者就业的重要途径，[④] 对于那些从业人数很少的中小企业、小微企业[⑤]而言，如果要求其建立专门的性骚扰处理部门不仅会加重企业负担，也不现

[①] 焦兴铠：《雇主对职场性骚扰之防治义务——第二八〇二号裁定评析》，《月旦法学杂志》2013年11月刊。

[②] 参见田思路、贾秀芬《日本劳动法研究》，中国社会科学出版社，2013，第83~91页；卢杰锋《美国职场性骚扰雇主责任的判例法分析》，《妇女研究论丛》2016年第2期。

[③] 例如美国雇用15人以上的雇主，参见美国平等就业机会委员会网站，https://www.eeoc.gov/eeoc/publications/fs-sex.cfm，最后访问时间：2019年7月31日。

[④] 第三次全国经济普查数据显示，2013年末，全国共有第二产业和第三产业的小微企业法人单位785万个，占全部企业法人单位的95.6%。小微企业从业人员14730.4万人，占全部企业法人单位从业人员的50.4%。参见《第三次全国经济普查主要数据公报（第一号）》，http://www.stats.gov.cn/tjsj/zxfb/201412/t20141216_653709.html，最后访问时间：2019年7月31日。

[⑤] 从业人数多少是确定企业类型的一个重要指标。参见《统计上大中小微型企业划分办法（2017）》，国家统计局2017年发布。

实。在立法中可以采取一般和特殊相结合的方式，原则上规定所有用人单位均应当禁止性骚扰行为发生，并采取相应的防范和救济措施；对于从业人数达到一定标准的用人单位规定专门的措施，那些从业人数未达标准的企业等用人单位，法律中不规定具体措施，但应当要求其根据本单位具体情况采取适当措施防范性骚扰。

2. 义务的履行与法律责任之间的关系

如前所述，用人单位承担法律责任的原因在于义务的违反而非性骚扰行为的发生，即用人单位是否承担法律责任具有一定的阻却理由，在用人单位能够证明其履行了事先预防和事后补救义务时，应当依法减轻或免除其法律责任。美国将性骚扰分为利益交换性骚扰和敌意环境性骚扰，前者是发生在高级管理人员和其下属之间以工作相关的利益交换为目的的性骚扰，如升职加薪等，按照代理理论，雇主对此承担绝对的法律责任，即不能通过所谓的履行了事先防范和事后救济义务而免责；对于敌意环境性骚扰，雇主可以通过举证证明履行了相应义务而减轻或免除法律责任。笔者认为，以上分类具有一定的合理性，但是从我国的实际情况出发，立法时并不必然要借鉴以上做法。一方面，高级管理人员对下属的骚扰并不一定表现为明显的利益交换，如果其并没有以给予工作利益为条件对下属进行骚扰，仅仅是基于其管理者的身份，此时很难与"敌意环境性骚扰"相区分；① 另一方面，我国劳动法并没有区分管理人员和普通员工，两者适用同一的法律规则，高级管理人员同样是用人单位的劳动者，与用人单位签订劳动合同，与本单位其他劳动者一样，其"劳动者身份"并无本质差异。② 对

---

① 这一点从我国现行的司法实践中也可得到佐证，在笔者收集整理的相关案件中，加害人具有管理者身份的性骚扰的案件中并没有明确"利益交换"案件，更多表现为被害人潜在的对工作前景的担忧；占比更多的案件仅表明发生在"同事"之间，并没有突出管理者的身份。

② 我国著名劳动法学者董保华教授很早就提出了"劳动者分层保护"的观点，也有研究成果探讨企业高级管理人员的身份地位和法律规制的原则，但是这种讨论仍然存在于理论研究层面，并没有形成确定的法律规则。参见董保华《和谐劳动关系的思辨》，《上海师范大学学报》（哲学社会科学版）2007年第2期；李凌云《委任关系与劳动关系的三种状态》，董保华主编《劳动合同研究》，中国劳动社会保障出版社，2005，第78~96页；王天玉《经理雇佣合同与委任合同之分辨》，《中国法学》2016年第3期；王天玉《劳动法分类调整模式的宪法依据》，《当代法学》2018年第2期。

于劳动者分层规制的任务并不是性骚扰法律规定所能完成的,当劳动法没有对劳动者分层规范作出统一规定时,在性骚扰的规制中确认对高级管理人员的特殊规定并非明智之举。

从前述性骚扰"可控性"观点出发,我国的立法可以通过骚扰者是否为用人单位劳动者来区分用人单位的法律责任,是否有"利益交换"并不影响法律责任的确定,对于本单位劳动者的性骚扰,无论加害人是高级管理人员还是普通员工,法律对用人单位履行防范和救济义务有更高的要求;对于来自单位外部人员的加害行为,则应当充分考量用人单位对这一损害行为发生的"可控"程度,确定用人单位是否需承担法律责任。司法实践中的一些裁判规则可以为立法所借鉴和吸收,如很多用人单位已经将"禁止性骚扰"写入本单位的规章制度之中,通过将"性骚扰"规定为严重违反规章制度的情形,在证实性骚扰存在的情形下,用人单位的这种规定通常被法院所认可,从而认定用人单位据此与加害人解除劳动合同合法,这在一定程度上体现了事先预防和事后救济措施的一个设立途径和方法,立法可将这一现行的企业做法规定为用人单位的法定义务,即在用人单位内部规章制度中对性骚扰作出规定,并通过设立具体的规则指引,细化规章制度的相应内容;再比如,在疑似遭受性骚扰的本单位劳动者投诉后,用人单位应当把疑似加害人调离原岗位,从而与被害人的工作岗位隔离,避免双方再次单独接触,也可以被视为一种类型的补救措施通过法律规定固定下来。在法律明确规定用人单位的防范和补救义务的前提下,根据义务的履行情况,用人单位承担相应的法律责任。

四 用人单位法律责任的性质和形式

用人单位的法律责任是指因性骚扰行为的发生,用人单位对受到侵害的本单位劳动者,应当依法承担的民事责任和行政责任。考察境外的立法例,[①]

---

① 有学者从女性主义政策的角度,比较美国和欧洲反性骚扰的法律和政策后,认为我国大部分的事业单位、国家机关和国有企业都有能力来执行反性骚扰政策,且作为责任主体来提供培训、监督和民事赔偿。但大量中小企业力有不逮。因此可以发挥(转下页注)

用人单位的民事责任主要表现为损害赔偿责任；行政责任则来源于法律中的直接规定，主要责任形式为罚款。①我国法律规定中涉及用人单位的法律责任内容尚不明确。②

在理论研究中，有学者以侵权责任为视角，分别从替代责任和独立责任两个角度进行论证。③但是这种民事侵权责任类型的划分是否能套用在劳动关系领域，则需要进一步研究。理论上对于雇主责任的研究必然涉及雇佣关系和劳动关系之间的区别与联系。由于我国劳动关系自身发展和立法规制的特殊性，在理解"雇主责任"时需要考虑到我国立法中对劳动关系和雇佣关系的区分。从我国的实际情况出发，侵权责任法框架下讨论雇主责任具有一定局限性。《侵权责任法》中对用人单位（雇主）侵权责任的规定表现为两个方面，一是"用人单位的工作人员因执行工作任务造成他人损害的，由用人单位承担侵权责任"，二是"个人之间形成劳务关系，提供劳务一方因劳务造成他人损害的，由接受劳务一方承担侵权责任"。第一种情形下，由于条款中为"造成他人损害"，因此不能适用于本单位劳动者受到侵害的情形，而受到侵害的本单位劳动者却是与工作相关性骚扰立法所应保护的主要主体。第二种情形的适用范围显然不属于劳动关系，"个人"的措辞表明其适用的是私人雇佣的情形，由于我国劳动关系和雇佣关系在法律规定中区别明显，因此其并不能适用于用人单位和劳动者之间没有建立劳动关系的情形。

发生性骚扰行为，受害人的人身权利受到侵害，其有权要求加害人承担法律责任。用人单位承担法律责任，并非基于受害人民事权利中的人格权受到侵害，而是因为性骚扰行为的发生与工作相关，劳动者的就业权

（接上页注①）政府的主导作用和利用现有不同层级的劳动争议调解机构会同工会、相关社会组织一起协商解决，即借鉴欧洲的制度安排，部分借鉴美国经验，适度引入经济赔偿机制，否则很容易陷入执行不力的局面。参见郦菁《比较视野中的反性骚扰政策——话语建构、政策过程与中国政策制定》，《妇女研究论丛》2018年第3期。

① 参见田思路、贾秀芬《日本劳动法研究》，中国社会科学出版社，2013，第83~91页。
② 有地方立法规定了赔偿责任，但在全国性立法中并没有明确。
③ 参见夏利民、郭辉《职场性骚扰雇主替代责任说质疑》，《河北法学》2012年第3期；李妍《职场性骚扰雇主责任形态分析》，《社会科学家》2011年第6期；曹艳春《雇主替代责任研究》，法律出版社，2008，第232~266页。

利受到侵犯，具体表现为工作环境安全的权利和平等就业的权利受到侵犯。因此，在劳动法视域中，用人单位的法律责任并非民事侵权责任中的"连带责任"或"替代责任"，而是因违反劳动法所承担的"独立责任"。用人单位未履行或未全部履行法定的性骚扰防治义务，从而导致劳动者受到性骚扰行为的侵害，其应当向劳动者承担赔偿责任。加害人对受害人已经承担法律责任不能成为用人单位的免责理由，同样，用人单位赔偿责任的承担也不能减免加害人的民事责任。从受害人角度而言，由于法律关系和法律规定的不同，受害人要求加害人和用人单位承担民事责任的请求权基础不同；从民事责任产生的原因角度进行分析，加害人的民事责任来源于性骚扰这一侵权行为的发生，而用人单位承担民事赔偿责任的直接原因是对保证工作环境安全义务的违反，两者产生的原因不同，各自独立，加害人的民事责任和用人单位的民事责任并行不悖。

在民事赔偿责任之外，用人单位还应当承担相应的行政责任。当法律将"禁止性骚扰"、建立防范和救济措施规定为用人单位义务之后，用人单位的这一义务则具有了公法义务性质，因违反该义务其应当承担行政责任，劳动行政部门有权对用人单位执行劳动法律的情况进行监督检查，对违反劳动法的用人单位进行行政处罚。借鉴境外的立法经验，用人单位此时承担行政责任的形式可以包括罚款、责令改正、警告。

结束语：劳动法规制性骚扰的作用及其不足

只有当平等理念真正树立，对个人权利充分尊重，性别平等真正实现时，性骚扰才可能减少和被消除，而以上条件并不能仅仅通过法律规定来实现，更不是劳动法律中作出规定就能够满足这些条件。劳动法关注的是性骚扰这一行为和用人单位法律责任之间的关系。何种行为构成性骚扰并不是劳动法关注的核心，或者说，与工作相关的性骚扰本质是性骚扰的一种，何种行为构成性骚扰在法律上应当有统一的条件和判断标准，劳动法关注这一行为是因为其由工作而引起，由此在加害人和被害人之间的侵权关系之外，构建用人单位和被害人（劳动者）之间的权利义务关系和用人单位的法律责任体系,同时延伸出对加害人(本单位劳动者)的处罚机制。用人单位有义务采取相应措施防范性骚扰发生并在产生损害后向被害劳动者提供救济已成为社会共识,但是同时也必须明确,性骚扰可能发生在各种社会关系和社会领域之中,防范性骚扰是社会的共同责任,虽然很多性骚扰事件的发生与工作相关,但是仅仅通过劳动法规定用人单位的事前防范和事后救济义务并不必然能对受害人提供完备的保护,劳动法律对于性骚扰的规制仅仅是法律规制的一个方面,对用人单位法律义务和法律责任的规定更不能理解为对加害人法律责任的替代,我国对于与工作相关性骚扰的立法既应当明确规定用人单位事先防范和事后救济的义务,也应当为用人单位承担法律责任确定严格的条件,避免将用人单位的法律责任绝对化,从而加重用人单位的负担,使得法律规定流于形式。

[责任编辑:徐宇晴]

美国职场性骚扰的构成要件

杨 帆[*]

摘要：美国职场性骚扰防治制度建立于反性别歧视模式下，以 1964 年《民权法案》第七章为基础，经过长时间的判例发展形成了较为成熟的构成要件体系。本文以美国的重要判例为主要分析对象，借以《民权法案》、平等就业机会委员会相关指南中的规定，通过区分职场性骚扰的不同类型，全面梳理与审视职场性骚扰的构成要件的确立与发展过程，提出了判断不同类型职场性骚扰的要件，并详述了各项要件所存有之内涵，以期为我国立法所借鉴。

关键词：职场性骚扰；构成要件；美国判例；性别歧视

2018 年，"米兔"（Me Too）运动在全世界范围内引起了关注，也席卷了中国，各行各业都有人将一直隐忍的曾经发生过的或者正在发生的职场性骚扰说出来，他们的声音被听见，让人们意识到职场性骚扰的普遍性及危害性。职场性骚扰的构成要件是认识、防治职场性骚扰的先决条件。想要在实践中对职场性骚扰行为进行救济，必须首先明确什么是职场性骚扰，什么样的行为可以构成职场性骚扰。然而我国缺乏对职场性骚扰概念和构成要件的规定，亟须构建统一的构成要件理论体系指导司法实践。美国联邦层面的职场性骚扰防治制度经历了长期的发展逐渐成熟，相信对美国职场性骚扰构成要件的研究对于我国具有借鉴意义。

---

[*] 杨帆，中国政法大学人权研究院硕士研究生，研究方向：人权法学。

一 背景介绍

美国的反职场性骚扰法以《民权法案》的相关规定和平等就业机会委员会（以下简称EEOC）发布的相关指南为基础，经历了很长时间的判例发展而逐渐成熟，认定职场性骚扰、职场性骚扰的构成要件不断完善，对于规制美国的职场性骚扰起到了很重要的作用。

先从实体法渊源来看，美国1964年《民权法案》第七章第703条（a）规定如下："对于雇主来说，下述雇佣实践将是非法的：（1）由于个人的种族、肤色、宗教信仰、性别或来源国，而不雇佣或拒绝解雇，或者解雇，或者在薪酬待遇、工作期限、工作条件和工作权利等方面歧视对待某个人；（2）由于个人的种族、肤色、宗教信仰、性别或来源国，通过限制、隔离或者对其员工或职位申请者进行等级分类等方式，剥夺或者试图剥夺任何个人的工作的机会，或者对其作为一位员工的状态产生不利影响。"虽然条款本身并未提及性骚扰，但禁止了雇主的性别歧视行为，该性别歧视条款逐渐成为职场性骚扰以及构成要件实践的主要实体法渊源。《民权法案》第七章改变了人们对职业女性的认识，成为美国性别平权运动的里程碑，赋予了女性通过法律手段反抗职场性骚扰、争取职业利益的可能性。

除《民权法案》外，EEOC在1980年发布的《平等就业机会委员会性别歧视指南》[①]也在美国职场性骚扰实践中起到重要作用，指南中明确写道："（职场）性骚扰违反了第七章第703条。不受欢迎的性暗示、性要求，以及其他言语或肢体具有性内容的行为，在以下情况下构成性骚扰：（1）明示或暗示地将接受这样的行为作为个人被雇佣的条件；（2）个人接受或者拒绝这样的行为将影响对该个人的雇佣决定；（3）这种行为的目的或影响是不合理地干涉个人工作表现或制造威胁性、敌对性或冒犯性的工作环境。"指南明确了职场性骚扰的概念，还对职场性骚扰进行了认

---

① EEOC's Guidelines on Discrimination Because of Sex, 29 C.F.R. § 1604.11 (a).

定上的细化。EEOC的指南虽然不是法律渊源,但是在实践中为美国防治职场性骚扰作出了巨大贡献,也成为法官在审理时具有极大价值的参考资料。

在实体法渊源和EEOC指南的基础上,美国反性骚扰法逐步成型。它是一种司法创设,经过几十年,在联邦法院的判例中不断发展、变化。与此同时,美国联邦法院的判决文书并不是仅仅针对案件本身作出判决结果,而是详尽地阐述相关逻辑结构以及推理论证,这些判决文书为分析职场性骚扰构成要件提供了详尽的材料。

在引用和分析这些判决文书之前,有必要介绍一下本文的行文框架基础——职场性骚扰的分类。麦金农教授将性骚扰分成了两种不同的类型:交换型性骚扰(quid pro quo sexual harassment)和敌意环境型性骚扰(hostile environment sexual harassment)。[1] 交换型性骚扰[2]在工作场所中较为常见,通常表现为手中握有权力的上司或其他雇员要求受害者提供性利益以使后者获得有利的工作条件或者避免不利的工作条件;而敌意环境型性骚扰是指工作场所充斥不受欢迎的与性有关的胁迫、嘲弄或者侮辱,对受害者具有冒犯性且足够严重或普遍,虽未对受害者的工作利益造成损害,但影响受害者的工作状态,使之陷于极为恶劣的工作环境之中。为层次分明地展开下文的议论,笔者在整理研究学者理论以及司法判例后,不揣冒昧地在此处提供一个解释框架,即交换型性骚扰和敌意环境型性骚扰的构成要件存在交叉重叠的部分,也存在完全不同的部分。法院如果认定某行为满足了包括"存在基于性别的骚扰行为""受害者为雇主单位的雇员或求职者""行为不受欢迎"在内的多个共同构成要件,并且还满足了"存在有形雇佣行为""提供性利益是有形雇佣行为的条件"要件,那么该行为就可以被认定为交换型性骚扰;如果某行为满足了共同构成要件,还满足了"行为具有普遍性或严重性"要件,那就可以认定为敌意环境型

---

[1] MacKinnon C. A., *Sexual Harassment of Working Women: a Case for Sex Discrimination*, New Haven: Yale University Press, 1979.

[2] 交换型性骚扰来自意为"交换条件"的拉丁语 quid pro quo,其字面意思是以物换物、对价关系,是拉丁语法学词汇,指为达到某些目的或得到某些物品或服务所付出的代价。

性骚扰。联邦法院在不同的案例中大致确定了交换型性骚扰和敌意环境型性骚扰案件的初步证据要素①,这些要素可以在一定程度上体现法院对于构成要件的要求。本文将以美国联邦层面的法律实践为视角,以相关的理论和典型判例为分析材料,全面梳理与审视职场性骚扰的构成要件的确立与发展过程。笔者相信,对职场性骚扰构成要件在美国的发展历程的梳理,有助于为国内研究者提供有益的启示,这也是本文研究意义所在。

二 共同构成要件

本部分主要分析交换型性骚扰和敌意环境型性骚扰构成要件中交叉重叠的部分。不论是交换型还是敌意环境型,任何职场性骚扰在客观上都必定存在基于性别的骚扰行为,并且受害者应当是雇主单位的雇员或求职者,而且在主观上行为不受受害者欢迎。

(一) 客观构成要件之一——存在基于性别 (because of sex) 的骚扰行为

性骚扰最关键、最本质的要件是存在基于性别的骚扰行为,该要件直接体现了性骚扰的本质——性别歧视。该要件包含两层含义:第一,存在骚扰行为,例如要求性利益或其他与性有关的行为,包括性要求、外表称赞、调情等,最常见的行为形式包括黄色笑话、性暗示、触摸、约会请求等;第二,该骚扰行为基于性别而存在,也就是该种行为是由于受害者的性别而存在的,受害者由于性别遭受了不利的工作条件。

法院首次承认性骚扰为性别歧视并指出存在基于性别的骚扰行为这一

---

① 在美国,法院采用 "prima facie" 一词表示初步证据或者表面证据。原告若想提起1964年《民权法案》第七章下的性别歧视诉讼,需要出示初步证据以建立表面证据确凿的案件 (prima facie case),一旦成立,举证责任就转移到雇主身上,雇主需要展示其反驳理由,通常是其具有合法的、非歧视性的理由解释其对雇员的解雇等行为。这一名词更偏重程序性,笔者所要讨论的构成要件更偏重实体性,但是构成要件便是通过这里的表面证据体现出来的。

要件是在威廉姆斯诉萨克斯比一案中①。威廉姆斯与其直接上司布林森先生刚开始保持着良好的工作关系，但是后来布林森先生不断向她提出性要求。法院在该案的判决书中写道："上司的行为造成了人为的就业障碍，障碍被置于一种性别而非另一种性别之上。"也就是说，这种性要求是上司对女性设立的障碍，而非对男性，是一种性别歧视。在本案判决中没有出现"性骚扰"的字样，但是法院已经开始以性别歧视视角审视性骚扰这一行为。

同样，在巴恩斯诉科斯特一案②中，法官也认为性骚扰的本质要件为存在基于性别的骚扰行为，是一种性别歧视。在该案中，巴恩斯被机构的一名男性主任雇用为其行政助理，该主任在工作时间外不顾巴恩斯多次拒绝而反复要求约会，多次进行带有性意味的评价，并且告诉她接受自己的性邀约对她的工作有好处。该案判决书明确使用了"性骚扰"一词。哥伦比亚区上诉法院巡回法院法官斯波茨伍德·罗宾逊认为，"该女雇员成为上司发泄性欲的对象，因为她是一名女性，被要求服从于男性上司的要求，以此作为维持工作的代价"。"第七章所指的性别歧视不仅限于完全基于性别的区别对待，只要性别无正当理由成为歧视的重要因素，就是性别歧视。"也就是说，上司以改善她的就业状况为理由提出性邀约是因为她是一名女性，性别在这一案件中扮演重要角色，因为在该案件中没有男性雇员受到影响，该案的骚扰行为显然是基于受害者的性别的。

在上述两案的基础上，汤姆金斯诉公共服务燃气公司一案③则更加清晰地对该要件进行了逻辑论证。汤姆金斯被公共服务燃气公司聘用后在一位主管的领导下担任秘书，该主管表明他希望与她发生性关系，并指出这是保证汤姆金斯职场顺利的一个条件。在判决书中，上诉法院认为违反1964年《民权法案》第七章所必需的两个要素是："第一，已经规定了雇佣条件；第二，雇主以性别歧视的方式直接或间接地施加了雇佣条件。"也就是说，雇员的前途取决于她是否同意上司的性要求，该种性要求就等

---

① *Williams v. Saxbe*, 413 F. Supp. 654（D. D. C. 1976）.
② *Barnes v. Costle*, 561 F. 2d 983（D. C. Cir. 1977）.
③ *Tomkins v. Pub. Serv. Elec. & Gas Co.*, 568 F. 2d 1044（3d Cir. 1977）.

于是一种雇佣条件，是在要求雇员承担额外的职责，以此作为雇员继续工作的条件并且这种条件是基于性别而施加的。

在这种论证之后，首次将性骚扰构成要件按照不同类型体系化，并将该要件纳入体系之中的是亨森诉邓迪市一案[①]。在该案中，亨森被聘为邓迪警察局的调度员，工作期间邓迪警察局局长塞格伦对亨森和其他女同事进行了数次贬低和侮辱，还一再要求发生性关系。法院首先重申先例所确立的规则："亨森遭受贬低、侮辱等行为正是由于自己的性别，如果自己不是女性便不会成为骚扰对象，如果男女工人都受到了同等待遇那么便不能根据性别歧视条款进行保护。"并且，法院创造性地提出了判断敌意环境型性骚扰的五个初步证据："（1）雇员属于受保护的团体，比如男性或女性；（2）员工遭受了不受欢迎的性骚扰；（3）该骚扰行为是基于性别的骚扰；（4）骚扰行为影响了薪酬待遇、工作期限、工作条件和工作权利，包括心理健康状态；（5）原告若提出雇主应对原告上级或同事导致的恶劣环境负责，则必须证明雇主知情或者应当知情，但是没有及时采取救济行为；原告若向上级主管投诉过骚扰行为，或证明骚扰行为相当普遍，则能够证明雇主知情。"相对应地，判决书还提到了判断交换型性骚扰的五个初步证据："（1）雇员属于受保护的团体；（2）雇员遭受了不受欢迎的性骚扰；（3）骚扰是基于性别的；（4）雇员对骚扰的反应影响了雇员的薪酬、工作时间、工作条件或特权等有形方面；（5）雇主承担严格责任。"五个初步证据的提出是本案最大的亮点，为后来的案件提供了很好的判断标准，使得职场性骚扰的构成要件更加体系化，该案也会在本文中被多次引用。分析对比两种不同类型的性骚扰的五个初步证据，可以发现两种不同类型的性骚扰在认定上既有相同之处也有不同之处。其中，（3）部分即"该骚扰行为是基于性别的骚扰"就是笔者在本部分所描述的要件，只不过判决书对该要件的描述更多地侧重于它是"基于性别"的，即原告必须证明，如果自己不是目前的性别便不会成为骚扰对象，如果男女工人受到了同等待遇那么便不能根据性别歧视条款进行保护。

---

① *Henson v. City of Dundee*，682 F. 2d 897 (11th Cir. 1982).

以上案件都是很明显的要求性利益的例子。哈里斯一案①则为我们提供了另外一个角度进行思考。哈里斯在某租赁公司担任经理,任职期间,总裁哈迪经常以其女性身份对她进行侮辱和贬低:"你是一个女人,你知道什么?""我们需要一个男人作为经理"。这种贬低和侮辱显然并非出于性欲,而是出于对女性能力的蔑视。值得注意的还有尼克尔斯诉阿兹特卡餐饮企业有限公司一案②。男性雇员桑切斯在餐厅工作,任职期间遭受了长期、大量的羞辱,其男性同事和上司反复用西班牙语和英语称桑切斯为"她",并且嘲笑他"像女人一样"走路,称呼他是"同性恋"和"妓女"。法院判决认定,"受害者遭受的侮辱是基于性别而发生的,受害者由于不符合男性刻板印象而受到骚扰"。也就是说,受害者受到了以言语羞辱为主要形式的骚扰,并且这些羞辱是由于受害者不符合男性刻板印象,如果受害者是女性,同事和上司就不会由于其不符合男性刻板印象而对其进行羞辱,因此这种羞辱的存在是基于性别的。本案和先例存在很大的不同,不仅表现在受害者的性别上。从本要件的角度出发,本案的判决对于理解什么是"基于性别"提供了一个更广阔的维度。无独有偶,相类似的还有拉比杜诉奥西奥拉精炼公司案③,这是一个受害者不符合对女性的刻板印象而遭受骚扰的例子。该案主人公是一名独立能干、积极进取、有野心的女性,但其上司和同事一致认为她粗暴、任性。

根据上文的案件整理我们不难发现,法院对于要件的采用和理解是逐渐发展、步步深入的。法院首先从理解性骚扰的本质出发,将性骚扰案件放在反性别歧视模式下,也即从性别歧视的角度审理性骚扰案件,指出了性骚扰是性别歧视,进一步解释了性骚扰为什么是"基于性别"的,在性别歧视的基础上发展出了"存在基于性别的骚扰行为"要件。我们可以进一步理解这一构成要件的含义。对于该要件的理解主要在于对"基于性别"的理解。第一,什么是基于性别?"基于"一词译自"because of",是一个表示原因的词组,也就是说性别和骚扰行为是因果关系,换句话

---

① *Harris v. Forklift Systems, Inc.*, 510 U.S. 17 (1993).
② *Nichols v. Azteca Restaurant Enterprises, Inc.*, 256 F.3d 864 (9th Cir. 2001).
③ *Rabidue v. Osceola Refining Co.*, 805 F.2d 611 (6th Cir. 1986).

说，原告必须表明，如果不是因为自己的性别，自己不会成为该骚扰的受害者。进一步讲，如果这种骚扰对男性和女性都同等程度地存在，那么这种骚扰就不是基于性别存在的，因此就不符合本要件，并不违反《民权法案》第七章的规定。[1] "基于性别"体现了性骚扰性别歧视的本质。第二，"基于性别"的骚扰的动机是什么？笔者根据动机的不同，将"基于性别"分为两种情况。一种是间接的"基于性别"，实施者的骚扰行为是要求"性利益"（sexual favor），这种情况下动机往往是性欲，例如提出性邀约就是很明显的性欲表达，表面上看好像和性别没有关系，但是从上文对判例的分析可知，受害者的性别正是实施者要求性利益的缘由，如果受害者是另一性别，实施者便不会向其要求性利益。另一种是直接的"基于性别"，也就是并非出于性欲，不会表现为对性利益的索求，而是单纯出于对某一性别群体的反感、排斥，可能是基于权力与性别之间的联系对受害者施加权力影响，这种联系在男女不平等的社会关系中尤为牢固；也可能是性别认同保护，比如暴露色情内容、讲黄色笑话等目的常常是冒犯某一性别的人——通常是女性；有学者认为性骚扰也可能源于增强或保护自己性别群体的愿望，尤其是当整个群体的地位受到威胁或群体中的个人受到威胁时。[2] 关于直接的"基于性别"，值得指出的还有基于性别刻板印象的情况。除了上文中提到的男性不符合刻板印象的情况，还有可能是一位女性不符合女性刻板印象从而遭受骚扰。有的时候案件似乎是基于性取

---

[1] 根据《民权法案》第七章，如果骚扰者对工作场所中男女都实施了同等的侮辱或性主张，则雇主不对第七章规定的性骚扰主张负责，美国学界将这种骚扰者称为"平等机会骚扰者"（equal opportunity harasser），学界有许多争议和讨论，详见 Kyle F. Mothershead, "How the 'Equal Opportunity' Sexual Harasser Discriminates on the Basis of Gender Under Title Ⅶ," *55 Vanderbilt Law Review* 1205（2019）; Applebaum, Robin, "The" Undifferentiating Libido: "A Need for Federal Legislation to Prohibit Sexual Harassment by a Bisexual Sexual Harasser," *Hofstra Labor and Employment Law Journal*, Vol. 14, Iss. 2（1997）, Article 6; David S. Schwartz, "When is Sex Because of Sex? The Causation Problem in Sexual Harassment Law," 150 *U. Pa. L. Rev.* 1697, 1739 – 1740（2002）; Pate, R. L., "The Equal Opportunity Harasser, Sexual Harassment, Gender-Neutral Words, and Ludwig Wittgenstein," *International Journal of Discrimination and the Law*, Vol. 17, Iss. 3（2017）, pp. 180 – 194.

[2] Maass, Anne & Cadinu, Mara & Galdi, Silvia.（2013）, *Sexual Harassment: Motivations and Consequences.*, 10.4135/9781446269930. n21.

向,但其实是基于刻板印象。① 或者说有的案件受害者是不符合对该性别的刻板印象的同性恋,该受害人遭受的骚扰并不一定是基于其性取向的骚扰,而可能是因为其性别气质不符合刻板印象。另外,直接的"基于性别"的情况主要体现于敌意环境型性骚扰案例中,在理论上交换型性骚扰的动机只能是基于性欲即间接的"基于性别",但不论是间接的"基于性别",还是直接的"基于性别",最根本的原因都是性别,这也是为什么1964年《民权法案》第七章使用了"由于性别"(because of sex)这样的用语,这也是两种类型性骚扰的共同之处,表明行为与行为对象的性别之间应当存在因果关系。第三,为什么美国法院将性骚扰归为性别歧视?为什么认定性骚扰是"基于性别"的?法院是为了解决什么问题?美国之所以采用反性别歧视模式,主要是认为职场性骚扰中对于性利益的要求以及冒犯性的环境都被视为工作条件的改变,性骚扰是一种整个社会系统中性别之间的剥削方式,而不是一种性吸引。认定性骚扰"基于性别"的最大优势在于,能够将职场性骚扰放在整个社会的权力架构下审视。无论权力的支配者和被支配者动机如何,权力关系的存在使得被支配方不可能完全遵从自己的意愿进行意思表示,两方之间的关系通常根源于权力与控制。这样一来,职场性骚扰问题就从私领域的人际关系方面上升到了公领域。通过公领域对被支配一方进行赋权,以保障个人的自由。因此反性别歧视的模式更有利于职场性骚扰的防治。

  值得一提的是,"存在基于性别的骚扰行为"这一要件并不必然对受害者、实施者的性别有所要求。纵观本文所引用的案例,大多职场性骚扰案件都符合受害者为女性、实施者为男性的特征。但理论上受害者以及骚扰者既可能是男性,也可能是女性,可以是不同性别,也可以是同一性别。美国第一起胜诉的同性性骚扰案件②对本要件提供了更深层的理解。在本案中,昂卡莱任职于被告公司,作为工人在墨西哥湾一个石油平台工作。他所在的工作队有八名男性,其中两人是工头。两位工头以及其他男

---

① *The Azteca Restaurant Case*, 256 F. 3d at 874–75.
② *Oncale v. Sundowner Offshore Services, Inc.*, 523 U. S. 75 (1998).

同事多次对昂卡莱进行与性有关的羞辱和人身攻击，甚至还威胁要强奸他。联邦最高法院在判决书中写道："《民权法案》第七章禁止'由于性别'原因实施就业歧视；该规定不仅保护女性，也保护男性。""因为人类动机的多样性，从法律的角度去认定某一特定群体的成员不会歧视那个群体的其他成员是非常不明智的。""《民权法案》第七章禁止'由于性别'实施歧视的规定不会因为原告和被告属于同一性别，而使得原告失去提起诉讼的权利。"意即，《民权法案》第七章并没有将同性之间的性骚扰排除在法案适用范围之外，职场性骚扰的受害者既可能是女性，也可能是男性，并且受害者和实施者既可能是不同性别，也可能是相同性别。理解该要件的关键是看是否存在某一性别的成员被置于不利的就业环境之中，而另一性别的成员却没有。该案具有历史性意义，它是美国第一起胜诉的同性性骚扰案件，该案件的判决明确了反对性别歧视的原则同等适用于女性和男性。因此可以看到，职场性骚扰的构成对于受害者与实施者的性别并没有特别要求。

（二）客观构成要件之二——受害者为雇主单位的雇员或求职者

说到构成要件，便不得不谈对主体的要求。在构成要件层面上，对主体的要求就是解决谁能构成职场性骚扰的受害者、谁能构成职场性骚扰的实施者的问题，当然也要考虑对雇主这一单位主体的要求。受害者与实施者在职场中是什么角色？什么样的单位才能构成职场性骚扰中的"雇主"？

很多职场性骚扰的实施者是上司或同事，受害者是雇员，例如埃里森案[1]中受害雇员遭受的性骚扰主要来自同事；邦迪案[2]、亨森案[3]、文森案[4]、梅里特储蓄银行案[5]以及哈里斯案[6]中的性骚扰则来自上司；汤姆金

---

[1] *Ellison v. Brady*, 924 F. 2d 872 (9th Cir. 1991).
[2] *Bundy v. Jackson*, 641 F. 2d 934 (D. C. Cir. 1981).
[3] *The Henson Case*, 682 F. 2d 897.
[4] *Vinson v. Taylor*, 753 F. 2d 141 (D. C. Cir. 1985).
[5] *Meritor Savings Bank v. Vinson*, 477 U. S. 57 (1986).
[6] *Harris v. Forklift Systems*, *Inc.*, 510 U. S. 17 (1993).

斯案①、拉比杜案②以及昂卡莱案件③中，雇员则同时遭受来自同事和上司的骚扰，从而构成了敌意环境型性骚扰。但是值得注意的是，在实践中，交换型性骚扰的实施者一般是上级主管或者手中握有权力的其他雇员。本文所引威廉姆斯案、巴恩斯案以及汤姆金斯案中，受害者都是雇员，遭受的交换型性骚扰也都是由其上司实施的。为什么实践中的交换型性骚扰几乎都来自权力相对高的一方呢？下文会提到交换型性骚扰是以有形雇佣行为为要件的，因此，可以实施有形雇佣行为或者影响对受害者实施有形雇佣行为的人一般来说都是拥有更高权力的人。但是理论上，不论是敌意环境型性骚扰，还是交换型性骚扰，受害者可以是雇主单位中的任何雇员或求职者，因为《民权法案》第七章给予了全体雇员、求职者指控职场性骚扰的权利。法案对雇员提供保护是显而易见的，另外由其条文表述"由于个人的……性别……而不雇佣……"，可见联邦法禁止雇主歧视求职者，因此除雇员之外，求职者也是受保护的。这也成为一个程序性的前置要件，如果不是该单位的雇员或求职者，法律后果不是败诉，而是不能起诉。实施者可以是任何人，既包括雇主单位内部受害者的主管、雇主的代理人，也可以是其他部门或领域的主管，还可以是同事，甚至可以是非雇员。④ 1985年纽约州法院在克苏尔诉骷髅天使公司一案⑤中确定了"非受雇者性骚扰"的概念，从而使性骚扰的概念涵盖了由第三者（如顾客）对受害者实施的性骚扰。⑥ 这样看来，职场性骚扰的构成对实施者的角色并没有限制，唯一的要求是受害者必须是雇主单位的雇员或求职者。

　　经过在职场角色这一层面的分析后，考虑到大众对性骚扰主体可能存在的误解，有必要在此区分两个概念，从而更好地理解主体要件。这里所讲的"受害者"，与"被骚扰者"是两个不同的概念。在本文所涉案例

① *Tomkins Case*, 568 F. 2d 1044.
② *Rabidue Case*, 805 F. 2d 611.
③ *Oncale Case*, 523 U. S. 75.
④ 参见美国平等就业机会委员会网站，https://www.eeoc.gov/laws/types/sexual_harassment.cfm，最后访问时间：2020年4月13日。
⑤ *Kersul v. Skulls Angels*, 130 Misc. 2d 345（N. Y. Sup. Ct. 1985）.
⑥ 耿殿磊：《性骚扰概念的产生和流变——国际视角的分析》，《妇女研究论丛》2010年第1期。

中，绝大多数情况下受害者指的就是被骚扰者，但美国法并没有规定"受害者"必须是性骚扰的直接"被骚扰者"。正如EEOC所言，受害者不必是被骚扰的人，而可以是受到骚扰行为影响的任何人。[①] 例如，受害者可以是一名旁观者，该旁观者可能目睹了上司对同事的侮辱，只要符合职场性骚扰的其他要件，那么该旁观者也可以作为受害者提起诉讼。为什么美国法会有这种解释，会有两个概念的不同呢？因为这样做可以在诉讼层面尽可能将受害者的范围扩大，使其不仅仅限于受骚扰者，还包括所有受骚扰行为影响的人，从而提高雇员诉讼的积极性和可能性，鼓励他们更好地维护自己的权益，这显示了美国法对于防治性骚扰的决心。

除了对于受害者的要求，对于"雇主"的要求也是来自《民权法案》的条文。在联邦层面，美国法对于"雇主"有明确规定，这也成为另一个程序性的前置要件，如果不符合法律关于"雇主"的要求不能起诉。美国实体法上对"雇主"是这样规定的："雇主"指从事对贸易商业有影响的业务的，在当前和前一年度中的不少于20周里，每个工作日均雇用不少于15个雇员的人，以及该人的任何代理人或他的任何机构。[②] 这些机构也包括联邦和地方政府，也适用于职业介绍所和劳工组织。[③] 从美国联邦层面的规定来看，并非所有用人单位都可以被视为美国法律上的"雇主"，也不是所有雇员都受到保护，这具体取决于雇主的类型、雇员的人数。

（三）主观构成要件——行为不受欢迎（unwelcomeness）

上文分析了职场性骚扰行为的客观共同要件，但是浪漫关系似乎也可以符合上述要件。那么职场性骚扰行为是如何与浪漫关系区分的呢？浪漫关系是你情我愿的关系（consensual relationships），也应当是受欢迎的。职场中的性骚扰，和其他场合的性骚扰一样，最本质的问题是实施者的行为不受欢迎。行为不受欢迎的意思是，上述基于性别的骚扰行为是不为受害

---

① 参见美国平等就业机会委员会网站，https://www.eeoc.gov/eeoc/publications/fs-sex.cfm，最后访问时间：2020年4月13日。
② Civil Rights Act of 1964 §701（b），42 U. S. Code §2000e. Definitions.
③ 参见美国平等就业机会委员会网站，https://www.eeoc.gov/eeoc/publications/fs-sex.cfm，最后访问时间：2020年4月13日。

者所欢迎的。其目的在于，确保只有在行为不受欢迎的时候才能得到救济。[1] 行为不受欢迎要件明确规定在平等就业机会委员会的指南中，而且逐渐在判例法中确立起来。

最先为该要件打下基础的是邦迪诉杰克逊一案[2]，邦迪在工作中遭遇了来自多个上级的性骚扰。该案的判决引用了麦金农在《职业女性的性骚扰》[3]中的观点，认为"要求员工证明自己对性骚扰表示过抵抗甚至没有意义，只要雇主从不从字面上强迫雇员发生性关系，'抵制'对她来说可能是毫无意义的选择，雇员可能只是选择忍受，一旦抵抗则可能给自己的工作带来不利影响"。也就是说女雇员不必证明自己对性要求进行了抵抗，就可以提出性骚扰的指控，虽然没有明确提出"不受欢迎"要件，但是为进一步理解该要件创造了条件。

亨森案[4]首先明确提出了"不受欢迎"要件，上文已提到该案的判决书首次提出了判断职场性骚扰的系统性要件，此处不再赘述。文森案[5]则创造性地提出了"自愿"并不等于"受欢迎"的看法。在该案中，梅歇尔·文森在银行主管西德尼·泰勒手下担任出纳员，后因工作能力出色被不断提拔。泰勒以文森"欠他人情"为由向其提出性要求。文森最初拒绝了他，但最终因为担心职场发展屈从了。此后，她被迫接受泰勒的性要求，经常被泰勒殴打、强奸。地方法院认为其是自愿与泰勒发生性关系的，与其在银行的工作没有关系，因此不构成性骚扰。但在上诉法院中，法官在判决书中援引了邦迪一案，并且在此基础上迈出了更重要的一步，认为文森的"自愿"并不等于"受欢迎"，即"自愿的关系也有可能是不受欢迎的，雇员的暂时屈服并不能当然导致雇员未来救济权利的被剥夺。雇员在表示屈服以后会面临残酷的选择困境——默许，反对或

---

[1] Larsa K. Ramsini, *The Unwelcome Requirement in Sexual Harassment: Choosing a Perspective and Incorporating the Effect of Supervisor-Subordinate Relations*, 55 Wm. & Mary L. Rev. 1961, 1970 (2014).

[2] *The Bundy Case*, 641 F. 2d 934.

[3] MacKinnon, Catharine A., *Sexual Harassment of Working Women*, New Haven, CT: Yale University Press, 1979.

[4] *Henson Case*, 682 F. 2d 897.

[5] *The Vinson Case*, 753 F. 2d 141.

辞职"。也就是说，很多时候受害者表面上是自愿的，也表示了同意，但是这种自愿和同意来自对权威的惧怕、对仕途的担忧，因此这些情况并不是真正受欢迎的，我们有必要为这些作出艰难选择的雇员提供法律救济。

在上述案件的基础上，"行为不受欢迎"要件得到最高法院的确认是在大名鼎鼎的梅里特储蓄银行案①中。文森案中的上诉法院作出判决后，被告银行对判决不服，因此将案件上诉到最高法院，这就是梅里特储蓄银行案②。最高法院对此也表达了立场："性骚扰行为应当是'不受欢迎的'，而不是'并非自愿的'，虽然'不受欢迎'会带来举证难的问题，并且很大程度上取决于事实的可信度，但地区法院错误地一直在强调'自愿性'。"也就是说，地方法院错误地认为，如果雇员同意发生性关系，那么这个性关系就一定是受其欢迎的，最高法院从最大化保护雇员利益的角度出发，强调和确认了不受欢迎要件在认定职场性骚扰中不可或缺的地位。受害者虽然可能是自愿的，但是如果有其他证据表明上司将其对性骚扰的容忍作为工作的条件，那么即使受害者自愿也会构成性骚扰，因为这种行为是不受欢迎的。

通过对判例的梳理，我们可以看出，不受欢迎的含义在于，一方面受害者没有主动要求或者故意引诱这种行为，另一方面受害者认为该行为是令人反感的、冒犯的。③或者说，如果雇员有主动要求、故意引诱这种行为，就不属于职场性骚扰；雇员虽然没有主动要求该行为，但是不对该行为反感，不认为该行为会冒犯到自己，也不会违反《民权法案》第七章。因此法院必须确定该雇员是否要求实施该特定行为，或者目标对象是否会欢迎这种行为。那么应当如何确定雇员是否要求实施该特定行为、是否会

---

① *Meritor Savings Bank v. Vinson*, 477 U. S. 57 (1986).
② 美国联邦最高法院在梅里特储蓄银行案中，第一次正式宣布性骚扰是性别歧视行为，该案也是最高法院审理的第一起性骚扰案例，因此具有重大意义，通常与文森案相互独立进行分析。
③ *Gan v. Kepro Circuit Systems, Inc.*, 27 Empl. Prac. Dec. (CCH) P 32, 379, at 23, 648 (E. D. Mo. 1982); *Vinson v. Taylor*, 23 Fair Empl. Prac. Cas. (BNA) 37, 42 (D. D. C. 1980); 29 C. F. R. s 1604.11 (a) (1981).

欢迎这种行为呢？第一，这牵扯到了不受欢迎要件的表现方式。不受欢迎可能会以多种方式表现出来，从表象来说，可能体现为对相关行为明确的拒绝，或者对相关行为进行投诉的记录等。从深层来说，即使雇员没有明确拒绝，也没有投诉，沉默和同意也不当然代表对该行为的欢迎，在一定情况下也可能构成性骚扰，必须要在个案中结合具体案情予以认定。第二，受欢迎要件具有相对性，在确定行为是否受欢迎的过程中，只应针对该雇员和骚扰者之间的行为，而不应包括该雇员与同事或工作场所以外其他人的互动。更简单明了地说，雇员与某位同事调情，并不代表其也愿意与另一位同事调情，不能以雇员与某人的关系去证明该雇员与另外一人的行为受欢迎性。第三，受欢迎要件具有时效性，也就是说即便雇员之前对相关行为表现出欢迎的态度，也不能表明之后仍然对相关行为持欢迎的态度，他或她可能已经改变了想法，对相关行为不再欢迎，因此以行为发生时雇员的主观态度为考量更为稳妥，如果行为发生时该行为是不受欢迎的，并且符合职场性骚扰的其他要件，即使后来该雇员主动引诱同一人发生性关系，先前的行为仍然构成职场性骚扰。但有学者指出，在实践中存在对不受欢迎要件的诸多批判，批判理由体现在受欢迎性的推定、举证责任的分配、舆论上的受害者归罪现象等方面。[1]

三 交换型性骚扰的特有构成要件

上文分析了两种类型的职场性骚扰共同的构成要件，包括两个客观要件，一个主观要件。下面笔者将分析交换型性骚扰所特有的两个构成要件，它们都是客观要件，交换型性骚扰没有特有的主观要件。如果一个行为满足了上述三个共同要件，也满足了交换型性骚扰特有的两个要件，那么该行为就构成了美国联邦法意义上的交换型性骚扰。

---

[1] Larsa K. Ramsini, "The Unwelcome Requirement in Sexual Harassment: Choosing a Perspective and Incorporating the Effect of Supervisor-Subordinate Relations," 55 *Wm. & Mary L. Rev.* 1961, 1974-1980 (2014).

（一）客观构成要件之一——存在有形雇佣行为（tangible employment action）

交换型性骚扰在工作场所中较为常见，除了上述共同构成要件以外，交换型性骚扰最本质的特征是什么呢？或者说其之所以是交换型性骚扰，与敌意环境型性骚扰最大的区别在哪里呢？区别在于，受害者必须证明存在有形雇佣行为，更具体地说，是受害者受到了有形的雇佣行为。有形雇佣行为指的是切实影响受害者工作条件的行为，即雇佣状态发生重大变化，例如解雇、降职或不合要求的调动。[1] 有的联邦法院甚至以"tangible employment action"而不是"quid pro quo"来表示某些交换型性骚扰[2]，可见该要件对于交换型性骚扰的重要意义。理解该要件的关键在于理解"有形雇佣行为"，判例法可以很好地为我们作出解释。

一个很典型的案例就是威廉姆斯案[3]，在该案件中，有形雇佣行为就主要表现为对原告的解雇。同样存在解雇这样的不利的有形雇佣行为的还有巴恩斯案[4]。巴恩斯案中原告也是受到主任的不断贬低和骚扰，最终导致自己被辞退。

而在汤姆金斯一案[5]中，汤姆金斯被骚扰，请求调任到另外的同等级别岗位，结果被调任到一个下等职位并且受到来自其他员工的各种侮辱，遭受了不应有的处分和威胁，导致旷工和收入损失，后来直接被其单位解雇。在该案件中先后存在不利的工作调动以及解雇等多种不利的有形雇佣行为。

在以上几个案件中，受害者遭受的都是待遇的降低、解雇等不利的变化，那是否有形的雇佣行为只能表现为不利变化呢？在伯灵顿工业公司一案[6]中，法院在判决书中正式解释了"有形雇佣行为"。法院认为有形的

---

[1] *Burlington Industries, Inc. v. Ellerth*, 524 U.S. 742 (1998).
[2] *Hulsey v. Pride Rests.*, LLC, 367 F.3d 1238, 1245 n.4 (11th Cir. 2004).
[3] *The Williams Case*, 413 F. Supp. 654.
[4] *The Barnes Case*, 561 F.2d 983.
[5] *Tomkins Case*, 568 F.2d 1044.
[6] *Burlington Industries, Inc. v. Ellerth*, 524 U.S. 742 (1998).

雇佣行为指的是"就业状况发生重大变化,例如雇佣、解雇、晋升、职责有重大区别的调任或其他导致待遇福利发生重大变化的决定,在大多数情况下,会造成直接的经济损失,骚扰者所采取的有形雇佣行为是其利用雇主权威向雇员施压的手段"。也就是说,除了威廉姆斯案和汤姆金斯案的解雇、岗位级别下调等不利的变化,有形雇佣行为也可能表现为雇佣、晋升等有利的变化,只要这种变化能带来待遇福利的重大改变。

通过对以上几个案例的分析,我们可以总结出有形雇佣行为的表现形式。一方面是不利的工作变动,包括降职、减薪、不利的工作调动、惩罚以及解雇等;另一方面是有利的工作变动,包括录用、升职、加薪、有利的工作调动以及其他经济上的工作利益。为什么法院作出这种判决?或者说为什么有形雇佣行为是判断交换型性骚扰的关键?因为有形雇佣行为实质上就是《民权法案》第七章中关于"薪酬待遇、工作期限、工作条件和工作权利"的变动,或者说有形的雇佣行为是最为明显的、最直接的变动。一旦这种有形雇佣行为与性别有关系,或者说一旦这种有形雇佣行为以提供性利益(sexual favor)[①]、满足他人性欲为条件,那么就很有可能违反《民权法案》第七章中的性别歧视条款,构成职场性骚扰。但是,联邦法院仍然在什么可以构成"有形雇佣行为"方面存在分歧,更具体说,是法院对行为在多大程度上能够影响原告的工作条件从而构成该要件存在分歧。[②]

值得注意的是,存在有形雇佣行为是交换型性骚扰的必要不充分要件。一方面,如果不存在有形雇佣行为,必然不会构成交换型性骚扰。但这并不排除构成敌意环境型性骚扰的可能。一个典型的例子是,若实施者以解雇为威胁向受害者索取性利益,受害者没有服从这种索求,但实施者并没有因此给予解雇或其他有形雇佣行为,"法院将基于未履行的(有形雇佣行为的)报复威胁的主张等同于敌对环境型性骚扰,要求原告证明行

[①] 性利益可理解为性方面的好处,见 Wilson v. Wayne County, 856 F. Supp. 1254 (M. D. Tenn. 1994)。

[②] Williams and David Smith, "Sexual Harassment," *Georgetown Journal of Gender and the Law*, Vol. IV, No. 1 (2002).

为的严重性或普遍性"①。另一方面，若不满足交换型性骚扰的其他要件，即使存在有形雇佣行为也不会构成交换型性骚扰，但如果行为符合敌意环境型性骚扰的构成要件，则会构成敌意环境型性骚扰。

(二) 客观构成要件之二——提供性利益是有形雇佣行为的条件

在交换型性骚扰中，基于性别的骚扰行为是出于性欲而实施的，因此骚扰行为就表现为要求对方提供性利益以使性欲得到满足。一旦这种有形雇佣行为以提供性利益、满足他人性欲为条件，那么就很有可能违反《民权法案》第七章中的性别歧视条款，构成职场性骚扰。应当如何进一步理解本要件呢？笔者此处将再次部分引用分析有形雇佣行为要件时采用的判例，对本要件进行说明。

在威廉姆斯案中，受害者遭受的侮辱以及不利工作变化——解雇——都始于1972年6月，也是在这个时间点，原告拒绝了其上司布林森先生的性要求。9月布林森先生解雇了受害者，解雇理由是她在6月以来工作表现不佳。所有事件都是在1972年6月至1972年8月这段时间内发生的，因此法院认为很难相信受害者在受雇的前六个月中表现不错，接下来的两个月则突然被发现这么多缺陷，而这里的拐点便是原告对布林森先生性要求的拒绝。在这种逻辑的基础上，法官裁定原告胜诉，认为上司的报复行为是由于雇员拒绝其性要求。也就是说，该案的判决书确定通过论证，证明了有形雇佣行为与受害者拒绝提供性利益之间的关系。同样地，在巴恩斯案件中，巴恩斯收到主任的性邀约后表示希望他们保持严格的专业关系，也就是表达了拒绝，这也是巴恩斯在工作上遭遇不利对待并最终被辞退的开始，受害者对性邀约的拒绝带来了不利的有形雇佣行为。汤姆金斯一案中，汤姆金斯对其主管提出的性要求表示了拒绝，但主管以孤立和仕途进行威胁。在汤姆金斯再次拒绝后，她遭受了各种各样的不利

---

① *Sexual Harassment: Developments in Federal Law*, report, November 26, 2008; Washington D. C., (https://digital. library. unt. edu/ark:/67531/metadc807477/; accessed April 28, 2020), University of North Texas Libraries, UNT Digital Library, https://digital. library. unt. edu; crediting UNT Libraries Government Documents Department.

的有形雇佣行为。在该案中，正是汤姆金斯对性骚扰行为的不服从，先后导致了不利的工作调动、收入的损失以及解雇等有形雇佣行为。

总结一下，在判例中，本要件最可能的表现形式为，上级主管或者手中握有权力的其他雇员要求受害雇员提供性利益以使后者获得有利的工作条件或者避免不利的工作条件，并且由于雇员作出了拒绝或接受的反应，从而受到或遭受了有形的雇佣行为。进一步看，这种条件可以表现为两种情形，第一种是受害者没有服从或者拒绝了提供性利益的要求，因此该雇员失去了有利的待遇或者遭受了不利的待遇。第二种是受害者根据要求提供了这种性利益，并且因此避免了不利的待遇或者得到了有利的待遇。这种条件在实践中如何证明呢？判例表明，这种条件既可以通过直接证据证明，也可以通过间接证据证明。直接证据如行为人明确作出的类似"如果不答应（性）要求则会遭受不利处境"的威胁，而之后将威胁予以兑现；间接证据如受害者对性要求的拒绝与遭受的不利对待在时间上非常接近等。但是该条件的判断还是应当综合各种情况进行个案分析。

四　敌意环境型性骚扰的特有构成要件
——行为具有普遍性或严重性（severe or pervasive）

相对于交换型性骚扰，敌意环境型性骚扰更加难以判定，确认敌意环境型性骚扰要考虑所有有关因素。[①] 敌意环境型性骚扰也具有一个其特有的构成要件，即行为具有普遍性或严重性，这是一个客观构成要件。该要件在美国判例法中经历了长时间的发展，并且直到现在也仍存在争议。对该要件的理解主要集中在两个方面：一是该要件的程度标准，即行为要普遍或严重到什么程度；二是角度标准，即客观上以谁的角度判断行为是否具有普遍性或严重性，主要有"合理的人"（reasonable person）、"合理女性"（reasonable woman）、"合理受害者"（reasonable victim）等角度标准。

---

① 张新宝、高燕竹：《性骚扰法律规制的主要问题》，《法学家》2006年第4期。

(一) 普遍性或严重性的程度标准

法院首次认为法律条款中的"雇佣条件"可以超越有形经济利益并包括心理和情感工作环境的是上文所述的邦迪案①。邦迪遭受了伯顿的各种贬低和打击之后,向哥伦比亚特区地方法院提起诉讼但遭到驳回,于是她提出了上诉。上诉法院认为该雇员遭受了基于性别的歧视,并且扩大了以往的交换型性骚扰案件确立的性骚扰的范围。在交换型性骚扰案件中,有形雇佣行为显然是雇佣条件的改变。而在邦迪案中,上诉法院认为如果雇员遭遇了基于性别的侮辱或贬低,造成了其焦虑和沮丧,不论该雇员是否因此失去任何有形的工作福利,都可能造成雇佣条件——包括心理和情感工作环境——的改变。也就是说,如果雇员遭遇了出于性别刻板印象的侮辱或贬低,造成了其焦虑和沮丧,不论该雇员是否因此失去任何有形的工作福利,都可能构成性骚扰。文森案的上诉法院则继承和强调了邦迪一案关于敌意环境型性骚扰的判决,不管该雇员是否由于歧视而失去了任何有形的工作利益,实质上的歧视性工作环境也可以构成性骚扰。

在法院承认了敌意环境型性骚扰案件的存在之后,亨森一案不仅首次提出了构成敌意环境型性骚扰的五个初步证据,包括"骚扰行为影响了薪酬待遇、工作期限、工作条件和工作权利,包括心理健康状态",还从程度标准上进行了说明。该案中,塞格伦对亨森和女同事进行了无数次贬低和侮辱,因此塞格伦在警察局为女性创造了恶意的和冒犯性的工作环境。在程度标准方面,法官认为仅仅是冒犯性的言语不会在很大程度上影响工作期限、工作条件和工作权利以致违反《民权法案》第七章,要构成《民权法案》第七章所规定的性骚扰,骚扰行为必须足够普遍(pervasive)以改变就业条件,创造虐待性(abusive)的工作环境。换句话说,在该案中,法院提出了普遍性的要求,对于普遍性的程度标准是"改变就业条件,创造虐待性的工作环境"。但是,该程度标准具有一定局限性,表述过于模糊,即使我们知道行为要普遍到一定程度才能构成职场性骚扰,但

---

① *The Bundy Case*, 641 F. 2d 934.

是并没有解决如何判断行为的普遍程度也就是角度标准的问题。

亨森案也为文森案和梅里特储蓄银行案打下了基础。哥伦比亚特区巡回上诉法院先是重申，性别歧视可能会包含两种类别的性骚扰，"一种骚扰是将性利益与就业福利联系起来，而另一种骚扰不影响经济利益，但是会产生敌意或冒犯性的工作环境"。文森所起诉的行为属于后一种性骚扰。案件到最高法院后，最高法院认为《民权法案》第七章的法律条文表述并没有局限于"经济"或者"有形"，"有形的损害"并不是性骚扰的必要构成部分。判决书中写道，"这种行为的目的是不合理地干扰个人的工作表现或造成令人生畏的或令人反感的工作环境"，但是并非所有行为都会影响《民权法案》第七章所指的薪酬待遇、工作期限、工作条件和工作权利，为了使性骚扰可诉化，法院在程度标准方面认为骚扰行为必须足够严重或普遍到足以改变受害者就业的条件并创造虐待性的工作环境。至此可以说，在最高法院的层级上，亨森一案中确定的敌意环境型性骚扰的程度标准得到了强调，并且将"普遍"扩展到了"普遍或严重"，但是该程度标准的局限性问题即角度标准问题仍然没有得到解决。

在这之后，法院在程度标准的问题上也出现过分歧。例如在拉比杜一案中，亨利是公司某部门的主管，习惯对女性发表淫秽的言论，有时对原告也会这样做。其他男雇员也不时在办公室或其他工作区域内展示女性裸体照片和其他色情图片，在程度标准方面，法院认为行为的普遍性或严重性要达到"会干扰合理个人的工作表现并严重影响合理的人的心理健康"的程度。可以看到，该案对于程度标准的要求非常严苛，要求严重影响雇员的心理健康，这个程度标准远远高于以前的判例。

埃里森一案[①]则纠正了拉比杜案中法院对于程度标准的看法。一方面，该案对程序标准做出了纠正。地方法院认为格雷的行为比较零散和琐碎，达不到严重或普遍的程度。而上诉法院认为，在一些案件中法院采用了极为严苛的程度标准，拍打臀部，对女性使用"婊子"（bitch）、"妓女"（whore）等称呼以及工作场所张贴裸体女性海报等行为被判定为仅产生极

---

① *Ellison Case*, 924 F. 2d 872.

小的影响，并没有达到严重和普遍程度。① 程度标准高达该行为是否"令原告感到焦虑和沮丧（anxiety and debilitation），以至于第七章下的工作条件被'毒化'（poisoned）"② 或者是"严重影响原告的心理健康"③。但是本案的上诉法院认为这些程度标准都偏离了梅里特储蓄银行案确立的标准。也就是说，我们应当将程度要件理解为性骚扰行为达到严重或普遍程度，而非工作条件的改变达到严重或普遍程度。比较分析出现偏离的几个案件，可以认为，并不需要心理健康受严重影响以至于焦虑或沮丧才可以构成性骚扰。

最高法院在这种情况下，在哈里斯一案④中再次对程度标准进行了强调和说明。除了侮辱和蔑视，哈里斯还多次做出具有性意味的举动。地方法院认为行为没有创造虐待性工作环境，因为觉得骚扰行为并未达到可以严重影响哈里斯的心理健康的程度，没有严重到干扰工作绩效的水平，没有达到威胁性或者虐待性的水平。该案最终被送上了最高法院。在程度标准方面，最高法院重申了梅里特储蓄银行案判断严重或普遍程度的标准——严重或普遍到足以改变工作条件并创造虐待性工作环境，"这个标准介于所有冒犯性的行为和行为造成明显心理伤害之间"。但是敌意工作环境即使不会严重影响员工心理健康，也可能会影响员工的工作绩效。最高法院认为，地区法院的错误在于将程度标准定为是否"严重影响了原告的心理健康"或使她"遭受伤害"。法院的判决表明，敌意环境并不要求行为在心理上造成伤害，这也与埃里森一案的标准相符。

通过分析以上判例，我们可以看到，在程度标准方面，判例的发展过程非常曲折，经过了多次明确和修正达到了目前的程度标准——行为应当严重或普遍到足以改变受害者的就业条件并创造虐待性工作环境。这种程度需要法官通过考虑综合情况来确定，比如行为的频率、行为的严重性、行为的威胁性以及行为的方式（言语上还是肢体行为上）。当然，这种程

---

① *Scott F. Sears*, *Roebuck & Co.*, 798 F. 2d 210, 212（7th Cir. 1986）；*Rabidue Case*, 805 F. 2d 611.
② *Scott F. Sears*, *Roebuck Case*, 798 F. 2d 210.
③ *Rabidue Case*, 805 F. 2d 611.
④ *The Harris Case*, 510 U. S. 17.

度标准还会随着判例的不断发展而得到细化或者完善。

(二) 普遍性或严重性的角度标准

角度标准与程度标准密不可分。上文提到在亨森案、梅里特储蓄银行案中,其程度标准都具有局限性,首先尝试突破这种局限性而提出角度标准的案件是拉比杜一案①。该案的判决结果虽然是原告败诉,但是该案的判决书进行了很多突破性的尝试。第一,法院在角度标准方面提出了"合理的人"标准,主审法官以该标准去判断敌意环境型性骚扰的严重性和普遍性;第二,在角度标准方面,有趣的一点还在于,法官基斯在判决书中提出了不同的见解。基斯认为尽管多数人主张"合理的人"标准,"但是这个标准未能解释大多数女性的看法与男性之间的分歧",认为法院应当采用"合理受害者"的角度标准,"既能考虑不同的受害者背景和经验的不同,也能保护雇主免受过于敏感的雇员的侵害。此外,除非采用了'合理女性'的标准,否则被告和法院都可能会产生加深性别角色分工、刻板印象的影响"。也就是说,同一份判决书,既提到了"合理的人"标准,也提到了"合理受害者""合理女性"标准,法官之间的见解也不完全相同。判决虽然是采用了"合理的人"标准,以一个理性的正常人客观角度评价行为的严重性和普遍性,但是"合理女性""合理受害者"等标准也对"合理的人"标准产生了冲击,认为考虑受害者的性别等其他因素可以免受性别刻板印象的影响,这也为法院后来的判决提供了思维碰撞的空间。

在上述案件以及其他以往案件中,法庭通常采用"合理的人"标准评估性骚扰的严重性和普遍性。埃里森一案在角度标准方面则进行了大量分析、比较。该案的上诉法院认为应当以一个"合理女性"的角度去判断环境是否普遍或严重到改变就业条件、创造虐待性的工作环境,"合理"一词本身能够避免过于敏感的判断标准。法院认为,"在法律上不能说埃里森是一个高度敏感的人,一个合理女性可能也会有类似的反应"。意即,

---

① *Rabidue Case*, 805 F.2d 611.

从一个理智的正常女性的角度,可以判断格雷的行为足够严重或普遍到改变就业条件并创造虐待性的工作环境。为什么法院采用了"合理女性"标准呢?判决书中这样写道:"我们采用合理女性的标准主要是因为我们认为'合理的人'标准倾向于男性偏见,并且倾向于系统忽略女性的经历。""希望随着时间的流逝,男性和女性将相互了解对方眼中的冒犯性行为,当雇主和雇员内部化我们今天确立的工作场所行为标准时,能够弥合当前两性之间在观念上的差距。"可见,合理女性标准并不是为女性提供高于男性的保护水平,而是对性骚扰进行有性别意识的判断,使女性在与男性平等的基础上工作。当然,法院也考虑到了男性作为受害者的情况,在这种情况下当然就不适用"合理女性"角度标准,上诉法院在脚注中也写道:"如果受害者为男性雇员,那么标准就应当是'合理男性'(reasonable man)。"后来,最高法院在哈里斯一案中也是采用了合理女性标准。

案例发展表明,在角度标准方面,美国各联邦法院、各联邦法官之间存在各种分歧,在判断敌意环境型性骚扰时常有各种争论,主要是在"合理的人""合理女性""合理受害者"三个标准之间的争论。为了更好地理解这三个角度标准,需要先理解"合理的人"的含义。"合理的人"标准指的是通过假定一个具有正常、合理判断力的自然人处于原告的状态下,并考虑相关所有情形做出的判断,包括考虑当时社会上对工作环境的一般看法,以及对同事关系的合理预期等。那么为什么"合理的人"标准会遭到诸多诟病呢?有人认为,许多男性认为合理的行为对女性来说可能会造成冒犯,男性倾向于将某些形式的性骚扰视为"女性总是小题大做的无害的人际交往"[1];男性通常认为性骚扰是相对无害的乐子[2]。如果一些看起来微不足道的歧视性行为被允许,那么骚扰者就会大行其道,被骚扰者也没有救济途径。女性和男性的关注点不同,例如,由于女性常常是性

---

[1] Ehrenreich, "Pluralist Myths and Powerless Men: The Ideology of Reasonableness in Sexual Harassment Law," 99 *Yale L. J. 1177*, 1207 – 1208 (1990).

[2] Abrams, "Gender Discrimination and the Transformation of Workplace Norms," 42 *Vand. L. Rev.* 1183, 1203 (1989).

侵犯的受害者，因此，女性对性会更加敏感。遭受了初步性骚扰的女性自然会担心自己是否会遭受更进一步、更暴力的性骚扰；男性很少成为性骚扰的受害者，所以并不能充分认识到女性所处的社会环境或可能面临的暴力威胁。因此，很多法院更喜欢从受害者的角度分析性骚扰，对男女的不同观点进行分析。那么，"合理受害者"与"合理女性（合理男性）"标准是什么关系呢？从本文对判例的分析可知，"合理受害者"通常与"合理女性"互换使用。有时，同一份文件中两个术语表示的是相同的概念。[1] 这些用语确实可以互换，当然也包括"合理男性"，只不过在绝大多数情况下，受害者是女性。不过，也有学者认为，"合理的人"或"合理女性"标准中哪个标准更有利于公正的判决一直存在争议，但是其实采用哪个标准结果都是一样的，几个标准之间并没有区别。[2]

五　结语与启示

笔者在本文中通篇介绍美国职场性骚扰司法判例经验，意图是为我国提供借鉴。我国一些相关法律法规的确对职场性骚扰做出了禁止性规定。如《中华人民共和国妇女权益保障法》规定："禁止对妇女实施性骚扰。受害妇女有权向单位和有关机关投诉。"《女职工劳动保护特别规定》规定："在劳动场所，用人单位应当预防和制止对女职工的性骚扰。"两者都出现了"性骚扰"这一概念，但是都没有对性骚扰进行具体解释。最高人民法院增设"性骚扰损害赔偿纠纷"案由后，2020年5月28日，《中华人民共和国民法典》已由全国人民代表大会通过，其中第1010条对于性骚扰进行了规定："违背他人意愿，以言语、文字、图像、肢体行为等方式对他人实施性骚扰的，受害人有权依法请求行为人承担民事责任。机关、企业、学校等单位应当采取合理的预防、受理投诉、调查处置等措

---

[1] *Ellison Case*, 924 F. 2d at 879, 880.
[2] Shoenfelt, Elizabeth L., et al., "Reasonable Person versus Reasonable Woman: Does It Matter?," *American University Journal of Gender Social Policy and Law*, Vol. 10, No. 3 (2002), pp. 633-672.

施，防止和制止利用职权、从属关系等实施性骚扰。"过往，职场性骚扰案件一般是从侵害人格权的角度进行处理，最高人民法院的决定和民法典对性骚扰的规定让有关的案件具备了可诉基础，也有利于女性更积极地维护自身合法权益，同时释放出国家重视反职场性骚扰问题的信号。但是从民法典的条文规定和体例安排来看，职场性骚扰仍局限在侵害人格权的层面。从侵权责任要件的角度讲，这意味着侵权责任的构成需要包括损害、因果关系、行为的违法性和过错四个要件；从本文所分析的职场性骚扰认定的角度来讲，民法典要求行为"违背他人意愿"，列举了一系列表现形式，但并没有明确职场性骚扰的构成要件。

由于我国长期缺乏反性骚扰立法，现实中又存在大量性骚扰的事实，司法系统在处理职场性骚扰案件、分析其构成要件时无所适从。有的法院认为职场性骚扰行为一般包含三方面，一是此行为带性色彩，二是此行为对承受方而言是不受欢迎的、是有损于其人格和尊严的，三是这种行为可导致在工作场所产生一种胁迫、敌视、羞辱性的工作环境；[1] 有的法院认为要构成职场性骚扰行为，需要受害者明确表示拒绝、行为对工作环境造成一定不良影响；[2] 有的法院是以侵权法下的构成要件理论认定性骚扰的[3]，即具有性骚扰行为、加害人具有性骚扰的故意、行为导致受害者精神损害且后果严重。可见在我国司法实践领域，职场性骚扰的认定较为混乱。

美国的经验至少在以下几个方面对我们有启示。第一，区分交换型性骚扰和敌意环境型性骚扰是必要的，因为交换型性骚扰和敌意环境型性骚扰在表现形式、损害后果等方面都有很大不同，应当依据职场性骚扰两种类型各自的特点，分别规定交换型性骚扰的构成要件、敌意环境型性骚扰的构成要件，并明确指出两者相重合的部分，给司法实践以及各类雇主权

---

[1] 广东邦达实业有限公司与林顺沅劳动合同纠纷二审民事判决书，广东省中山市中级人民法院（2015）中中法民六终字第 235 号。
[2] 谭洁与麒麟（广州）贸易有限公司劳动争议一审民事判决书，广东省广州市天河区人民法院（2018）粤 0106 民初 5651 号。
[3] 夏红杰、张文博一般人格权纠纷二审民事判决书，河南省商水县人民法院（2019）豫 16 民终 4647 号。

威的指导。第二，构成要件既包括主观要件，也包括客观要件，不能仅凭客观事实认定职场性骚扰，也不能仅凭受害人主观想法甚至是实施者的主观想法去认定。第三，以性别歧视的角度研究职场性骚扰、规定存在基于性别的骚扰行为要件也是必要的，能够将职场性骚扰放在整个社会的权力架构下审视，这样一来，职场性骚扰问题就从私领域的人际关系方面上升到了公领域，通过公领域对被支配一方进行赋权，以保障个人的自由，因此更有利于职场性骚扰的防治。第四，构成要件会随着时间的推移不断发展、细化，并在横向和纵向得到充分延展，美国职场性骚扰构成要件仍然具有争议和发展空间，也会继续对美国域外其他国家的法律制度产生深远影响。

任何生命体在告别母体之后的成熟中都离不开学习与内化。汲取那些存在于生命体外部的知识叫作学习，将这些知识转化为自身的部分叫作内化。毫无疑问，内化比学习更重要，也更艰难，因为其中还可能会存在国情不适、水土不服的问题。因此，本文意在尝试引入可以学习的参考模板，至于在这个参考模板上会进行如何的内化、产生什么样的效果，则有待我国实践检验。

[责任编辑：龚新玲]

工商业与妇女人权：企业社会责任的性别平等之维[*]

柴 鑫[**]

摘要：女性在企业中所遭受的性别歧视以及企业经营中对女性群体造成的人权危机，目前仍旧是一个十分棘手的待解决问题。工商业妇女人权是工商业活动中保障妇女不受歧视和得到平等对待的权利，是以人权视角解决工商业中存在性别歧视和不平等问题的积极探索。在联合国工商业与人权指导原则框架下，以国际、国内妇女人权保障法律为内容，可以形成一个国家和企业参与的完整保护体系。工商业与人权这一全新的视角，启示我国可以从国家层面、工商业企业行动和救济机制方面建立尊重和保护工商业妇女人权的体制机制，从而推动我国性别平等和妇女人权保障事业迈上新台阶。

关键词：工商业与妇女人权；企业社会责任；性别平等

一 问题的提出

如今距联合国第四届世界妇女大会成功召开已经过去了 25 年，在过去的这段时间里，性别平等和妇女权利保障在世界范围内取得了巨大的进步，但其同样面临着诸多的老问题和新挑战。如今在女性面临的众多人权

---

[*] 本文系武汉大学研究生导师育人方式创新项目"以提高研究生科研水平为目标的跨学科写作工作坊"（项目编号：1202/413100059）的阶段性研究成果。

[**] 柴鑫，国家人权与教育培训基地武汉大学人权研究院助理研究员，研究方向：法理学、人权法、女性主义法学。

挑战中，在企业中所遭受的性别歧视以及企业经营中对女性群体造成的人权危机，仍旧是一个十分棘手的待解决问题。女性在企业中发挥越来越大的作用，已成为企业中的主力军，[①] 对企业的创新发展、升级转型、扩大经营等方面都发挥着不可替代的积极作用。但在公司企业内部之中，《2019中国女性职场现状调查报告》显示，中国女性在职场依旧遭遇薪酬待遇与男性不平等、职场晋升之路阻碍等职业歧视和性别不平等问题。[②] 在全球化的时代，企业除了公司内部的人权观照外，更要在其"走出去"和跨国经营过程中重视人权保障问题，企业对人权的观照中必须包括保障妇女人权这一重要议题。企业在其履行社会责任过程中应如何保障妇女的经济权利与社会参与、充分发挥妇女的能力，从而推动社会性别平等呢？

企业[③]社会责任（CSR），有学者将其定义为企业的社会性责任，[④] 亦有学者将其定义为企业除在获得利润外应承担的对环境、人权、性别等社会利益相关者的责任。[⑤] 近年来越来越多的企业贤达主动承担社会责任并给行业带来积极影响。企业社会责任这个概念随着时代发展越来越具有局限性，而"工商业与人权"这一新概念在联合国人权理事会核准通过《工商企业与人权：实施联合国"保护、尊重和补救"框架指导原则》[⑥]后而被广泛讨论和运用。[⑦] 工商业与人权这一原则强调了国家尊重和保障人权的义务，突出了企业遵守法律和保护人权的责任，提出了建立人权受到侵犯的救济手段。工商业与人权这一原则可以作为新时代指导企业承担

[①] 参见李乾坤、王晶《现状与出路：企业如何承担性别平等责任》，《中国妇女报》2017年8月1日，第B01版。
[②] 参见智联招聘《2019中国女性职场现状调查报告》，http://zj.sina.com.cn/finance/xfgz/2019-03-08/detail_f-ihrfqzkc2301997.shtml? from=wap，最后访问时间：2019年12月24日。
[③] 本文将所用工商业、商业、企业、公司等词语视为同义。
[④] 参见向东《社会性别视角下企业社会责任的法律化》，《河北联合大学学报》（社会科学版）2015年第2期。
[⑤] 参见谭深、刘开明主编《跨国公司的社会责任与中国社会》，社会科学文献出版社，2003，第68页。
[⑥] 联合国文件 A/HRC/17/31。
[⑦] 参见 Radu Mares、张万洪《工商业与人权的关键议题及其在新时代的意义——以联合国工商业与人权指导原则为中心》，《西南政法大学学报》2018年第2期。

社会责任的总原则和总方针。新时代企业承担推动性别平等和保障妇女人权的责任，也离不开这一原则的指导。工商业与人权原则结合国际妇女人权保障法规体系，可以形成相互支撑的工商业与妇女人权这一具体的指导原则。鉴于此，本文试图厘清工商业与妇女人权这一理论内涵，结合国际上知名企业对于这一原则的生动实践经验，试图填补中国在此方面的理论空白，并为企业更好地承担推动性别平等的社会责任提供一些智力支撑。

二　工商业与妇女人权的理论基础

和人权的概念一样，妇女人权这一概念也有许多不同阐述。[1] 概言之，妇女人权是指妇女作为人所应有之一切权利，是人权的重要组成部分。妇女人权作为普遍人权的一部分现今已为人们所公认。妇女人权作为人权的重要组成部分是各方在国际社会进行了大量的斗争争取来的。[2] 聚焦工商业领域，妇女人权保护则重点强调妇女在工作场所被平等对待以及不受工作歧视的权利。笔者认为工商业妇女人权是妇女人权的组成部分和基础部分，是工商业活动中应当保障妇女不受歧视和得到平等对待的权利，是在人权法框架下的新时代企业性别平等责任。在国际社会中，妇女人权保护理论目前形成了以国际人权法为核心、国际人权条约机构和国际组织条文为保障、国际政策性文件的价值导向为补充的体系。

（一）普遍保护：国际核心人权法框架下工商业与妇女人权保护

联合国人权高专办总结了1948年通过的《世界人权宣言》以及之后相继形成的一系列人权公约和相关规范性文书。在这些公约之中核心的总

---

[1] 关于妇女人权这一概念，徐显明教授将妇女人权定义为："妇女人权是保障妇女的尊严，发展妇女的人格，实现妇女的价值，在道德上、社会上、政治上、法律上，应当得到承认或已经得到承认的平等的、自由的生存权与发展权等一切权利的统称。"徐显明主编《人权研究》（第一卷），山东人民出版社，2001，第464页。张晓玲教授将妇女人权定义为妇女作为人所应当享有的平等权利；参见张晓玲《妇女人权——一个来自历史和现实的崭新概念》，《中共中央党校学报》1997年第1期。
[2] 参见朱晓青《妇女人权法律保护的发展与变化——基于国际人权公约和国内法视角的考察》，《人权》2015年第6期。

共有九部，每一部都设立了独立的专家委员会监督缔约国实施公约或缔约条款。纵观国际人权法律框架下的妇女人权：以《世界人权宣言》为核心的国际人权公约表达了妇女作为普遍人所应享有的各项权利，基于此形成了妇女人权的宏观视角；《消除对妇女一切形式歧视公约》构成了妇女人权保障的"国际宪章"，基于此形成了妇女人权的具体视角，具化的工商业领域的妇女人权在此体现。

1. 一般人权保护公约中的妇女普遍人权

《世界人权宣言》于1948年12月10日以无约束力非条约方式通过，但在其实践过程中对国际法形式和内容产生了巨大影响。[①] 宣言第2条规定："人人有资格享受本宣言所载的一切权利与自由，不分种族、肤色、性别、语言、宗教、政治或其他见解、国籍或社会出身、财产、出生或其他身份等任何区别。"这一条款提出了男女是一切自由和权利的主体，从而确定了女性的人权主体地位。

在妇女经济、社会及文化权利方面，《经济、社会及文化权利国际公约》于1966年12月16日通过，该公约规定了人民自决权，签约国的一般义务，以工作权、享受公正和良好的工作条件的权利、组织和参加工会权、享有社会保障权、家庭特别是母亲儿童得到尽可能救护和协助权、参加文化生活为内容的公约核心条款以及报告机制等条款。[②] 该公约第3条明确规定："本盟约缔约国承允确保本盟约所载一切经济社会文化权利之享受，男女权利一律平等。"这一条款直接确定了男女平等以及保障女性权利是缔约国的一项基本义务，而这也直接宣示了女性享有包括工作权在内的第三章所规定的所有经济、社会和文化权利。

在妇女政治权利方面，和《经济、社会及文化权利国际公约》一同通过的《公民权利和政治权利国际公约》中没有专门强调妇女权利保护，但是第3条明确提出："本公约缔约各国承担保证男子和妇女在享有本公约所载一切公民和政治权利方面有平等的权利。"该条款实际上以总括性的

---

① 参见何燕华《联合国国际人权法框架下老年人权利保护》，《人权》2019年第4期。
② 参见陈寒枫等《〈经济、社会及文化权利国际公约〉及其实施》，《外交学院学报》2001年第3期。

形式强调了女性享有和男性一样的公民权利和政治权利。

2. "妇女人权宪章"：《消除对妇女一切形式歧视公约》与工商业妇女人权

分为六大部分、共三十条的《消除对妇女一切形式歧视公约》是世界范围内最重要的且有法律约束力的保障性别平等和性别非歧视的国际条约。[①] 该条约第 1 条就直接宣示了男女平等原则和妇女人权原则："为本公约的目的，'对妇女的歧视'一词是指基于性别而作的任何区别、排除和限制其作用或目的是要妨碍或破坏对在政治、经济、社会、文化、公民或任何其他方面的人权和基本自由的承认以及妇女不论已婚未婚在男女平等的基础上享有或行使这些人权和基本自由。"男女平等和妇女人权原则的直接宣示，为妇女人权保障奠定了法理基础。

该公约对工商业妇女人权的保障也直接予以清晰明确的规定。该公约在第 2 条（e）款中明确规定消除工商业歧视："应采取一切适当措施，消除任何个人、组织或企业对妇女的歧视。"该公约在规定妇女就业权利平等和缔约国责任的第 11 条，一方面规定了妇女享有普遍就业权、同等就业选择权、社会保障和工作福利权等权利，另一方面特别强调了保护结婚和生育妇女的工作权利。该公约第 14 条又特别强调了农村妇女人权的特殊性，详细规定各缔约国消除对农村妇女的歧视，保障妇女发展和工作的权利。[②] 特别是在该条第 2 款（e）项强调了农村妇女获得平等经济机会的权利："组织自助团体和合作社以通过受雇和自雇的途径取得平等的经济机会。"

（二）专门保护：国际劳工组织法律框架下的工商业妇女人权

国际劳工组织是专门推动就业、提高社会保障和以维护社会正义为目的的国际组织。在其众多的公约、宣言以及决议中都有涉及妇女工商业人

[①] 参见孙晓红《〈消除对妇女一切形式歧视公约〉：保障妇女权利的宪章》，《人权》2016 年第 2 期。

[②] 参见张爱宁《〈消除对妇女一切形式歧视公约〉与妇女人权国际保护》，《外交学院学报》1999 年第 1 期。

权保护和反对性别歧视的规定。

中国已经批准加入的国际劳工组织的两大核心公约《对男女工人同等价值的工作付予同等报酬公约》和《消除就业和职业歧视公约》对工商业妇女人权都有直接的规定。《对男女工人同等价值的工作付予同等报酬公约》第2条第1款中就强调各会员国要确保对所有劳动者实行男女劳动者同工同酬的原则。① 在《消除就业和职业歧视公约》第1条中也强调了就业和职业歧视包括"基于种族、肤色、性别、宗教、政治见解、民族血统或社会出身等原因,具有取消或损害就业或职业机会均等或待遇平等作用的任何区别、排斥或优惠"。②

《关于工作中基本原则和权利宣言》是国际劳工组织于1998年6月18日通过的一项国际宣言,该宣言着重强调了工作中的基本权利,在该宣言第2条中(d)项基本原则强调的就是消除就业与职业歧视,而消除妇女就业歧视就是本条基本原则的应有之内涵。

(三)"软法"补充:联合国有关机构和国际政策文件中的工商业妇女人权

1. 《北京宣言》

第四次世界妇女大会通过的《北京宣言》是赋予妇女权利的宣言书。在该宣言中强调世界各国和各主体通过在经济、社会、文化和政治决策中拥有充分和平等的份额,消除妇女积极参与公共和私人生活各个领域的所有障碍。这意味着应在家庭、工作场所和更广泛的国内和国际社会中确立男女分担权利和责任的原则。在宣言中,提到的男女分担权利和责任实际上为妇女在工商业活动中享有基本权利确定了世界意义的准则。

2. 《〈消除对妇女一切形式歧视公约〉第二条之下的核心义务第28号建议书》

消除对妇女歧视委员会有关第二条之下的核心义务第28号建议书中

---

① 参见国际劳工组织《对男女工人同等价值的工作付予同等报酬公约》第1条。
② 参见国际劳工组织《消除就业和职业歧视公约》第1条。

多条条文对妇女人权和反对歧视做了进一步的解释和规定。在第13条中，该文件进一步强调了缔约国有义务采取适当措施对私人行为者的行为进行监督，监督内容就包括就业、工作条件和工作标准等领域对妇女的歧视。①

3.《赋权予妇女原则——性别平等促进经济发展》

联合国促进性别平等和增强妇女权能署发起的《赋权予妇女原则——性别平等促进经济发展》这一行动倡议，全面阐述了妇女全面参与包括工商业活动在内的经济生活的各项权利，并提出了赋权予妇女的七项原则：建立高层次的企业领导机制来促进性别平等；尊重并支持人权和无歧视原则，平等地对待所有男女员工；保障所有男女员工的健康、安全和福祉；加强对女性员工的教育、培训，促进其职业发展；推广有利于提高女性能力和权利的企业发展计划、供应链及市场营销方式；通过社区行动和宣传促进性别平等；评估和公开报告企业推动性别平等的进展情况。该倡议在每一原则下又罗列了十分具体的推动赋权妇女的具体指标，成为全球企业的工商业妇女人权建设的范本和实施依据。②

4.《促进公平：通过性别中立的工作评估实现平等报酬》

《促进公平：通过性别中立的工作评估实现平等报酬》是国际劳工组织发布的逐步推动工作领域性别平等的一份渐进指南。该指南主要关注工商业活动中性别酬劳不平等的问题。在这一份指南中特别指出了男女工资性别差异的三个原因：对女性工作的性别定性观念和偏见；以男性为主导设定的传统工作评估方法；妇女工作谈判能力较弱。③ 指南中对性别工资不平等原因的分析及对策建议等对保障妇女工商业人权具有指导意义。

---

① 参见《关于缔约国在〈消除对妇女一切形式歧视公约〉第二条之下的核心义务第28号建议书》第13条，CEDAW/C/GC/28。
② 《赋权予妇女原则——性别平等促进经济发展》，www.unglobalcompact.org/library/65，最后访问时间：2020年3月14日。
③ 参见国际劳工组织《促进公平：通过性别中立的工作评定实现平等报酬》，www.ilo.org/wcmsp5/groups/public/—ed_norm/—declaration/documents/publication/wcms_172259.pdf，最后访问时间：2020年3月14日。

三 工商业与人权指导原则框架下的
工商业妇女人权责任

在联合国秘书长人权与跨国公司和其他工商企业问题特别代表约翰·鲁格以及联合国工商业与人权起草小组长达数年的努力后[①],《工商企业与人权：实施联合国"保护、尊重和补救"框架指导原则》（以下简称《工商业与人权指导原则》）[②] 被提交联合国人权理事会审议，并于 2011 年 6 月 16 日获得联合国人权理事会通过。《工商业与人权指导原则》的内容主要分为国家保护人权的义务、公司尊重人权的责任以及人权受侵犯后获得救济等三大部分。《工商业与人权指导原则》因其合法性、核心性、开创性、简洁性和全面性而具有高度的权威性,[③] 同时它也是国际上第一个被各国政府普遍接受的、针对工商业的人权影响及企业责任的全球标准。[④] 综合来看《工商业与人权指导原则》，在目的上，其旨在避免工商业活动侵犯人权；在创新性上，其在国家保障人权义务外创造性地提出了企业尊重人权的责任；在效力上，其不具强制力的国际软法性质为各国普遍接受提供了很好的基础，事实上也获得了众多国家的积极响应。

（一）直接相关：工商业妇女人权是《工商业与人权指导原则》的重要组成部分

《工商业与人权指导原则》在具体的条文中并没有特别地提及工商业活动针对妇女人权进行专门的保障，但是在解读中专门提及了妇女人权的问题。全文在开篇一般原则处就强调，"应当以非歧视的方式加以执行，

---

① 参见约翰·杰勒德·鲁格等《工商业与人权：演进中的国际议程》,《国际法研究》2017 年第 3 期。
② 联合国文件 A/HRC/17/31。
③ 参见 Radu Mares、张万洪《工商业与人权的关键议题及其在新时代的意义——以联合国工商业与人权指导原则为中心》,《西南政法大学学报》2018 年第 2 期。
④ 参见梁晓晖《工商业与人权：中国政策理念的转变与业界实践的互动研究》,《国际法研究》2018 年第 6 期。

尤其应关注可能日趋弱势或边缘的群体或人口的个人权利和需要,以及面临的挑战,并适当顾及女人和男人面临的不同风险"。一般原则的专门性强调,从制定者意志角度来讲,对工商业妇女人权的特别保护是必须存在的。在第2条国家一般监管和政策职能的评论中以及第13条工商业企业尊重人权责任定义的评论中都强调了承认妇女群体面临的特殊挑战。在第18条企业人权责任和评估条款的评论中又特别强调在企业人权责任中要注意妇女与男人面临的不同风险。基于此,我们可以说工商业妇女人权是《工商业与人权指导原则》不可或缺的组成部分。

(二) 框架指引:以工商业与人权指导原则指引工商业妇女人权保障

《工商业与人权指导原则》从内容上讲,实际上是建立了一个人权保护的综合性体系,是对企业社会责任的完善,也是对企业责任进行多方规制的方法和手段。[①]《工商业与人权指导原则》是工商业与人权领域的宏观指导原则,妇女工商业人权是其重要和特殊的组成部分,我们对妇女工商业人权进行保护时完全可以以《工商业与人权指导原则》的指导原则为指引,以国际工商业妇女人权法律规范为内容,在国家和企业的参与下形成一个完整的妇女工商业人权保护框架。在《工商业与人权指导原则》指导下形成的工商业与妇女人权保障体系可以衔接国际法妇女人权法律规范,又赋予国家和企业具体的工商业妇女人权责任和义务,从而推动企业领域的性别平等和妇女人权保障。

1. 国家保护工商业妇女人权的义务

国家保护工商业妇女人权,就是要通过制定有效政策、法律、条例和裁定等使妇女人权免受工商业的侵犯。国家和政府通过行政手段对工商业中的妇女人权侵犯和性别歧视行为进行约束和限制。同时国家和政府进行政策上的宣示讲解,将工商业妇女人权保护的法律制度落实到工商业企业

---

① 参见杨博文《论气候人权保护语境下的企业环境责任法律规制》,《华北电力大学学报》(社会科学版) 2018年第2期。

中去。国家和政府应当对工商业妇女人权保障责任进行专门的审查，包括性别平等的工作机制和消除性别歧视的公司理念等。同时国家和政府应建立专门的针对妇女工商业人权受到侵犯的救济制度，以使妇女在工商业人权受到侵犯的时候获得有效的救济。

2. 企业尊重工商业妇女人权的责任

工商业企业应当尊重妇女人权。工商业企业应当尊重国际公认的妇女人权准则，这些准则包括《世界人权宣言》《消除对妇女一切形式歧视公约》等国际人权法核心公约，同时也包括把以国际劳工组织为代表的国际组织制定的保障妇女各项基本权利和反歧视的条约、宣言等中的基本原则和条款作为最低限度的保护标准。工商业企业应当主动学习了解妇女人权的相关知识和法规。工商业企业应避免造成或加剧对妇女人权的负面影响，并应消除已经产生的影响。工商业企业应当承诺保障妇女人权并制定企业内部的对于妇女人权保障的规章制度，应当在企业内部进行有效的妇女人权保障和反歧视的职业培训。工商业企业应建立对可能对妇女人权造成影响的内外部行为的评估机制，如工商业妇女人权尽责调查机制。工商业企业内部应建立对妇女人权和性别歧视的补救机制。

四　工商业与妇女人权的中国启示

工商业与人权理论基于对企业社会责任的反思，工商业妇女人权就是企业社会责任性别平等这一领域的新理论、新指南和新标准。我国女性在工商业依然面临严峻的性别歧视和不公正对待，借鉴《工商业与人权指导原则》的理论框架，建立起包括国家尊重保护工商业妇女人权义务、企业承担尊重妇女人权责任以及工商业妇女人权受到侵犯时的救济机制在内完整的保护体系，可以在未来有效地保护妇女人权。

（一）国家层面：全面的工商业妇女人权尊重、保护和实现义务

国家对工商业妇女人权的保障义务要求实现尊重、保护和实现三个层面的妇女人权保护效果。而这种效果的实现需要在立法完善、政策制定、司法强化等方面进行充分且有针对性的完善。

1. 通过立法活动梳理和更新现有工商业妇女人权保障法律体系

国家的立法活动可以最直接地确认和保障工商业妇女人权在中国的落地和实现。首先，我们要更新立法理念，将"工商业妇女人权""性别平等参与工商业活动""社会性别"等国际通行概念和标准引入我国立法考量中来，从立法理念上形成和贯彻对工商业妇女人权的保障。其次，对接国际标准，加快推进我国承认和加入的国际人权条约的法律国内化。最后，我们要梳理现行关于妇女人权保护的法律法规，修订相关法律，让这些法律具有可操作和可细化的特性，[1] 系统规定工商业妇女人权保障的国家义务、企业责任和救济机制。

2. 制定完善的工商业妇女人权相关政策

细化的和具体的政策是国家和行政部门直接推动工商业妇女人权责任落实的有效手段。《工商业与人权指导原则》强调政策的一致性并鼓励推出相关政策。在人权领域，我国从2009年开始颁行《国家人权行动计划》，至今已经颁布三次。三个计划都从国家规划和政策方面明确了中国保护人权的目标和具体措施，并在实行过程中取得了良好的效果，推动了我国人权事业发展。中国中央政府部门和地方政府部门近年来制定了许多政策文件推动企业履行社会责任[2]，制定政策文件保障工商业妇女人权、推动企业履行性别平等责任，这与国家发展方向相一致。在工商业与妇女人权保障领域，我们完全可以参照《国家人权行动计划》颁行专门的国家妇女工商业人权行动计划，专门性的计划既能够发挥行动计划的宏观指导作用，又有助于工商业妇女人权保障的专门落实和专项考评。国家妇女工商业人权行动计划的制定和颁布可以给工商业企业提供关于工商业妇女人权保障的政策指引，从而将国家引领作用融进企业妇女人权义务履行的实际行动中去。

---

[1] 参见王晶、张洪伟《性别视角下的企业社会责任及对策思考》，《社会科学战线》2016年第1期。

[2] 参见王秀梅《论我国〈国家工商业与人权行动计划〉的制定：基于企业社会责任的分析》，《人权》2019年第2期。

3. 形成尊重和保障工商业妇女人权的企业文化

国家在通过强制性的法律措施和非强制性的政策措施规范引导企业履行尊重和保障妇女人权义务的过程中，还应该营造企业尊重和保护妇女人权的文化氛围。形成尊重人权的企业文化可以从在法律和政策中阐明对企业尊重人权的预期、增大对企业尊重人权的市场压力、发挥政府和国有企业的示范作用等措施入手。[①] 在培育形成尊重和保障工商业妇女人权的企业文化上，首先，我们要明确尊重和保障工商业妇女人权的国家预期。在国家与企业互动的行为（诸如立法、援助资格审查、公司上市审查、评优评先等）中充分表达对保障工商业妇女人权的预期，让企业时刻关切和回应对工商业妇女人权的义务。其次，我们要通过压力传导机制促使企业形成尊重和保障工商业妇女人权的企业文化。工商业企业在市场经营活动中应当主动披露其在工商业妇女人权保障领域的表现，接受政府和消费者的监督。国家通过执法和行政措施监督等手段对企业的工商业妇女人权责任履行情况进行鼓励和施加压力，消费者则通过消费选择来支持工商业妇女人权义务履行到位的企业，逆向消费选择形成压力。最后，国有企业要在尊重和保障工商业妇女人权的企业文化上发挥带头示范作用。国家积极推动国有企业率先形成尊重和保障工商业妇女人权的企业文化。

（二）工商业企业行动：工商业企业的妇女人权保障义务全面落实

1. 工商业企业的妇女人权的政策承诺

中国企业要在新时代取得新发展必须将尊重人权作为其经营策略并将其融入企业发展道路中去，尊重工商业妇女人权是解决企业人权问题的突出抓手。中国工商业企业应当做出立场鲜明的声明，表示承担起尊重工商业妇女人权这一责任。在承诺宣示上，对外应该是公开的普遍宣示，应让国家、所有合作对象、社会公众知悉其工商业妇女人权承诺；在效力上，

---

① 参见徐亚文、李林芳《简析企业社会责任的人权维度与路径建构》，《上海对外经贸大学学报》2020年第1期。

应该是一种持续性承诺，并且其企业经营活动应与承诺一致；在对内实施方面，应当对企业员工进行工商业妇女人权尊重和保障的专业培训，培训内容应包括性别反歧视的国际和国内法制度、企业内部的性别歧视问责制度等。中国工商业目前尤其需要这样的活动。

2. 工商业与妇女人权尽责和自我审查

为了确认、防止和消除企业关于侵犯妇女人权的负面影响，中国企业应在现有企业尽职调查中加入关于工商业妇女人权的评价内容。在企业内部，应当调查自己企业活动和工作人员活动以及制度是否侵犯妇女人权。在企业经营中，对合作企业进行尽责调查时也应将是否尊重和保障妇女人权纳入合作考量因素之中。与此同时，当企业可能存在侵犯工商业妇女人权的行为时，应启动内部审查的程序，进行合法合规的评估，采取适当行动及时止损。在人权尽责和自我审查过程中，工商业企业应该保证该项活动的经费支出，必要时可以借助外部人权部门。

3. 建立工商业企业与妇女人权自我及时补救机制

企业侵犯妇女人权的主要表现：在内部，主要是制度性就业歧视、工资性别歧视、妇女工作环境保障不到位等；在外部，主要是工商业企业经营活动侵犯妇女基本人权行为。针对企业内部侵犯妇女人权的行为，企业的补救机制是建立受害人申诉机制，在企业内部设立专门的妇女人权办公室或调解委员会。针对企业经营活动中某些不可预见的或意外事件导致侵犯妇女人权的情况，中国企业则应主动与受害人进行对话协商，在对话协商的同时不能阻碍或应主动引入国家、工商业企业和社会联动的救济机制以保护受害女性人权。

（三）救济机制：建立国家、工商业企业和社会联动的救济机制

工商业妇女人权受侵害后，除了企业内部的自我调查和审核以外，还需要建立一个国家、工商业企业和社会联动的具有有效性和完整结构性的救济机制。

1. 建立多元化工商业妇女人权救济机制

工商业妇女人权受侵害后的国家司法和非司法申诉机制是工商业妇女

人权获得救济的基本途径。在国家司法机制建设层面，应当明确开展围绕工商业妇女人权保护的实践，这些实践应当包括降低获得救济的申诉和控告门槛，法官、检察官、律师以及劳动仲裁人员获得专门知识和支持，严厉打击侵犯妇女人权的工商业犯罪行为。在国家的非司法申诉机制建设层面，应当做好国家司法救济机制和非司法申诉机制的衔接工作，建立专门的工商业妇女人权机构和部门进行工商业妇女人权受到侵犯时的救济。在非国家机制建设方面，探索充分发挥行业联合会和相关社团行业自律作用的内部救济机制，使妇女个人和群体可以在人权受侵犯后获得行业内部自律救济。

2. 发展工商业妇女人权法律援助制度

法律援助制度一直是保障特定主体人权的有效制度。当女性在工商业活动中人权受到威胁和侵犯时，专业的法律援助团体和律师可以发挥巨大的维权作用。发展工商业妇女人权法律援助制度就要：首先，鼓励更多的民间法律团体和公益律师加入工商业妇女人权法律保障的队伍中，这样可以给受到工商业妇女人权侵犯的妇女提供可靠、专业、及时和可负担的法律援助；其次，对现有法律援助从业人员进行工商业妇女人权维护的专业培训，使相关援助人士可以获得关于国际妇女人权法和国内妇女人权法的专业知识和技能，推动工商业妇女人权法律援助制度专业化。

五　结语

企业承担消除性别不平等和性别歧视的社会责任，是企业依法经营的应有之义。在日益全球化的今天，尊重和保障工商业妇女人权是中国企业走向世界的"硬通货"。工商业企业尊重和保障工商业妇女人权是其发展道路上的必然选择。当下中国，国家、企业和社会都应学习、倡导和践行工商业妇女人权理论，切实解决中国女性在工商业活动中面临的人权问题，从而推动中国性别平等和妇女人权保障事业发展。

[责任编辑：阮莎]

不受歧视权司法保障的现状、困境与对策[*]

者荣娜[**]

摘要：2010 年以来，不受歧视权法律救济的诉讼支持体系持续完善，不受歧视权诉讼类型进一步增加。不受歧视权诉讼作为我国禁止歧视法律实施在司法救济程序中的体现，在促进宪法平等和反歧视法律观念普及的同时，也面临着不受歧视权规范不健全、缺乏统一标准等现实困境。法院裁判不受歧视权诉讼时亟待在法律上明确人民法院受理此类诉讼的案由，制定反歧视法为社会反歧视提供法律指引，建立不受歧视权的法律救济机制，完善社会公平正义的法律体系。

关键词：不受歧视权；宪法平等；完善路径

不受歧视权是在平等权被用于审查具有普遍约束力的立法行为是否符合宪法平等原则的过程中，逐步发展出来的一项独立请求权主张的法律权利。[①] 中国不受歧视权诉讼的法律实践，不仅为人权观念的社会认可普及了理论指导，而且为人权的司法保障提供了实践指南。中共十八届三中全会审议通过的《中共中央关于全面深化改革若干重大问题的决定》中强调："规范招人用人制度，消除城乡、行业、身份、性别等一切影响平等就业的制度障碍和就业歧视。"[②] 既对反歧视诉讼提出了新要求，也为不受歧视权的法律救济指引了方向，还促进社会形成了完善反歧视法律制度

---

[*] 本文系四川省教育厅性社会学与性教育研究中心基地项目"我国跨性别群体权利的法律保障研究"（项目编号：SXJYZ1904）的阶段性成果。

[**] 者荣娜，成都中医药大学讲师，四川大学人权研究中心工作人员。

① 周伟：《不受歧视权及其实施》，《理论与改革》2014 年第 3 期。

② 参见《中共中央关于全面深化改革若干重大问题的决定》。

的共识,"适当时候,可以出台专门的反就业歧视法。法律更完善,制度更严密,才是根治就业歧视的良药",① 为反歧视诉讼明确了新方向。本文讨论了 2010 年以来反歧视领域新的政策和诉讼案例,分析不受歧视权司法实践面临的现实困境,并在此基础上探索具有可行性的解决方案。

一 不受歧视权司法保障的现状

(一)不受歧视权制度保障:以实施宪法平等权为出发点,推进禁止歧视的制度实施

1. 不受歧视权的法律体系继续完善

(1)女性权益保障

①法律、地方规范性文件。2015 年 12 月 27 日,十二届全国人大常委会发布了《中华人民共和国反家庭暴力法》,对保障女性在家庭中的合法权益,维护平等、和谐的家庭关系,意义重大。此外,一些省市也发布了地方性文件,对女性权益进行了规范和保障,2012 年 6 月 28 日,深圳市第五届人民代表大会常务委员会第十六次会议通过了《深圳经济特区性别平等促进条例》(以下简称《条例》),其作为首部国内通过的地方性性别平等法规,从法律上清晰地界定了性别平等的含义,开创了国内性别平等法律定义的先例。《条例》结合深圳经济特区实际,根据男女平等基本国策和法律、行政法规的基本原则,对性别平等的定义,不构成性别歧视的情形,市性别平等促进工作机构履行的职责,性别影响、分析和评估,建立行业性别平衡制度,建立和推行社会性别预算制度,建立和完善社会性别统计制度等内容进行了规定,重点强调了性别平等促进工作机构的职责:监测和评估性别平等工作实施情况和发布性别评估报告,组织相关部门进行社会性别统计、预算和审计,分析和指导制定性别平等的法律、法规、政策,受理相关投诉等。②

---

① 蒋云龙:《透过〈决定〉看民生 人民日报民生观:消除一切就业歧视》,http://opinion.people.com.cn/n/2013/1122/c1003-23622068.html,最后访问时间:2018 年 5 月 6 日。
② 《深圳经济特区性别平等促进条例》,http://legal.people.com.cn/n/2012/0822/c42510-18805801.html,最后访问时间:2018 年 4 月 28 日。

2016年4月26日,江苏省妇女联合会、江苏省人力资源和社会保障厅发布了《关于促进女性平等就业权利保障工作的意见》(苏人社发〔2016〕117号),结合江苏省实际情况,以维护女性平等就业权利和劳动权益为原则,从认识女性平等就业权的重要性出发,以推动男女两性平等和谐发展为最终目标,提出要大力营造男女就业平等的社会氛围,疏通女性就业维权渠道,及时回应女性就业维权诉求,凭借劳动保障监察网络化管理信息和联动平台案件信息,打造常态化监督管理机制。建立完善共同参与、相互配合、快速维权的协作机制,在人员互惠、信息互通、案件处理等方面加强合作。[1] 2019年12月,十三届全国人大常委会第十五次会议审议的《中华人民共和国民法典(草案)》中,防止性骚扰有关规定得到进一步完善。草案明确规定,机关、企业、学校等单位应当采取合理的预防、受理投诉、调查处置等措施,防止和制止利用职权、从属关系等实施性骚扰。[2] "禁止性骚扰"进入民法典,仅仅是立法的第一步,尚有进一步需要明确、完善和修改的地方。

②规范性文件。2012年国务院新闻办公室发布了《国家人权行动计划(2012—2015年)》,提出要"努力消除就业性别歧视,落实男女同工同酬。加强女职工劳动保护,适时修改女职工特殊劳动保护标准。推进已建工会的企业签订并履行女职工权益保护专项集体合同"[3] 的政策目标。2015年11月20日,国家卫生和计划生育委员会发布了《国家卫生计生委办公厅关于举办西部地区促进性别平等专题培训班的通知》(国卫办家庭函〔2015〕1030号),对性别平等促进的国际理念与实践、出生人口性别比综合治理、家庭文化与男女平等、村规民约与性别偏好、从社区建设角度介入开展女性权益保护、妇女儿童权益保护及相关法律法规解读、女童心理成长、妇幼保健及女童健康、从社会工作角度为女童发展构建支持网

---

[1] 参见《江苏省人力资源和社会保障厅、江苏省妇女联合会关于促进女性平等就业权利保障工作的意见》(苏人社发〔2016〕117号)。
[2] 巩银凯:《民法典草案完善防止性骚扰有关规定》,http://legal.gmw.cn/201912/23/content_33422750.htm,最后访问时间:2020年1月3日。
[3] 参见《国家人权行动计划(2012—2015年)》。

络等方面进行了规定。①

（2）残疾人权益保障

2012年10月26日，全国人大常委会颁行了《中华人民共和国精神卫生法》，对不得歧视、侮辱和虐待精神障碍患者的情形进行了规定，并明确了侵害精神障碍患者人格尊严和人身安全，造成损害的应依法承担赔偿责任。2013年3月，国务院法制办公室公布《残疾人教育条例（修订草案）（送审稿）》，征求社会各界意见。2014年2月，教育部下发的《关于做好2014年普通高校招生工作的通知》中提到，"有盲人参加考试时，为盲人考生提供盲文试卷、电子试卷或者由专门的工作人员予以协助"。②

（3）乙肝病毒携带者权益保障

2010年3月10日，人力资源和社会保障部发布的《关于切实做好维护乙肝表面抗原携带者入学和就业权利工作有关问题的通知》提出，在抓紧政策清理工作的前提下，加强对人力资源市场、用人单位的监督管理，加强对技工院校的指导和监督，加强劳动保障监察和争议调解工作，设立投诉、举报电话。③ 随后，北京市人力资源和社会保障局，广东省人力资源和社会保障局、省教育厅、省卫生厅，天津市教育委员会，深圳市人力资源和社会保障局、市教育局、市卫生和人口计划生育委员会，海南省人力资源和社会保障厅，吉林省人社厅、省教育厅、省卫生厅等均发布了关于贯彻就业体检乙肝项目检测规定的通知④，其中特别提到，因涉及乙肝歧视发生的劳动人事争

---

① 参见《国家卫生计生委办公厅关于举办西部地区促进性别平等专题培训班的通知》（国卫办家庭函〔2015〕1030号）。
② 《关于做好2014年普通高校招生工作的通知》，http://edu.people.com.cn/n/2014/0416/c367001-24904929.html，最后访问时间：2019年8月28日。
③ 参见《人力资源和社会保障部关于切实做好维护乙肝表面抗原携带者入学和就业权利工作有关问题的通知》。
④ 六部地方性法规为：《北京市人力资源和社会保障局关于进一步做好维护乙肝表面抗原携带者入学和就业权利工作有关问题的通知》（京人社就发〔2010〕99号）、《广东省人力资源和社会保障厅、省教育厅、省卫生厅转发人力资源和社会保障部、教育部、卫生部关于进一步规范入学和就业体检项目维护乙肝表面抗原携带者入学和就业权利的通知》（粤人社发〔2010〕133号）、《天津市教育委员会关于转发教育部办公厅关于贯彻落实学生入学身体检查取消乙肝项目检测有关要求的通知》（津教委〔2010〕131号）、《深圳市人力资源和社会保障局、市教育局、市卫生和人口计划生育委员会转发关于进一步规范入学和就业体检项目维护乙肝表面抗原携带者入学和就业权利的（转下页注）

议,调解仲裁部门要依法进行调处。2011年3月4日人力资源和社会保障部、教育部、卫生部发布的《关于切实贯彻就业体检中乙肝项目检测规定的通知》,主要规定了切实取消就业体检中乙肝项目检测,加大监督力度,严厉查处违法违规行为,开展宣传教育,强化舆论监督,明确职责分工,加强协调配合。①

(4) 高校毕业生就业权益保障

2013年4月,教育部办公厅发出了《关于加强高校毕业生就业信息服务工作的通知》,提到应禁止任何形式的就业歧视,教育行政部门和高校举办的高校毕业生就业招聘活动严禁发布含有限定985高校、211高校等字样的信息,以及违反国家有关的性别、户籍、学历等歧视性规定。②接着,2013年8月,福建省出台了《关于实施离校未就业高校毕业生就业促进计划的通知》,这份通知也提到了用人单位在招聘高校毕业生时,禁止发布"限定985高校、211高校和有关性别、民族、户籍等歧视性信息"。③2014年5月国务院办公厅发布的《关于做好2014年全国普通高等学校毕业生就业创业工作的通知》中明确提出:要消除高校毕业生在不同地区、不同类型单位之间流动就业的制度性障碍,省会及以下城市要放开对吸收高校毕业生落户的限制,简化有关手续。④

2. 政府机构与民间组织协同开展反歧视的立法倡导

中国政法大学蔡定剑教授2008年组织全国人大常委会法工委专家和其他专家共同起草"中华人民共和国反就业歧视法"(专家建议稿)后,

---

(接上页注④)通知》(深人社发〔2010〕122号)、《海南省人力资源和社会保障厅关于开展维护乙肝携带者权益政策落实情况专项检查的紧急通知》、《吉林省人社厅、省教育厅、省卫生厅转发人力资源和社会保障部、教育部、卫生部关于切实贯彻就业体检中乙肝项目检测规定的通知》(吉人社联字〔2011〕29号)。

① 参见《人力资源和社会保障部、教育部、卫生部关于切实贯彻就业体检中乙肝项目检测规定的通知》。
② 参见《教育部办公厅关于加强高校毕业生就业信息服务工作的通知》,http://www.ncss.org.cn/zx/zcfg/qg/273552.shtml,最后访问时间:2018年4月28日。
③ 《福建出台文件严禁大学生就业遭歧视》,http://news.sina.com.cn/c/2013-08-13/055027932643.shtml,最后访问时间:2018年4月28日。
④ 《国务院办公厅关于做好2014年全国普通高等学校毕业生就业创业工作的通知》。

全国人大代表、政协委员不断向"两会"提交法律议案、提案，如2014年，中国政法大学宪政研究所直接向国务院法制办提出了法律草案的立法建议，2015年，孙晓梅等36名人大代表、高莉等31名人大代表提出议案，建议制定反就业歧视法，[1] 大学科研中心机构也通过调研的方式发布调研报告，[2] 推动反歧视立法进程。[3]

此外，民间社会组织在反歧视倡导中亦起到了不可忽视的作用。一方面，反歧视非政府组织包括禁止歧视的各种类型，其主要目的是促进禁止歧视目标的实现，并通过理念宣传、项目活动[4]、政策推广等，促进反歧视法律实施的社会环境的改善。2013年人力资源和社会保障部针对《劳务派遣若干规定（征求意见稿）》向全社会广泛征求意见时，深圳反歧视公益组织——衡平机构提出了"劳务派遣劳动者和用人单位正式员工享受同工同酬同福利"的修改意见。北京益仁平中心自2006年成立以来，一直致力于在乙肝、残障、性别平等等多领域开展反歧视政策倡导工作，先后协助了我国"乙肝隐私侵权第一案""相貌歧视第一案""艾滋就业歧

---

[1] 参见《中国妇女法律权利发展与反就业歧视立法推进——第六届反歧视研究年会综述》，http://www.cnwomen.com.cn/wf/2015-11/24/content_90905.htm，最后访问时间：2016年5月26日。

[2] 2015年1月，安徽大学经济法制研究中心发布《我国女性就业歧视问题调研报告》，李坤刚建议，应立法明确用人单位对女性实施就业歧视行为的法律后果，使得行政监管部门和司法部门在处理这类违法行为时有法可依，从而加大用人单位违法成本，使其有所顾忌，同时也使受到歧视伤害的女性能获得补偿。我国在制定反就业歧视法时，所建立的公平就业委员会，可以设置在人社部门，以专门处理性别歧视及其他方面的就业歧视问题。参见经济法制研究中心《我国女性就业歧视问题调研报告》，http://bg.yjbys.com/diaochabaogao/30818.html，最后访问时间：2018年3月26日。

[3] 第十二届全国人民代表大会第三次会议主席团交付财政经济委员会审议代表提出的共116件议案中46件议案26个立法项目被确定为确有立法必要，其中关于制定反就业歧视法的议案2件，分别是高莉等32名代表的关于制定反就业歧视法的议案（第303号），罗和安等31名代表的关于制定反就业歧视法的议案（第429号）。全国人大财经委曾建议有关部门应加强调研起草工作，待草案成熟时，争取补充列入全国人大常委会立法规划或今后年度立法计划安排审议。参见王春霞《全国人大财经委：制定反就业歧视法确有必要》，http://www.cnwomen.com.cn/2015-11/20/content_90602.htm，最后访问时间：2018年3月10日。

[4] 2013年，深圳市罗湖区投入200万元，成立了女性社会组织服务中心——懿·BASE，主要培育、扶持社会组织的发展，开展对女性社会组织的专题调研。2016年6月，北京纪安德咨询中心开始推广"性别友善厕所"（all gender toilet）活动，允许所有性别的人进入。

视第一案""公务员残障歧视第一案""性别就业歧视第一案"等两百多起反歧视维权诉讼,并为弱势人群提供法律帮助。① 2016年4月,成都市残疾人福利基金会联合成都市36家助残社会组织共同发起成立的"成都市助残社会组织自律联盟",以提升助残社会组织服务能力为目标,引导联盟会员运营助残项目,通过培训、交流、监督、制定助残社会组织规范服务标准等多种方式,开展助残公益领域政策与理论研究,宣传推广助残公益活动。② 另一方面,民间社会组织不断通过各种途径,积极投身参与到国际人权的保护活动中,所做的努力逐步得到了国际社会的接受和承认。IWRAW(国际妇女权益行动观察)和ARIS(反对种族歧视信息服务)在消除妇女歧视和反对种族歧视方面扮演着重要角色,例如,1995年人权事务委员会在审查美国提交的报告过程中,非政府组织就提供了关于美国政府在履行《公民权利和政治权利国际公约》义务方面存在不足的报告,人权事务委员会通过非政府组织途径获取美国政府提交的报告并没有涉及的信息和资料,成为审查美国政府提交的报告的重要基础。③

(二)不受歧视权诉讼的案件类型:以争取宪法平等权为核心诉求,推动法律完善禁止的歧视类型

1. 性别歧视案件

随着市场竞争日益激烈,用人单位势必通过利用最小资源时效来获取最大的物质利益满足,而基于女性自身特殊的生理条件,一方面在孕期、产期和哺乳期用人单位必须支付员工工资;另一方面,女性在生理期、怀孕期等特殊时期,伴随工作效率低下等问题,极易成为用人单位歧视对

---

① 参见《公益机构开通全国首条免费反歧视法律热线》,https://club.1688.com/threadview/31157120.htm,最后访问时间:2018年4月30日。
② 参见《倡导自律助残社会组织打造诚信品牌》,http://politics.people.com.cn/n/2015/0421/c70731-26878795.html,最后访问时间:2018年5月28日。
③ Andrew Claphama, "UN Human Rights Reporting Procedures: An NGO Perspective," *the Future of UN Human Rights Treaty Monitoring*, Edited by Philip Alston and Crawford, Cambridge University Press, 2000.

象。曹菊（化名）诉某教育学校性别歧视案，作为全国第一例性别歧视案，对后来的性别歧视案起到了良好的示范作用。河南女大学毕业生黄蓉诉某烹饪学校"限招男性"性别歧视案，是国内首个公开报道法庭判决的性别歧视司法案例，将女性维护平等就业权的抗争又推进了一步（见表1）。从性别歧视案件的判决结果来看，虽然当事人最终均获得了一定的赔偿，但这种赔偿既不能补偿受害者所遭受的物质损失，安抚受害人的情绪，也不能达到威慑现行、潜在的显性和隐性性别歧视违法者的目的。人民网、全国妇联妇女研究所等多家机构的调查报告均显示女大学生性别歧视普遍存在。[1]

虽然《国家人权行动计划（2012—2015年）》和妇女发展纲要对妇女权益进行了规范和保障，但是在这个过程中存在诸多问题，社会性别主流化能力不足，从立法理念到司法都与国际社会存在差距；对妇女保护过度、赋权不够；妇女法律权利多是宣示性权利，可诉性不强等。[2] 随着"全面二孩"政策的实施，用人单位对女性的就业性别歧视倾向加重。

---

[1] 2013年人民网调查发现，九成以上女大学生在求职中"遭遇性别歧视"。2014年全国妇联妇女研究所"针对招聘性别歧视行为的平等就业监管机制研究"课题组对北京市、山东省、河北省三所"985"、省部共建和普通高校的应往届本专科、硕博研究生开展了"助推女大学生公平就业问卷调查"，发现高达86.5%的女性受到过一种或多种招聘性别歧视，其中有64.1%的女性遭遇过5种及以上的性别歧视，另有33.4%的男性承认在招聘中存在性别歧视。引自《广州就业性别歧视案第一案一审判决：赔偿2000块成为惯例？》，http://www.ngocn.net/news/2016-04-05-c841c26890903145.html，最后访问时间：2016年4月16日。一家公务员考试网、江西省人民政府中心网站"江西公务员热线"专栏、江西省人力资源和社会保障厅网站、江西人事考试网和江西人才人事网5家网站，于2015年9月30日同时发布《2015年江西省市以下法检系统统一考录公务员公告》，这份公告的附件"法院职位表"和"检察院职位表"中存在严重的性别歧视——只允许男性报考的岗位共167个，占全部477个岗位的比例高达35%。其中法院系统的岗位275个，只允许男性报考的岗位88个，分别为法官助理岗（二）和司法警察岗，只允许女性报考的岗位仅1个，为司法警察岗；性别歧视的岗位设置共89个，占32.36%。检察院系统的岗位202个，只允许男性报考的岗位79个，占39.11%，分别为检察官助理岗（二）和司法警察岗，没有只允许女性报考的岗位。引自《反就业性别歧视专门立法迫在眉睫》，http://mt.sohu.com/20160503/n447397879.shtml，最后访问时间：2018年4月16日。

[2] 龚新玲：《中国妇女法律权利发展与反就业歧视立法推进——第六届反歧视研究年会综述》，《中国妇女报》2015年11月24日，第B02版。

表 1　性别歧视诉讼案

时间	案件名称	案由	结果
2015年6月	高晓诉广东某经济发展有限公司招聘员工性别歧视案	以"不招女生"为由拒绝录用女性	一审判决赔偿2000元,其他诉讼请求被驳回,未获得道歉
2014年9月	马户诉北京某物流有限公司及劳务派遣单位手挽手劳务派遣有限公司招聘员工性别歧视案	以"不招女生"为由拒绝录用女性	一审判决邮政公司赔偿原告马户精神损失费2000元以及入职体检费用和鉴定费,书面赔礼道歉的请求未获得支持
2014年7月	河南籍应届女大学毕业生黄蓉诉某烹饪学校"限招男性"性别歧视案	限招男性	用人企业赔偿原告2000元
2012年7月	女大学生曹菊(化名)诉某教育集团"只招聘男性"性别歧视案	只招男性	赔礼道歉,调解结案,被告支付原告3万元

2. 残疾人歧视案件

"十二五"期间最高人民法院先后制定了6个司法解释和规范性文件,涉及残疾人权益保障的内容,包括案件的立案、审判、执行等各环节的程序规定,2010年至2014年五年期间,全国各级人民法院对共计19500余件涉及残疾人的案件实行诉讼费的缓、减、免政策,费用总额达1.97亿元。[①] 最高人民法院2015年5月13日公布了10起残疾人权益保障典型案例,体现了人民法院创新审判残疾人权益案件指导方式,统一裁判尺度,实现判决法律效果和社会效果有机统一,充分发挥高院典型案例司法裁判的示范引领作用,严格落实禁止歧视残疾人的法律规定,维护社会公平和正义(见表2)。

《残疾人保障法》明确规定了国家辅助和扶持残疾人的原则,但是各个部门法的颁布和实施并未对残疾人辅助和扶持的权利进行深化和全面系统的规定,残疾人群体的诉权保障不平衡。刑事诉讼权利方面,《刑法》第19条规定可以对残疾人从轻、减轻或者免除处罚的情形仅适用于又聋又哑的人或盲人,但是《刑事诉讼法》规定应得到法律援助义务律师辩护

---

① 参见杜万华《切实加强残疾人权益保障工作》,《人民法院报》2015年12月9日。

的情形是盲、聋、哑人。民事诉讼权利方面,从我国《民法》、《民事诉讼法》和最高人民法院《关于贯彻执行〈中华人民共和国民法通则〉若干问题的意见(试行)》来看,我国残疾人的诉权保护主要围绕精神残疾人员和痴呆症人群,① 而对其他残疾类型,如听力残疾、视力残疾、语言残疾、肢体残疾等群体未作规定,导致在诉讼权利上明显区别对待不同类型残疾人员。此外,在诉讼中如何认定精神残疾人员和痴呆症人群,法律上也未进行明确规定。

表2 最高院公布残疾人权益保障案件

案件名称	案由	意义	涉及权利
林某某强奸智力残疾人冯某某案	刑满释放的林某某冒充广东省韶关市民政局副局长,以调查低保收入的名义进入冯某某(轻度精神发育迟滞)的家中,将冯某某的父亲骗出后带冯某某回家中多次实施强奸	依法严惩性侵残疾女性犯罪行为,维护残疾人人身权益	人身权利
曾某某与张某某离婚案	二级智障残疾人曾某某怀孕后,其父怕遗传要求其流产	维护残疾人婚姻权利	婚姻自由权
阿某某与南昌市某某服务公司人身损害赔偿纠纷案	四川马边彝族自治县阿某某乘坐被告江西省南昌市某某服务有限公司的客车发生交通事故,造成双下肢完全瘫痪	依法及时救济少数民族残疾人人身权益	少数人权利;残疾人人身权利

---

① 我国民事法律对精神病、痴呆症的残疾人的诉权保护作了详尽规定,《民法通则》第13条规定:"不能辨认自己行为的精神病人是无民事行为能力人,由他的法定代理人代理民事活动。不能完全辨认自己行为的精神病人是限制民事行为能力人……"第14条规定:"无民事行为能力人、限制民事行为能力人的监护人是他的法定代理人。"第17条规定:"无民事行为能力或者限制民事行为能力的精神病人,由下列人员担任监护人:(一)配偶;(二)父母……"最高人民法院《关于适用〈中华人民共和国民事诉讼法〉若干问题的意见》第67条规定:"在诉讼中,无民事行为能力人、限制民事行为能力人的监护人是他的法定代理人。事先没有确定监护人的,可以由有监护资格的人协商确定,协商不成的,由人民法院在他们之间指定诉讼中的法定代理人。当事人没有民法通则第十六条第一、二款或者第十七条第一款规定的监护人的,可以指定该法第十六条第四款或者第十七条第三款规定的有关组织担任诉讼期间的法定代理人。"广州市残疾人联合会:《浅析民事诉讼中残疾人诉权保护》,http://www.gzdpf.org.cn/Article/C2/1629.html,最后访问时间:2018年5月27日。

续表

案件名称	案由	意义	涉及权利
孔某与北京某物业管理公司劳动争议纠纷案	一级智力残疾人孙某在不理解签署文件性质的情况下签署离职申请	依法切实保障残疾人劳动权利	劳动权利
陈某某、陈某祥与陈某英等遗嘱继承纠纷案	陈某英意图侵占其双下肢瘫痪残疾人弟弟陈某某的法定遗产	依法切实维护残疾人的继承权	继承权
李某某与李某玉排除妨害纠纷案	李某某和林某某要求其女聋哑人李某玉及其丈夫撤离女儿自己搭建的房屋平台	依法切实保障残疾人居住权	居住权
杜某某诉张某某、何某某财产损害赔偿案	租赁某公司对双眼全盲残疾人杜某某的租用铺面经营设施进行破坏,不履行出租设施修理义务	依法切实保障残疾人生产经营权利	生产经营权利
王某甲诉王某乙履行调解协议纠纷案	残疾人王某某两位监护人王某甲与王某乙为了一己私利约定出卖残疾人个人房产归两位监护人所有	依法切实保障残疾人财产权	财产权
韩某某拒不执行判决、裁定案	莫某某在被告人韩某某的矸石矿工作时摔成二级伤残,韩某某未主动履行生效判决,莫某某申请强制执行	严惩损害残疾人权益的拒不执行判决行为,维护残疾人合法财产权益	财产权
曹某诉某粮管所、黄某等人身损害赔偿纠纷案	曹某因拆除粮管所委托的住宅建筑楼导致高位截瘫,向法院主张后续医疗费直至死亡	坚持持续执行,大力维护涉残疾人生效判决的执行力	判决执行权

3. 同性恋、跨性别歧视案

目前,我国对于性别的认识主要局限于男女二元性别划分,现有的立法主要涉及男女权利平等和对妇女权利的保障,缺乏多元化的性别视角。中华医学会精神病学分会2001年颁布的《中国精神障碍分类与诊断标准》中,早已删除了同性恋和双性恋。在2013年联合国对中国的普遍定期审议中,中国政府代表承诺要设立反歧视法以确保同性恋、双性恋及跨性别者,在学校及工作场所享有平等待遇。① 在"反就业歧视法"专家建议稿

---

① 《两会〈反就业歧视法(专家意见稿)〉外的反歧视实践》,http://www.ngocn.net/news/2016-03-09-5d899ff1fc848588.html,最后访问时间:2018年5月18日。

中，亦包含了性倾向、性别认同及性别表达的反歧视条款。① 在2014年小振诉某网站和重庆某心理咨询中心歧视同性恋案中，小振认为某网站和重庆某心理咨询中心侵犯了其宪法所保护的身体权、健康权和一般人格权，该案作为中国首例"同性恋矫正"治疗案，在刚刚崛起的捍卫同性恋权利运动中起到了里程碑的作用。2016年跨性别青年C先生诉贵阳某健康体检中心有限公司跨性别歧视案，作为中国第一起跨性别维权案，开了中国跨性别就业歧视诉讼的先河（见表3）。

表3 同性恋、跨性别歧视案

时间	案件名称	案由	结果
2010年6月	王梓政（笔名）诉北京某血液中心歧视同性恋案	拒绝让其献血	不予立案
2014年8月	小振诉某网站和重庆某心理咨询中心歧视同性恋案	咨询中心使用催眠和电击"治疗"其性取向造成小振身心伤害	公开道歉，停止同性恋治疗虚假广告宣传，赔偿原告经济损失3500元
2015年1月23日	穆易诉深圳某装修艺装饰设计有限公司同性恋职场歧视案	同性恋身份被曝光，公司称其因不遵守公司关于佩戴工牌和穿着工服的纪律，且被投诉服务态度不佳而被解雇	一审判决驳回原告全部诉讼请求，二审支持一审判决，维持原判
2015年8月	某校女生因高校教材"污名"诉教育部歧视同性恋案	很多心理学教材将同性恋归结为心理障碍，视为病态	法院决定立案审理
2015年12月	孙某二人诉长沙市芙蓉区民政局拒绝办理同性结婚登记案	法定结婚条件为男女双方，孙某二人均为男性	驳回原告诉讼请求
2016年3月	跨性别青年C先生诉贵阳某健康体检中心有限公司跨性别歧视案	C先生生理性别为女性，心理性别为男性，在销售工作7天试用期后被辞退	一审败诉

4. 艾滋病歧视案件

我国艾滋病防控经历了"对外抵御、对内严打"、"打防"结合、

---

① 参见"反就业歧视法"专家建议稿。

科学治理三个阶段。从通过媒体宣传等手段强化公众对艾滋病的污名化认识和畏惧心理的"对外抵御、对内严打"模式，到一面由公安部门对卖淫吸毒行为进行严厉打击，一面加强对艾滋病高危人群宣传教育和监控的艾滋病社会预防模式，再到2003年"非典"疫情直接转变了国家对公共卫生治理相关政策的态度。2006年，《艾滋病防治条例》出台，从艾滋病的宣传教育、预防和控制、治疗和救助、保障措施、法律责任五个方面进行了规定，对艾滋病的预防和控制、身体健康的保障和公共卫生的治理意义重大，标志着我国艾滋病的预防和治理进入了一个科学合理的阶段。

李成（化名）诉某县教育和科技局艾滋病就业歧视案，作为艾滋病就业歧视案的首次胜诉案件，对于推动艾滋病病毒感染者反歧视诉讼具有重要的进步意义。从提起诉讼到二审达成调解协议，过程漫长，诉讼艰难，反映了我国艾滋病病毒感染者维权举步维艰，障碍重重（见表4）。[1] 一是有关完全消除艾滋病歧视、防控艾滋病的法律、政策转变缓慢。从我国艾滋病防控经历的"对外抵御、对内严打"、"打防"结合、科学治理三个阶段可以看出，转变预防和控制艾滋病相关法律、政策以及完全消除歧视性政策规定，是需要综合各方面情况进行漫长公正利益权衡的过程的。二是政策操作性不强，难以落实到位。关于保障艾滋病病毒感染者就业权利的规定在《就业促进法》《艾滋病防治条例》中操作性不强，难以真正得到贯彻落实，原则性要求规定过多，《艾滋病防治条例》仅有第3条对艾滋病病毒感染者、艾滋病病人及其家属享有的婚姻、就业、就医、入学等合法权益进行了规定，至于权益保护具体操作性的问题，缺乏有针对性的指导意见。

---

[1] 在李成（化名）诉某县教育和科技局艾滋病就业歧视案中，2014年6月李成向人事争议仲裁委员会申请劳动仲裁，2014年10月请求被驳回，遂向该县人民法院提起民事诉讼，法院以人事争议属于政策性调整范围为由，判定不属于法院民事案件受理范围而应由政府有关部门负责解决。裁定不予受理后，2014年11月，李成又向州中级人民法院提起上诉，请求撤销一审法院做出的不予受理裁定，最终州中级人民法院裁定初审法院立案，2015年2月某县法院重新审理此案。参见韩林君《贵州艾滋病就业歧视案原告胜诉获赔为国内首次》，http：//www.chinacourt.org/article/detail/2016/05/id/1860899.shtml，最后访问时间：2019年6月30日。

表 4 艾滋病歧视诉讼案例

时间	案件名称	判决结果	意义
2010 年 8 月 26 日	艾滋病病毒携带者小吴诉某市教育局艾滋病歧视案	判决驳回原告诉讼请求	全国首例艾滋病就业歧视案
2010 年 10 月 20 日	小军诉四川某县教育局教师招聘歧视案	一审二审败诉	四川省首例、全国第二例艾滋病就业歧视案
2011 年 8 月 7 日	小海（化名）诉贵州省某县政府及人事劳动和社会保障局取消正式教师录取资格案	不予受理	四川省第二例艾滋病就业歧视案
2013 年 2 月	晓峰诉天津某肿瘤医院歧视艾滋病患者案	驳回起诉	全国艾滋病感染者起诉医疗歧视的"第一案"
2013 年 11 月 18 日	陈新（化名）诉镇江某招聘单位拒绝录用艾滋病病毒携带者案	原被告双方达成调解，原告获赔 4 万元	全国第二例获得赔偿的艾滋病就业歧视案
2016 年 4 月 25 日	李成（化名）诉某县教育和科技局艾滋病就业歧视案	被告被判支付 9800 元经济补偿	国内首例成功获得法院胜诉判决的艾滋病就业歧视案
2017 年 6 月 19 日	郑某诉广州某食品检验所 HIV 抗体阳性就业歧视案	法院确认用人单位要求 HIV 抗体阳性职工离岗休息的决定违法，认定用人单位拒绝续签劳动合同违法	广东首例艾滋病就业歧视案

5. 乙肝歧视案件

2007 年 5 月 28 日劳动和社会保障部、卫生部联合下发《关于维护乙肝表面抗原携带者就业权利的意见》，要求用人单位在招、用工过程中，除国家法律、行政法规和卫生部规定禁止从事的工作外，不得强行将乙肝病毒血清学指标作为体检标准。①

2010 年 2 月 10 日，人力资源和社会保障部、教育部、卫生部共同发布了《关于进一步规范入学和就业体检项目维护乙肝表面抗原携带者入学和就业权利的通知》（人社部发〔2010〕12 号），强调要取消入学、就业体检中的乙肝检测项目，保护乙肝表面抗原携带者隐私权，加大监督管理

---

① 参见《关于维护乙肝表面抗原携带者就业权利的意见》。

和执法检查力度,加强乙肝预防、医治知识、相关法律法规和政策的宣传、学习,引导乙肝表面抗原携带者维护自身合法权益,进一步保障乙肝病毒携带者入学和就业的权利。①

具体乙肝歧视案例见表5。

表5 乙肝歧视案例

时间	案件名称	判决结果	类型
2010年1月	娟子诉某市卫生局拒绝签发食品行业健康合格证明乙肝歧视案	驳回诉讼请求	平等就业权
2010年2月	张少阳诉某台资企业乙肝歧视案	和解结案	
2010年9月	王龙(化名)诉郑州某实业有限公司乙肝就业歧视案	判决胜诉	
2010年10月	王华阳(化名)诉保定某汽车销售有限公司乙肝歧视案	和解结案	
2010年11月	阿华(化名)诉厦门某酒店乙肝歧视案	书面道歉	
2010年11月	龙跃(化名)诉成都某有限公司乙肝歧视案	双方达成调解	
2010年11月	工程师李磊(化名)诉天津某有限公司乙肝歧视案	双方达成和解	
2011年2月	刘勇(化名)诉东莞某光学有限公司乙肝歧视案	判决胜诉	
2011年3月	张锋诉深圳市某电子股份有限公司乙肝歧视案	调解结案	
2011年3月	李丰(化名)诉某市公务员局乙肝歧视案	调解结案	
2010年11月	乙肝病毒携带者小琦诉贵阳某医院隐私权纠纷案	双方达成调解协议	隐私权
2011年3月	龙跃(化名)诉成都市某医院体检中心涉嫌违规开展乙肝项目检测、泄露个人隐私案	未当庭宣判	

① 参见《人力资源和社会保障部、教育部、卫生部关于进一步规范入学和就业体检项目维护乙肝表面抗原携带者入学和就业权利的通知》(人社部发〔2010〕12号)。

续表

时间	案件名称	判决结果	类型
2011年6月	李彬（化名）和张伟（化名）诉湖南省某县疾病预防控制中心乙肝歧视案	调解结案	隐私权
2011年9月	张志（化名）诉广东某中医院隐私侵权案	不予受理	
2011年9月	杨松（化名）诉东莞某纺织印染有限公司和虎门中医院侵犯隐私乙肝侵权案	和解结案	
2014年12月	姚依诉成都某软件公司和体检医院乙肝侵权案	庭外和解	

6. 其他类型歧视案件

除了前五类歧视案件外，人权其他领域的歧视诉讼也取得了一些新进展，包括户籍[①]、罕见病[②]、教育、色盲、学历、身高、地域等。一方面反歧视案件维权之诉往往过程漫长。在全国首例罕见病患者教育歧视案中，郑清于2015年1月22日将北京某高校学院告上法庭，法律规定在起

[①] 中国政法大学宪政研究所公布的《2011年国家公务员招考中的就业歧视调查报告》显示，公务员招考中的就业歧视现象仍广泛存在。其中最为严重的是户籍歧视和地域歧视，共计955个，占社会身份歧视总数的85%。"郑州亿人平"针对2012年的国家公务员考试中的招考岗位户籍限制的调查发现，有1500多个岗位存在户籍限制。有的明确要求本地户籍或本地生源，有的则因户籍不同设置不同的条件。2013年5月，"郑州亿人平"通过对国内大中小三类城市中近百家事业单位的各类招聘启事或招聘广告，从2013年1月至5月近五个月的跟踪调查中发现，有户籍要求或明确提出应聘者需"有本地户口"的单位占比达99%，事业单位招聘成为户籍歧视的重灾区。万静：《事业单位成招聘户籍歧视重灾区：调查显示99%被调查单位要求本地户口》，《法制日报》2013年5月29日。

[②] 据媒体报道，血友病发病率大概为万分之一，目前全世界约有40万名患者，其中中国占了1/4，有7万至10万人属于血友病患者。一家关注血友病群体的非政府组织（NGO）机构中国血友之家的秘书长关涛曾对媒体表示，我国大多数血友病人，特别是农村贫困地区的病人很难得到及时救治，90%以上会出现不该出现的肢体残疾。包括血友病在内的罕见病群体所面临的形势更为严峻，以各种借口侵害和剥夺他们受教育权的案例数见不鲜。根据长期关注罕见病群体的瓷娃娃罕见病关爱中心在2014年发表的《成骨不全症患者接受义务教育状况调研报告》，在覆盖全国30个省、自治区、直辖市并涵盖普通学校教育在家自学等多种教育方式的问卷和访谈调查中，成骨不全症患者义务教育阶段被学校拒收的比例高达40.82%，入学的患者中，没有正式学籍的比例也有12.24%。《因血友病被退学 "罕见病教育歧视第一案"在京起诉》，http://www.ngocn.net/news/361650.html，最后访问时间：2019年4月28日。

诉后 7 日内法院应当立案或者不予立案，但截至 31 日，法院还没有给出答复。安徽师范大学法学院毕业生江某诉江苏某市人力资源和社会保障局户籍歧视案中，原告江某在 2013 年 5 月向江苏某区法院提起诉讼，案件直至 2014 年 7 月 30 日才开庭审理。另一方面，案件受理往往一波三折。在湖南省某市毛某、达某、彭某与喻某四位考生诉教育局"身高歧视"案中，达某等四名考生于 2009 年 11 月 22 日向某市人民法院提起行政诉讼，案由为某市教育局未按照法定程序录取他们，某市人民法院 2010 年 3 月 10 日对此案作出一审判决：维持被告某市教育局对原告不予录用的具体行政行为，驳回原告诉讼请求。在一审败诉后，四位考生于 2010 年 3 月 24 日向湖南省某市中级人民法院提起上诉，该中级人民法院 2010 年 5 月 18 日对此案进行了二审开庭审理，但是法院并未对此案作出当庭判决。[①]在全国首例就业户籍歧视案安徽师范大学法学院毕业生江某诉某市人力资源和社会保障局户籍歧视案中，原告江某在遭遇户籍歧视后，首先向江苏省人社厅投诉，但未收到任何答复；然后以某市人社局为被告向该市某区人民法院起诉，法院以纠纷属于劳动争议纠纷应劳动仲裁而裁定不予受理；接着江某向某市劳动仲裁委员会申请劳动仲裁，因为被告某市人社局不适格，无法提供劳动关系基本证据而被依法驳回起诉；最后江某以该市某人力资源服务中心为被告向某区法院提起行政诉讼，最终达成调解协议（见表 6）。

表 6 其他类型歧视诉讼

时间	案件名称	案由	判决结果	案件类型
2019 年 11 月 27 日	闫某诉浙江某公司地域歧视就业权纠纷一案	被告以原告是"河南人"为由认为原告不适合岗位	法院判决被告构成地域歧视，侵害原告平等就业权，道歉并给予补偿 1 万元	地域歧视

---

① 参见《湖南"身高歧视第一案"二审开庭 四考生状告教育局》，http://news.xinhuanet.com/legal/2010-05/19/c_12118450_2.htm，最后访问时间：2019 年 5 月 19 日。

续表

时间	案件名称	案由	判决结果	案件类型
2015年1月22日	北京大学学生血友病患者郑清（化名）诉北京某高校侵犯平等教育权案	因为患有血友病，被通知学校要撤销其学籍	双方签署《行政调解协议书》，恢复其学籍，郑清继续接受教育	罕见病患者受教育歧视
2013年11月20日	安徽师范大学法学院毕业生江某诉某市人力资源和社会保障局户籍歧视案	因为不是某市户口，在报名某市人社局下属的某市人力资源和社会保障电话咨询中心时被拒	双方达成调解协议，被告一次性支付原告11000元	户籍歧视
2012年6月	律师李某诉提供出租车服务的某定位测控（北京）有限公司案	外地身份证而无法办理东城区、朝阳区首批公共自行车租赁服务	庭外和解	户籍歧视
2010年12月	娄底市民刘云（化名）诉某省地质勘查局、某省公务员局公务员色盲歧视案	笔试第一、面试第二、综合排名第一却因为红绿色色盲，体检结论不合格而被拒绝录取	一审合议庭没有当庭做出判决	色盲歧视
2010年6月	2010年小马诉某省司法厅拒绝发"专升本"法律职业资格证书案	专升本考生不符合"普通高等院校大三在校生"身份，导致考试成绩无效无法领取法律职业资格证书	一审驳回原告诉讼请求，二审当庭未宣判	学历歧视
2010年3月	湖南省某市毛某、达某、彭某与喻某四位考生诉教育局"身高歧视"案	四人身高不符合某市教师招聘公告中的"身高男性160cm以上，女性150cm以上"的条件，确定为体检不合格，不给予录取	一审判决维持不予录用的具体行政行为，驳回要求为其安排合适岗位的诉讼请求	身高歧视

二 不受歧视权诉讼司法实践面临的现实困境

（一）歧视行为形态呈现复杂化、多样化走向

从相关国际公约体系框架和国内法律规定的情况来看，歧视的情形主要

包括：种族、肤色、性别、语言、宗教、政治或其他见解、国籍、社会出身、财产、出生或其他身份等。一份来自周伟教授的 2000～2011 年人民法院和仲裁机关裁判或仲裁的反歧视案件统计表，包括了新闻媒体报道和反歧视非政府组织（NGO）提供的 92 个进入法律程序的反歧视案例，涵盖了"身高""乙肝病原携带""地域""性别""长相""年龄""社会出身（农村户籍）""残疾""生育""艾滋病病毒携带""基因""健康状况"等 12 个歧视类型。① 随着社会的不断发展，歧视类型发生转变，"画地为牢"户籍歧视，地域歧视新变种"身份证代码"歧视②，应聘者的前科③、姓氏、属相、酒量、血型、IQ 值、星座等成为就业的"梗阻"因素，且程度不断加深。就业领域歧视行为呈现复杂化、多样化特点。

（二）平等必须反歧视的社会理念滞后

理念决定制度的实施和落实，正确认识、理解制度设计的目标和宗旨，才能消除制度实施的阻力。教育部办公厅出台的《关于加强高校毕业生就业信息服务工作的通知》和中共十八届三中全会审议通过的《中共中央关于全面深化改革若干重大问题的决定》中均强调要对招人用人制度进行规范，消除任何形式的就业歧视。但是从反歧视的各项规定和制度实施情况来看，通过反歧视诉讼维护特定群体权益，促进宪法平等权人权原则的实现，并未被社会大多数人所认可，反歧视诉讼理念有待提升。一方面，由于中国古代农业生产地域的稳定性、生产方式的单一性、生产目的的自给性，形成了中国古代社会内向封闭的经济形态，④ 这就导致对扰乱、

---

① 周伟：《从身高到基因：中国反歧视的法律发展》，《清华法学》2012 年第 2 期。
② 2015 年 7 月，已经落户上海的黄先生，因身份证号码头三位仍是福建代码 350，就被上海的部分银行工作人员拒绝房贷申请。参见张伯晋《面对地域歧视的新变种谁来说不》，《检察日报》2015 年 7 月 31 日。
③ 2016 年 3 月，深圳通报网约车群体里"前科"人员数据：深圳市网约车驾驶员中发现有吸毒前科人员 1425 名、肇事肇祸精神病人 1 名、重大刑事犯罪前科人员 1661 名。将其作为整改重点，不仅造成了群体性歧视，而且容易造成市民心理恐慌，还可能伤害网约车司机群体自尊，刺激负面情绪的滋生。参见《规范网约车，拿司机"前科"说事涉嫌歧视》，《宁波日报》2016 年 3 月 31 日。
④ 李培玉：《论传统诉讼意识的特征以及对当代中国的影响》，《南京社会科学》1998 年第 1 期。

破坏和平心境的诉讼纠纷形成了本能抵触的"厌诉"情绪。另一方面，由于歧视诉讼法律规定过于原则，法官在受理反歧视诉讼案件时往往以无法律依据，无适格被告而驳回诉讼请求，律师往往需要详细介绍案件的情况和政策背景后，法官才受理反歧视案件。在乙肝歧视诉讼案件中，虽然2008年正式实施生效的《就业促进法》和《就业服务与就业管理规定》中明文规定用人单位招聘人员不得以传染病病原携带者作为拒绝录用的理由以及对乙肝歧视的具体处罚措施，但在实践中，时常面临被驳回起诉的结局。如在工程师李磊（化名）诉天津某有限公司乙肝歧视案中，2008年李磊按照法律规定向仲裁委员会申请仲裁和向法院提起诉讼均被退回材料，2010年三部委出台了保护乙肝病毒携带者就业就学权利的政策，在律师向法官详细介绍了案件情况和政策背景后，最终于2010年11月8日北辰区法院法官才受理了此案件。

（三）不受歧视权缺乏法律实施支持体系

随着社会竞争加剧，各种歧视形态接踵而至，充斥着社会生活的各个方面。不受歧视权是现代社会最普遍也是最为重要的基本权利之一，却没有一部专门的基本法律予以调整，直接导致不受歧视权的落实游离于法律调整之外。

一是现行的反歧视相关立法规制适用范围过于狭窄。我国劳动法只适用于"在中华人民共和国境内的企业、个体经济组织和与之形成劳动关系的劳动者"，以及"国家机关、事业组织、社会团体和与之建立劳动合同关系的劳动者"，也就是说劳动法保护的"劳动者"范围，远远小于在宪法上享有平等权和劳动权的"公民"范围，公务员、事业单位工作人员（或求职者）等遭受就业歧视，就无法适用该法得到救济。[①]《就业促进法》以"促进就业，促进经济发展与扩大就业相协调，促进社会和谐稳定"为立法目的，在这种语境下直接导致了第三章公平就业禁止的仅是招录环节——工作岗位获取上的就业歧视，而与社会和谐稳定相去甚远。

---

① 孙晓梅：《尽快将反就业歧视法纳入国家立法规划》，《中国妇女报》2016年3月8日。

二是我国现有关于歧视的法律规定基本为原则性的权利宣告，缺少对歧视定义、程序和实施保障的界定。以相关法律规定最为全面的性别歧视为例，主要存在以下问题：法律规范碎片化，重复率高知晓率低；保护标准一体化，忽略女性个体差异；宣示性法律规范存在制度性缺失，导致司法和执法困惑。此外，在就业领域的现行法还缺就业歧视纠纷和性骚扰纠纷案由、缺劳动合同缔约过失责任、缺专门监管机构、缺明确的举证责任倒置规则、缺公益诉讼等。[1] 制度的原则化、碎片化和缺失化势必影响反歧视法律体系的完善。

三是立法分散重复。关于不受歧视权的规定主要分散在《宪法》《劳动法》《就业促进法》《妇女权益保障法》《残疾人保障法》《民族区域自治法》《未成年人保护法》《老年人权益保障法》中，而没有一部法律对不受歧视权的概念进行专门界定。此外，存在不同法律对同一个权利进行重复规定的现象。如对于劳动者的平等就业和选择职业的权利，《劳动法》第3条和《就业促进法》第3条分别进行了规定。[2] 我国有两种传染病病原携带种类——乙肝和艾滋病，《就业促进法》第30条和《艾滋病防治条例》第3条均规定不得以传染病病原携带者为由拒绝录用。[3]

四是不同歧视种类规范失衡。除了统一性的反歧视规范和政策外，反歧视政策主要集中在女性、乙肝、残疾人权益保障和消除户籍歧视方面，艾滋病政策主要集中在艾滋病的预防和控制上，对艾滋病病毒感染者权益

---

[1] 刘明辉：《由碎片化"口号"进阶专门法典：对禁止就业性别歧视法律规范的性别影响评估》，《中国妇女报》2015年12月18日。
[2] 《劳动法》第3条：劳动者享有平等就业和选择职业的权利、取得劳动报酬的权利、休息休假的权利、获得劳动安全卫生保护的权利、接受职业技能培训的权利、享受社会保险和福利的权利、提请劳动争议处理的权利以及法律规定的其他劳动权利。《就业促进法》第3条：劳动者依法享有平等就业和自主择业的权利。劳动者就业，不因民族、种族、性别、宗教信仰等不同而受歧视。
[3] 《就业促进法》第30条：用人单位招用人员，不得以是传染病病原携带者为由拒绝录用。但是，经医学鉴定传染病病原携带者在治愈前或者排除传染嫌疑前，不得从事法律、行政法规和国务院卫生行政部门规定禁止从事的易使传染病扩散的工作。《艾滋病防治条例》第3条规定：任何单位和个人不得歧视艾滋病病毒感染者、艾滋病病人及其家属。艾滋病病毒感染者、艾滋病病人及其家属享有的婚姻、就业、就医、入学等合法权益受法律保护。

的保障采取了相对偏原则化的处理，对同性恋、跨性别者，身高、学历的规定，则只见于统一的反歧视规范中，没有专门的部门规范性文件进行规定。不同歧视种类规范的失衡，导致不同弱势群体不能平等地享有公平的法律权益保障。

三 健全不受歧视权诉讼司法保障对策分析

（一）建立不受歧视权的法律救济机制

第一，歧视行为纠纷需要良好的事先防范机制、有效的事中控制机制和完备的事后解决机制，为了调整歧视行为，不同种类制度之间更加协调，也为了使制度规范下用人单位与劳动者的关系更加和谐稳定，建议将"中华人民共和国反就业歧视法"早日列入立法规划，明确原告资格、举证责任分配、责任承担等，从根本上对歧视行为给予规范，实现歧视领域法治化治理。

第二，创建包含调解、和解、诉讼和仲裁等在内的多元化歧视纠纷解决渠道，畅通受歧视弱势群体利益表达通道，推进人民调解、司法调解和行政调解的有效衔接，成立统一的反歧视纠纷委员会等调解机构，整合资源，避免不同调解制度相互重叠。对于不同的歧视纠纷，按照政策标准进行不同的判断和实施不同的赔偿标准，提高歧视诉讼纠纷化解水平。

第三，借鉴和参考一些反就业歧视成功的国家和地区的立法例经验，反就业歧视专门机构的主要职责应该是：负责处理和解决歧视方面的咨询及投诉，进行调解或作出裁决；致力于提供高效的法律服务，研究系统歧视的产生原因，并向政府、企业及司法机关提供有关反歧视的法律咨询及建议；与政府、非政府、媒体、教育机构合作，向社会开展教育与宣传。[①] 突出反就业歧视专门机构自身的特点和优势，为解决就业纠纷发挥积极独

---

① 侯欣一：《建议成立反就业歧视机构》，《人民法院报》2016年3月15日。

特的作用，为法院分担负担。

（二）完善反歧视的法律指引保障体系

一方面，反歧视政策体系是一个综合交错的立体网格模式，政策作用的有效发挥不仅依赖政策体系模式的整体优化，更有赖于体系内部中央和地方纵向层面上国家政策与地方政策的相互呼应。在争取将反就业歧视法纳入立法规划的同时，反歧视政策体系化的完善要重点强化地方反歧视政策的构建，丰富反歧视政策体系。2012年国务院新闻办公室发布了《国家人权行动计划（2012—2015年）》，其中提到要致力于消除就业性别歧视，深圳、香港、江苏便结合本地实际情况分别发布了《性别保护条例》，对女性平等就业权做出了规定。2010年人力资源和社会保障部发布了《关于切实做好维护乙肝表面抗原携带者入学和就业权利工作有关问题的通知》，北京市、广东省、天津市、深圳市、海南省、吉林省六省市均发布了关于贯彻就业体检乙肝项目检测规定的通知。

另一方面，歧视新情形普遍涉及大学生就业和更为广泛的领域，应以积极、审慎的态度对待这些"新领域"，主管部委应尽快组织进行利弊分析和研判，在对外明确立场的基础上，制定相应策略。针对具体不同情况，采取不同的态度和处理办法。一是随着近年来我国新歧视领域不断拓宽，对符合我国改革中长期目标的情况，应加快国内歧视领域的改革，适度推进歧视领域立法，如在城乡劳动者就业、行业、身份、性别、残疾、民族、种族、性别、宗教信仰等开放的议题方面，增强与相关组织部门的沟通与合作，在国家部署和方针政策的指引下进一步表达发展积极意向。二是对与我国现有反歧视政策制度有冲突，损害公民平等权，造成严重不利影响的政策，第一，加强政策歧视下弱势群体的组织性和话语强度，使其消除制度性歧视的呼声能在政策立法的修改和废除中产生有意义的影响；第二，降低修改或废除政策性歧视的经济成本，有针对性地建立保障制度性歧视下弱者权利救济程序，使其在合理适当、井然有序的法律程序中进行。2012年宁夏回族自治区政府发布的《宁夏回族自治区人民政府办公厅关于开展清理地方保护主义和区域歧视性政策规定工作的通知》

(宁政办发〔2012〕3号）和固原市人民政府发布的《固原市人民政府办公室关于开展清理地方保护主义和区域歧视性政策规定工作的通知》（固政办发〔2012〕17号），均规定对存在地方保护、行业保护、区域歧视情形的，要按照相应的程序报送相应的机关处理。2013年1月，黑龙江省妇联和民政厅联合在全省开展了以维护妇女权益为重点的村规民约修订工作，清除性别歧视条款一万余条。①

（三）官民协力推动反歧视的法律实施

通过双边建立官民之间的互动协作关系，不断推动反歧视法律实施。一方面，国家重视非政府组织在社会治理体系中的地位和作用，对社会组织的发展和管理提出了新要求。《中共中央关于全面推进依法治国若干重大问题的决定》中提到：要健全立法机关和社会公众沟通机制，开展立法协商。建立健全社会组织参与社会事务、维护公共利益、救助困难群众、帮教特殊人群、预防违法犯罪的机制和制度化渠道。另一方面，非政府组织通过开展反歧视政策倡导，通过大量的实地调查、研究和立法建议工作，积极参与到国家的立法和修法工作中。益仁平中心自成立以来，发布了《外企乙肝歧视调查报告》《国企乙肝歧视调查报告》《行政机关残疾人就业状况调查报告》等，并协助数十位全国人大代表、政协委员撰写了十多部"两会"议案和提案，并对《食品安全法》、《就业促进法》、《精神卫生法》和《劳动合同法》的制定做出了贡献，同时也为《公共场所卫生管理条例》《游泳场所卫生规范》等法律法规和规章的修订做出了贡献。②

---

① 2012年，黑龙江省一些村规民约制定程序不合法、不规范，不少条款违背了农村妇女的真实意愿。比如，在一家一户的小农经济中，男人永远都是"自家人"，而女性却被分为了三类：别人家的姑娘、暂时自己家的媳妇、永久的自家人婆婆。所有的财产继承和土地分配，都以这三种形式来对待和区分。参见郭毅、张冲《黑龙江省废除妇女歧视条款万余条》，《法制日报》2013年1月24日。
② 参见《我中心开通全国首条免费反歧视咨询热线》，http://www.yirenping.org/newsx.asp?typenumber=0007&id=677，最后访问时间：2019年6月2日。

（四）将不受歧视权诉讼纳入公益诉讼

公益诉讼起诉的出发点是国家利益、社会利益和不特定他人利益，原告是不特定的多数人，协助国家执法，补充国家执法行为能力的不足，目的是捍卫宪法和法律尊严和权威。相对于私益诉讼，公益诉讼的原告可以是不特定的利害关系人，通过有影响性的诉讼，推动社会的公平正义。将不受歧视权纳入反歧视公益诉讼体系，不仅能维护和提升公益诉讼体系的公共诉求属性，捍卫公益诉讼的公共性，还能达到公益诉讼保障"不特定他人利益"的公益目标，维护不特定人的基本权利，具有合理性和必要性。一方面，把不受歧视权所针对的利益纳入公益诉讼所维护的公共利益之中，可以建立一个相对健全的公益诉讼机制，以达到维护社会利益的最终目的。另一方面，不受歧视权作为平等权所延伸出的一项法律权利，对于落实宪法平等权，全面贯彻实施宪法，实现依宪治国，维护宪法权威，捍卫宪法尊严，意义重大。

［责任编辑：徐宇晴］

残疾人体育权

——一项国际人权[*]

莫琳·韦斯顿[**]著 杨 婧[***]译 周青山[****]校

一 体育的价值及所蕴含的力量

任何级别的体育运动都能为竞争者、参赛者以及粉丝提供巨大的价值。体育运动不仅有能力改变个人的生活经验,还能把世界各地的国家、不同的文化、不同的社团聚集到一起。蒲柏·弗兰西斯(Pope Francis)在一次国际体育会议上的讲话中指出:"体育运动是一个很有价值的人类活动,它能丰富人们的生活。"[①]蒲柏指出,体育运动的一个重要特征就是"不管是在参与或者观看过程中发现的,体育运动的美与乐,都可以让每个人受益,并使大家团结起来,不论这些参与或者观看的人宗教、种族、国籍是什么,或者是否残障"[②]。

---

[*] 原文发表于2017年《马凯特体育法评论》(*Marquette Sports Law Review*)第28卷第1期,本译稿已经获得作者和杂志社书面授权。本译稿系湘潭大学研究生科研创新项目"体育领域人权的法律保障研究"(项目编号:XDCX2020B043)的成果。

[**] 莫琳·韦斯顿(Maureen Weston),美国佩珀代因大学法学院教授,娱乐、媒体和体育纠纷解决项目负责人,她撰写了大量奥林匹克和国际体育仲裁、残疾法、体育法和争端解决领域的文章。

[***] 杨婧,湘潭大学法学院博士研究生,研究方向:国际体育法。

[****] 周青山,湘潭大学法学院教授,法学博士,研究方向:国际法、体育法。

[①] Pope Francis, "Sport Has Great Value, Must be Honest," Vatican Radio (May 10, 2016), http://en.radiovaticana.va/news/2016/10/05/pope_francis_sport_has_great_value_must_be_honest/1263027.

[②] CAN/EWTN News, "Pope Francis on Sports? The Pontiff Claims Sports Are' At the Service of Humanity," Catholic Online (Oct.16, 2016), http://www.catholic.org/news/hf/faith/story.php? id =71269.

体育运动及身体活动带来的身体上的、社交上的、情感上的及认知上的益处都是毋庸置疑的。但是，对体育竞赛的公开报道一般集中于精英运动员，在他们能力达到顶峰时为他们中的获胜者庆祝。尽管体育运动极少考虑残疾人，但是很多残障人士，不管是有身体上的还是隐性的残障，在体育竞赛中获得了成功。[1] 例如，出生时就只有一只手臂的吉姆·亚阿伯特（Jim Abbott）成功进入美国职业棒球大联盟；汤姆·丹普瑟（Tom Dempsey）出生时右腿只有半截且没有右手，他作为新奥尔良圣徒队的球员在全国橄榄球联盟（NFL）中创下获胜的纪录；贝瑟尼·汉密尔顿（Bethany Hamilton）在一次鲨鱼袭击中幸存，其手臂被撕断，但仍参加了职业冲浪冠军赛；[2] 南非的游泳运动员娜塔莉·杜·图伊托（Natalie Du-Toit）在17岁时遭遇了一次摩托车事故后腿部被截肢，是第一位未使用任何技术性或适应性辅助参加由健全人士参加的奥运会的女性截肢者；[3] 德里克·科尔曼（Derrick Coleman）自3岁起就失聪，作为自由球员进入了西雅图海鹰队并成为全国橄榄球联盟中的首位聋人进攻球员。[4] 尽管身有残障，但这些鼓舞人心的著名运动员还是能够"在规则内"竞争。

残障人士是社会的重要组成部分，约有"15%的世界人口与残障人士

---

[1] Maureen A. Weston, *The Intersection of Sports and Disability: Analyzing Reasonable Accommodations for Athletes with Disabilities*, 50 ST. LOUIS U. L. J. 137（2005）. 形容残障的"隐形或隐藏的"术语可以涵盖一系列慢性病和神经系统疾病。参见"Invisible Disabilities List and Information," Disabled World（Jan. 29, 2017）, https://www.disabled-world.com/disability/types/invisible/。

[2] Ethical World Hackers, "Top 10 Physically Disabled Athletes in Sports," Sporslook（Oct. 13, 2014）, http://www.sportslook.net/top-10-physically-disabled-athletes/.

[3] du Toit removes her prosthetic leg in "able-bodied" swim competition. 参见 Jeré Longman, *South Africa's du Toit Fulfills a Dream Derailed*, N. Y. TIMES（Aug. 17, 2008）, http://www.nytimes.com/2008/08/18/sports/olympics/18longman.html。

[4] Samantha Bresnahan, *Derrick Coleman: Deaf NFL Player Defying the Odds*, CNN（Aug. 6, 2015）, http://www.cnn.com/2015/08/06/health/derrick-coleman-seahawks-deaf/index.html. 其他公认参加全国橄榄球联盟比赛患有隐性精神疾病残障的运动员，例如芝加哥熊队的布兰登·马歇尔（Brandon Marshall）罹患边缘性人格障碍，里奇·威廉姆斯（Ricky Williams）罹患社交焦虑症，埃里克·希普尔（Eric Hipple）罹患抑郁症，埃里克·艾склад尼（Eric Aigne）罹患双相障碍。参见 Marin Cogan, "Chicago Bears Brandon Marshall Spreads Awareness NFL's Mental Health Crisis," Espn the Magazine（June 25, 2014）, http://www.espn.com/nfl/story/_/page/hotread140707/chicago-bears-brandon-marshall-spreadsawareness-nfl-mental-health-crisis-espn-magazine。

一起生活,其数量比欧盟、俄罗斯及美国的人口总和还要多"①。换句话说,"全世界有超过 10 亿人与身有某种形式残障的人士一起生活,其数量在未来几年还会增加"②。残障人士经常因为物理障碍、排除标准以及社会和社团标准而被孤立、被歧视。他们的日常经历包含"社会排斥、受教育程度低、失业、自卑及在政治和社会生活中的机会有限"③。此外,有身体或智力残障的人经常被假定不能参加体育运动,他们中的大多数人被排除在体育运动的社会经验之外。

参加体育运动可以为残障人士提供积极的出路和融入社会的机会。残奥会和特奥会一直在为肢体和智力残障的精英运动员提供参加专为符合条件的残障人士举办的体育竞赛的宝贵机会。④ 体育运动当然不只包含精英竞赛。体育运动的益处延伸到了运动员和观众经历的各种体验方面,残障人士可以参加这些运动,并使其得以完善。国际法规定残疾人的体育参与权是一项基本权利,其效力日益得到认可。

2006 年,联合国通过了《残疾人权利公约》(CRPD),这是首个保障残障人士权利和尊严的国际人权条约。⑤《残疾人权利公约》的宗旨

---

① "Magdy Martínez-Solimán, 2030 Agenda Demands Meaningful Participation From Persons with Disabilities," U. N. DEV. PROGRAMME (Dec. 2, 2016), http://www.undp.org/content/undp/en/home/blog/2016/12/2/Disabilities-and-dignity.html. 文中讨论了将《残疾人权利公约》的目标提高为联合国可持续发展目标的一部分。参见 World Report on Disability, World Health Org., http://www.who.int/disabilities/world_report/2011/report/en/, last visited Dec. 14, 2017。

② Arkadi Toritsyn & A. H. Monjurul Kabir, Promoting the Human Rights of Persons with Disabilities in Europe and the Commonwealth of Independent States: Guide, U. N. DEV. PROGRAMME, 12 (2013), http://www.eurasia.undp.org/content/dam/rbec/docs/BRC%20PWD%20Report.pdf.

③ Ibid., at 7. 参见 "Convention on the Rights of Persons with Disabilities," OHCHR (Dec. 2017), http://www.ohchr.org/EN/HRBodies/CRPD/Pages/ConventionRightsPersons-WithDisabilities.aspx. 文中指出"尽管采取了各种手段和计划,但残障人士在作为平等的社会成员参与各种事务的过程中仍然面临障碍,其人权在世界各地仍然被侵犯"。

④ Paralympic Sports-List of Para Sports and Events, INT'L PARALYMPIC COMMITTEE, https://www.paralympic.org/sports, last visited Dec. 14, 2017.

⑤ Declarations and Conventions Contained in General Assembly Resolutions, U. N., http://www.un.org/documents/instruments/docs_en.asp, last visited Dec. 14, 2017. 2006 年 12 月 13 日,联合国大会第 61/106 号决议,附件二通过了《残疾人权利公约》及其《任择议定书》。Convention on the Rights of Persons with Disabilities (CRPD), U. N., https://www.un.org/development/desa/disabilities/convention-on-the-rights-of-persons-withdisabilities.html, last visited Dec. 14, 2017.

是"促进、保护和确保包括残障人士在内的所有人充分、平等地享有所有人权和基本自由，并促进对其固有尊严的尊重"①。《残疾人权利公约》采取全面的、整体的角度来提高大家对残障人士权利的认识并确保残障人士获得无障碍权、独立生活权以及参与各项社会事务的权利。在第30条中，《残疾人权利公约》通过规定体育运动及保障残障人士有参与文化生活、娱乐、休闲的权利敏锐地解决了上述问题，其中体育运动是其融入社会的一个有利工具。通过将参与体育运动、娱乐、比赛的权利确立为国际人权，《残疾人权利公约》第30条第5款要求赋予残障人士"在平等的基础上"参与体育运动、娱乐和休闲活动的权利。

《残疾人权利公约》将残障人士从事体育运动的权利放在特别重要的位置上。本文研究《残疾人权利公约》第30条强制性赋予残障人士参加体育运动的权利，特别是世界各国如何解释和实施该措施，及美国根据《美国残障法案》（ADA）对该事项的处理。②文章第二部分介绍了《残疾人权利公约》的总体结构、覆盖范围和指导原则。文章第三部分侧重于《残疾人权利公约》第30条第5款及其要求成员国确保残障人士有权参加体育运动的指令。文章第四部分报告了立法和计划的进展状态，这些立法和计划已经被各成员国实施以遵守《残疾人权利公约》第30条，还分析了根据美国残障法律所提供的参与体育运动时的同等对待。文章反思为残障人士提供重要的参与体育运动机会的法律、计划及可行措施，最后提出在法律和非法律层面持续行动的想法，通过致力于创造并提供运动机会实现《残疾人权利公约》中残障人士融入社会的

---

① 参见 Convention on the Rights of Persons with Disabilities, OHCHR（Dec. 2017），http://www.ohchr.org/EN/HRBodies/CRPD/Pages/ConventionRightsPersonsWithDisabilities.aspx。
② 截至2017年，已有174个国家批准了《残疾人权利公约》，其中160个国家是签署国，《残疾人权利公约》约束这些国家遵守其宗旨和原则。因为少了参议院的六票，未能达到所需的三分之二多数票数，美国未能于2012年12月批准《残疾人权利公约》。参见 Rosalind S. Helderman, Senate Rejects Treaty to Protect Disabled around the World, WASH. POST（Dec. 4, 2012），https://www.washingtonpost.com/politics/senate-rejects-treaty-to-protect-disabled-around-theworld/2012/12/04/38e1de9a－3e2c－11e2－bca3－aadc9b7e29c5_story.html? utm_term=.acf3a611f67f。

目标。这些建议包括呼吁考虑统一体育竞赛，比如合并残奥会和奥运会。

二 联合国《残疾人权利公约》

（一）概述

《残疾人权利公约》是在残障人士权利方面对成员国具有法律约束力的首个国际文件。[1] 因此，《残疾人权利公约》"填补了国际人权法的重大空白"[2]。在《残疾人权利公约》实施之前，残障人士的权利一般通过或附带通过解决特殊群体或侵犯特殊人权问题的其他国际文件得到维护。[3] 尽管这些文件有相当大的潜力，但"联合国人权条约并未在残障方面得到充分利用，且未能提供保护性的法律框架来解决与残障有关的各种问题"[4]。

---

[1] *Disability and Sports*, U. N. DIV. FOR SOC. POL'Y AND DEV. DISABILITY, https://www.un.org/development/desa/disabilities/issues/disability-and-sports.html # resources, last visited Dec. 14, 2017.

[2] *Lauding Disability Convention As "Dawn of a New Era," UN Urges Speedy Ratification*, UN NEWS CENTRE (Dec. 13, 2006), http://www.un.org/apps/news/story.asp? NewsID = 20975&Cr = disab&Cr1 #. WRotxdy1ut8.《残疾人权利公约》也是"国际法史上完成谈判最快的人权条约"。参见 *An International Convention on the Human Rights of People with Disabilities: What You Need to Know*, NATIONAL COUNCIL ON DISABILITY (July, 2002), http://www.ncd.gov/rawmedia_repository/a4ac0d62_b9db_43c5_8535_2f49c8c56425.pdf。

[3] 一些国际文件处理了各种情形下的残疾歧视问题，例如《公民权利和政治权利国际公约》、《经济、社会及文化权利国际公约》、《消除一切形式种族歧视国际公约》、《消除对妇女一切形式歧视公约》、《禁止酷刑和其他残忍、不人道或有辱人格的待遇或处罚公约》、《儿童权利公约》及《保护所有移徙工人及其家庭成员权利国际公约》。参见 *Overview of International Legal Frameworks*, U. N. ENABLE (2007), http://www.un.org/esa/socdev/enable/disovlf.htm。

[4] U. N. Secretary-General, *Report of the United Nations High Commissioner for Human Rights on Progress in the Implementation of the Recommendations Contained in the Study on the Human Rights of Persons with Disabilities*, U. N. Doc. A/HRC/7/61 (Jan. 16, 2008) [hereinafter Human Rights Council 7th].

(二) 人权中的无障碍权、独立权和参与权

《残疾人权利公约》让残障人士获得了真正参与各项社会事务的权利。[1]《残疾人权利公约》的指导原则要求：(1) 尊重固有尊严和个人自主权；(2) 不歧视；(3) 充分和切实地参与和融入社会；(4) 尊重差异，接受残障人士是人的多样性的一部分和人类的一分子；(5) 机会均等；(6) 无障碍；(7) 男女平等；(8) 尊重残障儿童逐渐发展的能力并尊重残障儿童保持其身份特性的权利。[2]

《残疾人权利公约》为残障人士享有参与社会、经济、国家、政治事务的权利提供了标准，以实现融入社会、平等和不受歧视。公约《任择议定书》提供了一种执行机制，授权在残疾人权利委员会任职的 18 名专家组成的小组促进并监督《残疾人权利公约》的执行，接受个人投诉并调查涉嫌违反《残疾人权利公约》的行为。成员国有义务向委员会报告执行效果。[3] 由人权理事会 2014 年设立的残疾人事务特别报告员的任务包括"除调查和收集侵犯残障人士权利的信息外，对如何更好地促进和保护其权利提出建议，并为实现该目标提供技术支持"[4]。

《残疾人权利公约》及其《任择议定书》将残障人士纳入人权事务框

---

[1] "《公约》和《任择议定书》的通过向前迈出了重要一步，解决了促进残障人士平等享有人权的需要。"当时的联合国秘书长科菲·安南（Kofi Annan）将《残疾人权利公约》（21 世纪首项人权公约）称为"新时代的曙光"。Lauding Disability Convention As "Dawn of a New Era," UN Urges Speedy Ratification, UN NEWS CENTRE (Dec. 13, 2006), http://www.un.org/apps/news/story.asp? NewsID = 20975&Cr = disab&Cr1#.WRotxdy1ut8 (the CRPD is also the "most rapidly negotiated human rights treaty in the history of international law").

[2] 参见 Convention on the Rights of Persons with Disabilities, OHCHR (Dec. 2017), http://www.ohchr.org/EN/HRBodies/CRPD/Pages/ConventionRightsPersonsWithDisabilities.aspx。

[3] 《残疾人权利公约任择议定书》授权残疾人权利委员会受理个人投诉并调查据称违反《残疾人权利公约》的行为。参见 The International Human Rights Framework, OHCHR, http://www.ohchr.org/EN/Issues/Disability/SRDisabilities/Pages/Framework.aspx, last visited Dec. 14, 2017。

[4] Ibid. 哥斯达黎加的卡塔丽娜·德班达斯·阿吉拉尔女士是现任及首个被任命的残疾人问题特别报告员。参见 Special Rapporteur on the Rights of Persons with Disabilities, OHCHR, http://www.ohchr.org/EN/Issues/Disability/SRDisabilities/Pages/SRDisabilitiesIndex.aspx, last visited Dec. 14, 2017 (explaining the role and mandate of the Special Rapporteur)。

架，力求确保"所有人的全面和无障碍发展"。①《残疾人权利公约》对残障的定义为改变传统观念提供了法律依据，前提是"残障"是一个不断发展的概念，且其源于残障人士之间的相互影响，其他人在态度和环境上的障碍使他们无法在与其他人平等的基础上充分、有效地参与社会事务。②该定义强调了从传统的"慈善"或"医学"模式转变为《残疾人权利公约》中基于人权的现代方式。前一种模式试图"治愈"残障人士并使其"康复"，这种模式目前仍然盛行并影响着社会对待他们的态度和方式，③后一种方式则是消除歧视及实现包容性社会所必需的。

《残疾人权利公约》共有50条，其序言宣称"一切人权和基本自由都是普遍、不可分割、相互依存和相互关联的"。这些条款涵盖了一系列基本活动，并规定成员国有义务确保残障人士有无障碍获得物质、服务、司法、健康教育、通信和信息以及工作的权利（第9条），独立生活的权利（第19条），个人行动的权利（第20条），参与政治和公共生活的权利（第29条），参与文化生活、娱乐、休闲和体育活动的权利（第30条）。④《残疾人权利公约》禁止歧视残障人士，将歧视定义为"基于残疾而作出的任何区别、排斥或限制，其目的或效果是在政治、经济、社会、

---

① Magdy Martínez-Solimán, "2030 Agenda Demands Meaningful Participation From Persons with Disabilities," U. N. DEV. PROGRAMME (Dec. 2, 2016), http://www.undp.org/content/undp/en/home/blog/2016/12/2/Disabilities-and-dignity.htm.

② 参见 Convention on the Rights of Persons with Disabilities, OHCHR (Dec. 2017), http://www.ohchr.org/EN/HRBodies/CRPD/Pages/ConventionRightsPersonsWithDisabilities.aspx。参见 UN Disability Expert Welcomes Opportunity for Constructive Dialogue on Human Rights in North Korea, OHCHR (May 15, 2017), http://www.ohchr.org/EN/NewsEvents/Pages/DisplayNews.aspx? NewsID = 21615&LangID = E ［hereafter Constructive Dialogue］。请注意朝鲜于2016年12月签署了《残疾人权利公约》，希望改变朝鲜普遍存在的关于残疾人的传统观念。

③ Ibid. (quoting Ms. Devandas-Aguilar). 参见 White Paper on Understanding the Role of an International Convention on the Human Rights of People with Disabilities, NAT'L COUNCIL ON DISABILITY, 27 (June 12, 2002), https://ncd.gov/rawmedia_repository/fab40111_e273_4616_b451_d7c642b3b42b.pdf。请注意《残疾人权利公约》确认人权不是任何一个群体的专有财产，不是仅捍卫少数享有特权的人或由其共享。人的尊严属于所有人，应由所有人平等分享。这导致残障人士的思维方式从被动接受慈善变为主动主张人权。

④ 参见 Convention on the Rights of Persons with Disabilities, OHCHR (Dec. 2017), http://www.ohchr.org/EN/HRBodies/CRPD/Pages/ConventionRightsPersonsWithDisabilities.aspx。根据《任择议定书》，指定残疾人权利委员会根据《残疾人权利公约》第34条负责监测公约的实施。

文化、公民或任何其他领域，损害或取消在与其他人平等的基础上，对一切人权和基本自由的认可、享有或行使"①。这一不歧视指令是怎样在体育领域尤其是竞技体育内实施的，将在以下部分进行研究。

三 《残疾人权利公约》第 30 条第 5 款规定的残疾人体育权内容

《残疾人权利公约》第 30 条阐明其成员国有义务确保残障人士享有参与文化生活、休闲、娱乐及体育运动的权利。

（一）通过参与文化生活融入社会

《残疾人权利公约》第 30 条的第 1 款和第 2 款重点关注残障人士无障碍参与文化及艺术活动的重要性。第 1 款规定：

> 缔约国确认残疾人有权在与其他人平等的基础上参与文化生活，并应当采取一切适当措施，确保残疾人：（一）获得以无障碍模式提供的文化材料；（二）获得以无障碍模式提供的电视节目、电影、戏剧和其他文化活动；（三）进出文化表演或文化服务场所，例如剧院、博物馆、电影院、图书馆、旅游服务场所，并尽可能地可以进出在本国文化中具有重要意义的纪念物和纪念地。②

第 2 款规定：缔约国应当采取适当措施，使残疾人能够有机会为自身利益并为充实社会，发展和利用自己的创造、艺术和智力潜力。③

---

① 参见 Convention on the Rights of Persons with Disabilities, OHCHR (Dec. 2017), http://www.ohchr.org/EN/HRBodies/CRPD/Pages/ConventionRightsPersonsWithDisabilities.aspx。
② Convention on the Rights of Persons with Disabilities, OHCHR (Dec. 2017), at Art. 30 (1) (2), http://www.ohchr.org/EN/HRBodies/CRPD/Pages/ConventionRightsPersonsWithDisabilities.aspx.
③ Convention on the Rights of Persons with Disabilities, OHCHR (Dec. 2017), at Art. 30 (1) (2), http://www.ohchr.org/EN/HRBodies/CRPD/Pages/ConventionRightsPersonsWithDisabilities.aspx.

（二）通过体育运动、休闲娱乐或比赛活动融入社会

《残疾人权利公约》（以下简称《公约》）第30条第5款将参与体育运动、娱乐、比赛的权利确立为国际人权，并要求残障人士有权"在与其他人平等的基础上"参与体育运动、娱乐和休闲活动。第5款规定：

> 为了使残疾人能够在与其他人平等的基础上参加娱乐、休闲和体育活动，缔约国应当采取适当措施，以便：（一）鼓励和促进残疾人尽可能充分地参加各级主流体育活动；（二）确保残疾人有机会组织、发展和参加残疾人专项体育、娱乐活动，并为此鼓励在与其他人平等的基础上提供适当指导、训练和资源；（三）确保残疾人可以使用体育、娱乐和旅游场所。①

其中，第30条第5款的第4项和第5项特别指出了国家对残障儿童的义务：

> （四）确保残疾儿童享有与其他儿童一样的平等机会参加游戏、娱乐和休闲以及体育活动，包括在学校系统参加这类活动；（五）确保残疾人可以获得娱乐、旅游、休闲和体育活动的组织人提供的服务。②

（三）《公约》中无障碍参与体育运动、娱乐、文化活动权利的依据

在《公约》的缔约期间，第30条规定在获得普遍支持的情形下获得

---

① *Convention on the Rights of Persons with Disabilities*, OHCHR（Dec. 2017）, at Art. 30（5）（emphasis added）, http://www.ohchr.org/EN/HRBodies/CRPD/Pages/ConventionRightsPersonsWithDisabilities.aspx.

② *Convention on the Rights of Persons with Disabilities*, OHCHR（Dec. 2017）, at Art. 30（5）（e）, http://www.ohchr.org/EN/HRBodies/CRPD/Pages/ConventionRightsPersonsWithDisabilities.aspx.

通过。① 第 30 条第 5 款重点关注通过影响残障人士和社会观念这两个方面来增加残障人士参加体育运动的机会。提倡将第 30 条第 5 款纳入其中的人解释道，体育运动可以帮助"减少与残障相关的污名和歧视"，② 同时还可以通过让他人关注残障人士能力而非残障来提升其尊严。③

1. 体育运动与改善身心健康之间的联系

通过体育运动，国际法正在采用独特的工具来帮助确保实现将残障人士纳入其中，并保障其人权的目标。人们认为，体育运动改善身心健康的潜力对于残障人士也许更为重要：

> 由于缺乏运动与残障人士的身心健康恶化相关，因此参与体育运动和锻炼身体可能给他们带来比其他人更多的直接利益，例如，除了减少长期健康风险外，还能增强和提升功能独立性和整体生活质量。因此，为实现这一人群健康公平的目标而进行的投资尤为重要。然而，残障人士参与身体锻炼的可能性一直比其他人要低，并且残障儿童被认定为需要特别关注的群体。④

2. 社会意识

《公约》第 30 条第 5 款是国际人权法领域中的若干问题的合并。该条

---

① Thomas Schindlmayr, *Disability in Sport: The International Legal Framework*, SPORT IN THE U. N. CONVENTION ON THE RIGHTS OF PERSONS WITH DISABILITIES, Int'l Disability in Sport Working Group (IDISWG), at 8 (2007), http://pacific.ohchr.org/docs/UN_Sport_Disability_Booklet.pdf.

② *Harnessing the Power of Sport for Development and Peace: Recommendations to Government*, SPORT FOR DEV. AND PEACE INT'L WORKING GROUP, 171 (2008) [hereafter Harnessing the Power of Sport].

③ Adlof Ogi, *Statement by the Special Adviser to the United Nations Secretary-General on Sport for Development and Peace Concerning the Convention on the Protection and Promotion of the Rights and Dignity of Persons with Disabilities*, SPORT IN THE U. N. CONVENTION ON THE RIGHTS OF PERSONS WITH DISABILITIES, Int'l Disability in Sport Working Group (IDISWG), 6 (2007), http://pacific.ohchr.org/docs/UN_Sport_Disability_Booklet.pdf.

④ U. N. Human Rights Council, *Report of the Special Rapporteur on the Right of Everyone to the Enjoyment of the Highest Attainable Standard of Physical and Mental Health*, 80, U. N. Doc. A/HRC/32/33 (Apr. 4, 2016) [hereinafter 2016 Special Rapporteur Report].

强调在与社会其他群体平等的基础上，最大限度地让残障人士融入社会，尽量通过体育运动的强大潜力让其与社会接触从而促进其身心健康。

提高对残障人士的需求、贡献及人权的认识是《公约》实施的关键组成部分，体育赛事为通过媒体和社会突出残障人士提供了平台。[①]

3. 不歧视及合理便利

《公约》呼吁"促进残障人士参与体育运动"，也强调残障人士"参与的质量"。[②] 值得注意的是，第30条第5款不仅仅是一项不歧视性指令。它要求成员国采取"适当措施"，以确保充分和平等地促进残障人士参与这些活动。

有学者认为第30条是"实现残障权利项目实质性平等愿景的核心组成部分"[③]。这是"非歧视与合理便利要求的明确结合，该条还要求在整个《公约》，包括社会权利中适用这两个要求，这是国际人权法中残障人士参与体育运动、娱乐和比赛权利的最清晰和最强有力的法律表述"[④]。

四 《公约》的实施效果：通过参与体育运动融入社会

下述内容研究了为努力实现《公约》让残障人士参与文化活动、娱乐、休闲和体育运动，融入社会的目标而实施的各种立法、计划和机制，

---

① U. N. Human Rights Council, *Report of the Special Rapporteur on Disability of the Commission for Social Development on Monitoring of the Implementation of the Standard Rules on the Equalization of Opportunities for Persons with Disabilities*, U. N. Doc. E/CN. 5/2009/6 (Feb. 2009). 关于努力在政府、社会和全球范围内提高对残障人士权利的意识的报告。

② Simon Walker, *The Convention on the Rights of Persons with Disabilities: Participation in Sport and the Right to Take Part in Cultural Life*, SPORT IN THE U. N. CONVENTION ON THE RIGHTS OF PERSONS WITH DISABILITIES, Int'l Disability in Sport Working Group (IDIS-WG), 16 (2007), http://pacific. ohchr. org/docs/UN_Sport_Disability_Booklet. pdf.

③ Janet E. Lord & Michael Ashley Stein, *Social Rights and the Relational Value of the Rights to Participation in Sport, Recreation, and Play*, 27 BOSTON U. INT'L L. J. 249, 273 (2009).

④ Janet E. Lord & Michael Ashley Stein, *Social Rights and the Relational Value of the Rights to Participation in Sport, Recreation, and Play*, 27 BOSTON U. INT'L L. J. 249, 273 (2009) (emphasis added).

还讨论了实现这些目标所面临的挑战和失败。①

（一）成员国批准与实施《公约》

自联合国通过《公约》以来，已有 187 个国家签署了该条约，且 187 个国家中有 173 个国家批准了该条约。② 最近一个批准该条约的国家是爱

---

① 作为国际法的入门读物，《残疾人权利公约》作为一项国际条约具有重要意义，请注意，联合国是一个政府间组织，目前由来自世界各地的 193 个国家政府组成，它们作为"成员国"解决人类面临的重要问题，包括和平、安全以及对普遍人权的阐述、保护和促进。一项国际条约或"公约"，是成员国之间的一项协议，对签署和批准该公约的国家具有法律约束力。参见 Main Organs, U. N., http://www.un.org/en/sections/about-un/main-organs/index.html, last visited Dec. 14, 2017。参见 An International Convention on the Human Rights of People With Disabilities: What You Need to Know, NATIONAL COUNCIL ON DISABILITY (July 2002), http://www.ncd.gov/rawmedia_repository/a4ac0d62_b9db_43c5_8535_2f49c8c56425.pdf。

② Status of Ratification Interactive Dashboard, OHCHR, http://indicators.ohchr.org/, last visited Dec. 14, 2017 (hereinafter Interactive Dashboard)。已签署但尚未批准《残疾人权利公约》的国家为：不丹，喀麦隆，乍得，斐济，爱尔兰，吉尔吉斯斯坦，黎巴嫩，利比亚，摩纳哥，圣卢西亚，所罗门群岛，汤加，美利坚合众国和乌兹别克斯坦。已批准《残疾人权利公约》的国家包括：阿富汗，阿尔巴尼亚，阿尔及利亚，安道尔，安哥拉，安提瓜和巴布达，阿根廷，亚美尼亚，澳大利亚，奥地利，阿塞拜疆，巴哈马，巴林，孟加拉国，巴巴多斯，白俄罗斯，比利时，伯利兹，贝宁，玻利维亚，波斯尼亚和黑塞哥维那，巴西，文莱达鲁萨兰国，保加利亚，布基纳法索，布隆迪，佛得角，柬埔寨，加拿大，中非共和国，智利，中华人民共和国，哥伦比亚，科摩罗，刚果共和国，库克群岛，哥斯达黎加，科特迪瓦，克罗地亚，古巴，塞浦路斯，捷克共和国，朝鲜民主主义人民共和国，刚果民主共和国，丹麦，吉布提，多米尼克，多米尼加共和国，厄瓜多尔，埃及，萨尔瓦多，爱沙尼亚，埃塞俄比亚，芬兰，法国，加蓬，冈比亚，格鲁吉亚，德国，加纳，希腊，格林纳达，危地马拉，几内亚，几内亚比绍，圭亚那，海地，洪都拉斯，匈牙利，冰岛，印度，印度尼西亚，伊朗，伊拉克，以色列，意大利，牙买加，日本，约旦，哈萨克斯坦，肯尼亚，基里巴斯，科威特，老挝，拉脱维亚，莱索托，利比里亚，立陶宛，卢森堡，马达加斯加，马拉维，马来西亚，马尔代夫，马里，马耳他，马绍尔群岛，毛里塔尼亚，毛里求斯，墨西哥，密克罗尼西亚，蒙古国，黑山，摩洛哥，莫桑比克，缅甸，纳米比亚，瑙鲁，尼泊尔，荷兰，新西兰，尼加拉瓜，尼日尔，尼日利亚，挪威，阿曼，巴基斯坦，帕劳，巴拿马，巴布亚新几内亚，巴拉圭，秘鲁，菲律宾，波兰，葡萄牙，卡塔尔，大韩民国，摩尔多瓦，罗马尼亚，俄罗斯，卢旺达，圣文森特和格林纳丁斯，萨摩亚，圣马力诺，圣多美和普林西比，沙特阿拉伯，塞内加尔，塞尔维亚，塞舌尔，塞拉利昂，新加坡，斯洛伐克，斯洛文尼亚，南非，西班牙，斯里兰卡，巴勒斯坦，苏丹，苏里南，斯威士兰，瑞典，瑞士，叙利亚，泰国，马其顿（2019 年改名为北马其顿），多哥，特立尼达和多巴哥，突尼斯，土耳其，土库曼斯坦，图瓦卢，乌干达，乌克兰，阿拉伯联合酋长国，英国，坦桑尼亚，乌拉圭，瓦努阿图，委内瑞拉，越南，也门，赞比亚，津巴布韦。

尔兰，时间是2017年。① 接下来的问题是已批准《公约》的国家能否成功实施公约政策，尤其是与第30条第1、2、5款有关的政策。

（二）代表性国家正在实施的立法

《公约》要求成员国在必要时审查并修订其立法，以确保所有可能面对不平等服务或其他歧视的残障人士能够"参与并安全地享受体育运动"②。这些报告确定了保障残障人士参与文化生活、娱乐和体育活动权利的具体措施，其中有些已得到实施，有些则被否决。本节叙述了一些国家如何实施《公约》以及一个国家执行不力所产生的后果。

1. 南非

南非于2007年11月30日批准了《公约》。③ 此后，该国采取了几项措施以确保《公约》得到执行，使残障人士受益。④ 关于《公约》第30条第1款，《南非宪法》第31章规定"不应剥夺属于同一文化、宗教或语言社区的所有人与该社区的其他成员一起享有其文化、信奉其宗教和使用其语言及建立、加入和维护文化、宗教和语言协会以及其他民间机

---

① Aoife Barry, *After Nine-Year Wait, Ireland to Strengthen Rights of People with a Disability*, THEJOURNAL（Dec. 21, 2016）, http:∥www. thejournal. ie/ireland-un-ratify-convention-disability-3152689-Dec2016. 朝鲜于2016年12月批准了《残疾人权利公约》。参见 *UN Disability Expert Welcomes Opportunity for Constructive Dialogue on Human Rights in North Korea*, OHCHR（May 15, 2017）, http:∥www. ohchr. org/EN/NewsEvents/Pages/DisplayNews. aspx? NewsID=21615&LangID=E［hereafter Constructive Dialogue］（noting hope for change in traditional perception of people with disabilities prevalent in North Korea, which signed the CRPD in December, 2016）。

② U. N. Human Rights Council, *Report of the Special Rapporteur on the Right of Everyone to the Enjoyment of the Highest Attainable Standard of Physical and Mental Health*, at 23, U. N. Doc. A/HRC/32/33（Apr. 4, 2016）［hereinafter 2016 Special Rapporteur Report］.

③ *Baseline Country Report to the United Nations on the Implementation of the Convention on the Rights of Persons with Disabilities in South Africa*, WOMEN, CHILDREN & PEOPLE WITH DISABILITIES, 69–71（Apr. 17, 2013）, https:∥ubuntucentre. files. wordpress. com/2010/09/countryreport-final-baseline-country-report-on-the-crpd-cabinet-approved–3. pdf.

④ *Baseline Country Report to the United Nations on the Implementation of the Convention on the Rights of Persons with Disabilities in South Africa*, WOMEN, CHILDREN & PEOPLE WITH DISABILITIES, 69–71（Apr. 17, 2013）, https:∥ubuntucentre. files. wordpress. com/2010/09/countryreport-final-baseline-country-report-on-the-crpd-cabinet-approved–3. pdf.

构的权利"①。这有助于政府创建机制，使残障人士作为一个文化团体能够平等地获取文化资料、参加文化项目和观看电视频道。在 2011 年，南非政府还制定了《通用无障碍旅游行动计划》和《通用无障碍旅游宣言》，以创造平等参观该国众多文化遗址的机会。② 此外，南非国家公园一直在努力使其更便于"身体和视觉残障者"参观。③ 国家公园的计划于 2013 年经过了审核，但其结果尚未公开。④

关于《公约》第 30 条第 2 款，南非教育部制订了一项训练艺术教育者如何教育残障人士的计划。⑤ 南非艺术与文化部也在逐步编制预算来升级其所有设施，以便让残障人士使用。⑥ 最后，南非的表演艺术政策规定，在全国庆祝日的表演者中必须包含有 5% 的残障人士。⑦

---

① *Baseline Country Report to the United Nations on the Implementation of the Convention on the Rights of Persons with Disabilities in South Africa*, WOMEN, CHILDREN & PEOPLE WITH DISABILITIES, 69（Apr. 17, 2013）, https://ubuntucentre.files.wordpress.com/2010/09/countryreport-final-baseline-country-report-on-the-crpd-cabinet-approved – 3.pdf.

② *Baseline Country Report to the United Nations on the Implementation of the Convention on the Rights of Persons with Disabilities in South Africa*, WOMEN, CHILDREN & PEOPLE WITH DISABILITIES, 71（Apr. 17, 2013）, https://ubuntucentre.files.wordpress.com/2010/09/countryreport-final-baseline-country-report-on-the-crpd-cabinet-approved – 3.pdf.

③ *Baseline Country Report to the United Nations on the Implementation of the Convention on the Rights of Persons with Disabilities in South Africa*, WOMEN, CHILDREN & PEOPLE WITH DISABILITIES, 69 – 71（Apr. 17, 2013）, https://ubuntucentre.files.wordpress.com/2010/09/countryreport-final-baseline-country-report-on-the-crpd-cabinet-approved – 3.pdf.

④ *Baseline Country Report to the United Nations on the Implementation of the Convention on the Rights of Persons with Disabilities in South Africa*, WOMEN, CHILDREN & PEOPLE WITH DISABILITIES, 69 – 71（Apr. 17, 2013）, https://ubuntucentre.files.wordpress.com/2010/09/countryreport-final-baseline-country-report-on-the-crpd-cabinet-approved – 3.pdf.

⑤ *Baseline Country Report to the United Nations on the Implementation of the Convention on the Rights of Persons with Disabilities in South Africa*, WOMEN, CHILDREN & PEOPLE WITH DISABILITIES, 69 – 71（Apr. 17, 2013）, https://ubuntucentre.files.wordpress.com/2010/09/countryreport-final-baseline-country-report-on-the-crpd-cabinet-approved – 3.pdf.

⑥ *Baseline Country Report to the United Nations on the Implementation of the Convention on the Rights of Persons with Disabilities in South Africa*, WOMEN, CHILDREN & PEOPLE WITH DISABILITIES, 69 – 71（Apr. 17, 2013）, https://ubuntucentre.files.wordpress.com/2010/09/countryreport-final-baseline-country-report-on-the-crpd-cabinet-approved – 3.pdf.

⑦ *Baseline Country Report to the United Nations on the Implementation of the Convention on the Rights of Persons with Disabilities in South Africa*, WOMEN, CHILDREN & PEOPLE WITH DISABILITIES, 69 – 71（Apr. 17, 2013）, https://ubuntucentre.files.wordpress.com/2010/09/countryreport-final-baseline-country-report-on-the-crpd-cabinet-approved – 3.pdf.

南非还采取了重要措施来适用《公约》第 30 条第 5 款。南非体育和娱乐部（SRSA）增加了对残障人士的财政援助，并禁止向排斥残障人士的组织提供财政支持。① 南非体育和娱乐部还给予帮助实现政府目标的组织财政激励，如提高残障人士参与度的组织。② 政府采取的其他措施包括制定《体育与娱乐基础设施供应及管理规范和标准》（第 1 卷）（NSSRIPM）和国家体育与娱乐计划（NSRP）。③《体育与娱乐基础设施供应及管理规范和标准》要求"所有体育和娱乐中心都必须设计成允许残障人士无障碍进入"。国家体育与娱乐计划"在人才鉴定和发展计划中为残障儿童提供特殊学校，通过参加全国顶级学校运动会和南非青年奥林匹克运动会使其融入社会"。④ 南非以其奥运会及残奥会的队伍结构为傲，特别提到奥斯卡·皮斯托瑞斯（Oscar Pistorius）和娜塔莉·杜·图伊托，作为其在该领域成功实施《公约》的证明。⑤

2. 英国

似乎与南非优先考虑实施《公约》不同，英国因涉嫌违反《公约》而接受调查。⑥ 2016 年，英国平等与人权委员会发布了对英国是否遵守

---

① *Baseline Country Report to the United Nations on the Implementation of the Convention on the Rights of Persons with Disabilities in South Africa*, WOMEN, CHILDREN & PEOPLE WITH DISABILITIES, 69（Apr. 17, 2013）, https://ubuntucentre.files.wordpress.com/2010/09/countryreport-final-baseline-country-report-on-the-crpd-cabinet-approved – 3.pdf.

② *Baseline Country Report to the United Nations on the Implementation of the Convention on the Rights of Persons with Disabilities in South Africa*, WOMEN, CHILDREN & PEOPLE WITH DISABILITIES, 69 – 71（Apr. 17, 2013）, https://ubuntucentre.files.wordpress.com/2010/09/countryreport-final-baseline-country-report-on-the-crpd-cabinet-approved – 3.pdf.

③ *Baseline Country Report to the United Nations on the Implementation of the Convention on the Rights of Persons with Disabilities in South Africa*, WOMEN, CHILDREN & PEOPLE WITH DISABILITIES, 69 – 71（Apr. 17, 2013）, https://ubuntucentre.files.wordpress.com/2010/09/countryreport-final-baseline-country-report-on-the-crpd-cabinet-approved – 3.pdf.

④ *Baseline Country Report to the United Nations on the Implementation of the Convention on the Rights of Persons with Disabilities in South Africa*, WOMEN, CHILDREN & PEOPLE WITH DISABILITIES, 69, 70（Apr. 17, 2013）, https://ubuntucentre.files.wordpress.com/2010/09/countryreport-final-baseline-country-report-on-the-crpd-cabinet-approved – 3.pdf.

⑤ *Baseline Country Report to the United Nations on the Implementation of the Convention on the Rights of Persons with Disabilities in South Africa*, WOMEN, CHILDREN & PEOPLE WITH DISABILITIES, 71（Apr. 17, 2013）, https://ubuntucentre.files.wordpress.com/2010/09/countryreport-final-baseline-country-report-on-the-crpd-cabinet-approved – 3.pdf.

⑥ *UN:"Grave" Disability Rights Violations Under UK Reforms*, BBC（Nov. 7, 2016）, http://www.bbc.com/news/uk – 37899305 [hereinafter Disability Rights Violations].

《公约》进行的为期四年的调查结果。① 尽管该报告并未专门针对第30条，但调查确实发现存在"严重侵犯残障人士权利"和削减残障人士福利的情况。② 该报告列举了英国在实施第30条时还存在的一些问题，指出英国的残障社群在参与体育运动方面没有明显的上升趋势。③ 报告还指出，英国残障人士在参加文化活动方面存在重大障碍。④ 缺乏无障碍交通和设施被认为是造成这种不平等的主要原因。一个名为"融入苏格兰"（Inclusion Scotland）的组织于2017年发布的一份报告中指出，社区俱乐部资金和资源的减少对残障人士的参与产生了负面影响。⑤ 该报告还发现了英国政府的过失，并指出其并未为苏格兰残障社群的利益尽力改变其政策。⑥

3. 澳大利亚

一个名为"澳大利亚公民社会"（Australian Civil Society）的组织发布了《公约》的影子报告（Shadow Report），其中进行了广泛的讨论，以考察澳大利亚是否按照《公约》履行其义务。⑦ 关于《公约》第30条在澳大利亚的地位，该报告的内容提要指出：

---

① UN: "Grave" Disability Rights Violations Under UK Reforms, BBC (Nov. 7, 2016), http://www.bbc.com/news/uk-37899305 [hereinafter Disability Rights Violations].

② UN: "Grave" Disability Rights Violations Under UK Reforms, BBC (Nov. 7, 2016), http://www.bbc.com/news/uk-37899305 [hereinafter Disability Rights Violations].

③ Monitoring the Implementation of the UN Convention on the Rights of Persons with Disabilities, EQUALITY AND HUMAN RIGHTS COMM'N, 33 (Dec. 2014), https://www.equalityhumanrights.com/sites/default/files/monitoring_the_implementation_of_the_uncrpd2.pdf.

④ Monitoring the Implementation of the UN Convention on the Rights of Persons with Disabilities, EQUALITY AND HUMAN RIGHTS COMM'N, 34 (Dec. 2014), https://www.equalityhumanrights.com/sites/default/files/monitoring_the_implementation_of_the_uncrpd2.pdf.

⑤ Implementation of the United Nations Convention on the Rights of Persons with Disabilities, INCLUSION SCOTLAND, 20 (Jan. 2017), http://inclusionscotland.org/wpcontent/uploads/2017/01/CRPD-shadow-report-Scotland-Jan-2017-PDF.docx.pdf.

⑥ Implementation of the United Nations Convention on the Rights of Persons with Disabilities, INCLUSION SCOTLAND, 20 (Jan. 2017), http://inclusionscotland.org/wpcontent/uploads/2017/01/CRPD-shadow-report-Scotland-Jan-2017-PDF.docx.pdf. (charts showing implementation).

⑦ Australian Civil Society Shadow and Baseline Report to the UN Committee on the Rights of Persons with Disabilities, DISABILITY ADVOCACY RESOURCE UNIT, 194-98 (June 2012), http://www.daru.org.au/wp/wp-content/uploads/2012/05/CRPD-Shadow-Report-10-May-2012.doc.

促进和支持参与大范围的社区文化和娱乐活动的计划很少受到政府的关注。尽管各地政府已对精英体育项目进行了投资，但对无障碍的、能让草根参与的娱乐、艺术和文化活动、计划或体育俱乐部及其活动的投资却很少。在过去的三十年里，对人们需要更强支持来促进社会联系、寻求友谊和归属感的关注已经下降。

　　政府需要采取行动，对通过参与艺术、休闲和体育运动来建立社会联系和友谊的项目进行投资。①

该报告传达了一个令人警醒的现实，即法律不能迅速或很容易地实施，并且在实践中常常无法实现《公约》中的目标。在描述第30条在澳大利亚的实施状况时，尽管澳大利亚于2009年发起了《国家艺术与残障战略》，但该报告还是列出了残障人士在参加文化、娱乐和体育活动方面存在的23项障碍。比如，全面实施该战略但分配的资源不足；缺乏清除这些障碍的综合措施，特别是造成孤立和孤独的情况以及不能参加文化活动、表演和节目，包括限制残障人士无障碍地参加各种活动等。报告中指出的其他问题包括：

　　缺乏为艺术行业的残障人士提供开发创造力的机会；难以享用旅游服务和设施；体育运动和娱乐的参与率低（由于资金不足，残障支持专用设备如改装轮椅开销大，无资金整合方式，更关注有组织的体育运动、组织和身体活动，"较少提供更广泛的休闲和娱乐机会，包括社会性的、被动的、更少组织化的休闲和娱乐机会"）；通过参与更大范围的娱乐、体育和文化活动来强调体育的身体锻炼方面胜过友谊和社交关系。②

---

① *Australian Civil Society Shadow and Baseline Report to the UN Committee on the Rights of Persons with Disabilities*, DISABILITY ADVOCACY RESOURCE UNIT, 9（June 2012），http://www.daru.org.au/wp/wp-content/uploads/2012/05/CRPD-Shadow-Report－10－May－2012.doc.

② *Australian Civil Society Shadow and Baseline Report to the UN Committee on the Rights of Persons with Disabilities*, DISABILITY ADVOCACY RESOURCE UNIT, 194－98（June 2012），http://www.daru.org.au/wp/wp-content/uploads/2012/05/CRPD-Shadow-Report－10－May－2012.doc.

该研究对澳大利亚实施第 30 条的建议如下：

为全面实施《国家艺术与残障战略》提供足够的资源；着眼于制定措施来促使残障人士建立社会联系和友谊，通过提供残障支持鼓励残障人士把握参加与其愿望和喜好相符的各种娱乐活动的时机；充分支持残障人士参与包括专业发展在内的各个层面的艺术活动；充分支持残障人士参与基层社区和精英阶层的体育和娱乐活动；推广无障碍旅游中的良好做法；制定综合措施，以满足和消除土著人和托雷斯海峡岛民中的残障人士和非英语背景残障人士的特定文化需求和生活障碍。①

4. 欧盟

截至 2011 年，欧盟有 28 个成员国已签署了《公约》。② 2014 年 6 月，欧盟发布了其执行《公约》的情况报告。关于《公约》第 30 条，欧盟报告中写道："欧盟分享并支持参与文化生活、娱乐、休闲、体育和旅游领域的技能。"③ 欧盟在体育领域的实施情况为：

体育被纳入残障战略，2011 年，在关于《发展欧盟体育》的交流协商中，将适于残障人士参与的体育运动确定为需要优先进行安排的领域。委员会鼓励成员国和体育组织改造体育基础设施以符合残障

---

① *Australian Civil Society Shadow and Baseline Report to the UN Committee on the Rights of Persons with Disabilities*, DISABILITY ADVOCACY RESOURCE UNIT, 194 – 98 (June 2012), http://www.daru.org.au/wp/wp-content/uploads/2012/05/CRPD-Shadow-Report – 10 – May – 2012.doc.

② *Report on the Implementation of the UN Convention on the Rights of Persons with Disabilities (CRPD) by the European Union*, EUROPEAN COMMISSION, 38 – 39 (June 5, 2014), http://ec.europa.eu/justice/discrimination/files/swd_2014_182_en.pdf [hereinafter EU Report].

③ *Report on the Implementation of the UN Convention on the Rights of Persons with Disabilities (CRPD) by the European Union*, EUROPEAN COMMISSION, 38 – 39 (June 5, 2014), http://ec.europa.eu/justice/discrimination/files/swd_2014_182_en.pdf [hereinafter EU Report].

人士的需求。应采用特定标准确保所有学生，尤其是残障儿童能平等地参加体育运动。通过伊拉斯谟+计划（Erasmus + Programme），推动对俱乐部及组织内的监督员、志愿者和接待人员的培训，从而达到欢迎残障人士的目标。在与体育利益相关者的磋商中，委员会特别注意与残障运动员代表保持对话。①

该报告确定了对诸如欧洲、世界特殊奥林匹克运动会及青年残奥会等项目的资金支持，并且认为残障运动员在"诸如2012年欧盟关于运动员双重职业指南等其他活动中融入主流"②。

5. 其他《公约》签署国立法

《公约》在许多国家仍处于实施初期，这些国家尚未意识到其在文化影响和社会转型方面的全部潜力。一些国家也颁布了实施《公约》的立法，准备了描述其在本国努力实施《公约》的报告。例如，斯洛伐克关于《公约》第30条的实施建议着重于为残障人士提供无障碍通信、文化设施和服务，艺术事业以及旅游支持。③

挪威于2007年签署了《公约》，并于2013年批准了该公约，但尚未签署《任择议定书》，该议定书将"允许个人向监督条约实施情况的联合

---

① *Report on the Implementation of the UN Convention on the Rights of Persons with Disabilities (CRPD) by the European Union*, EUROPEAN COMMISSION, 38 – 39 (June 5, 2014), http://ec.europa.eu/justice/discrimination/files/swd_2014_182_en.pdf [hereinafter EU Report].

② *Report on the Implementation of the UN Convention on the Rights of Persons with Disabilities (CRPD) by the European Union*, EUROPEAN COMMISSION, 40 (June 5, 2014), http://ec.europa.eu/justice/discrimination/files/swd_2014_182_en.pdf [hereinafter EU Report].

③ Alternative Report of Non-Governmental and Disability Persons Organizations, *Implementation of the United Nations Convention on the Rights of Persons with Disabilities in Slovakia*, 30 – 31 (July 2015), http://www.mdac.org/sites/mdac.info/files/crpd_slovakia_alternative_report.pdf. 建议实施措施以显著提高和扩大将文档转录为可访问格式（包括学生的课本和其他文档）的能力和财务支持；建立音像制品基金，并附上音频说明、聋人字幕，译成手语或使用手语；系统地扩大和促进文化设施和服务，在博物馆、美术馆和展览会举办的展览的无障碍获取过程；增加对残障人士在文化及文化活动中发挥创造力和艺术潜能的支持；从残障人士的角度对旅游设施的无障碍水平采用统一的评估标准。

国委员会提起申诉"①。挪威关于《公约》第 30 条第 5 款的实施报告写道：

> 为残障运动员提供服务是挪威体育政策的一项重要目标，挪威奥委会、残奥委会和体育总会（NIF）是该国在体育活动方面最重要的合作伙伴。通过向挪威奥委会、残奥委会和体育总会拨款，促进了残障人士参加体育运动……残障运动员通常以体育运动名义获得资助。该决定基于一个理想，即每个人都应该能够在其当地社区找到参与体育运动的机会。②

6.《公约》第 30 条立法总结

南非是试图在其境内接纳残障人士的示范国家之一，尽管英国已签署了联合国《公约》，但未能兑现其承诺。澳大利亚是深刻思考实现遵守《公约》目标所需措施的代表国家之一。实施《公约》面临重大挑战，但是其不仅能给残障社区及整个社会带来好处，这些好处还超过了批准《公约》的国家可能遇到的阻碍。

批准该公约的国家还必须有实施方案和政策，并表现出确保其刚性落实的意愿。目前已经批准该公约的国家必须确保有执行机制，包括给帮助残障人士的团体提供充足的资金以实现它们的目标来完成这一进程。

---

① *UN Convention on the Rights of Persons with Disabilities-Norway's Initial Report*，NORWAY'S INITIAL REPORT, 83 – 85, https://www.regjeringen.no/contentassets/26633b70910a44049dc065af217cb201/crpd-initial-reportnorway-english – 01072015.pdf, last visited Dec. 14, 2017, 请注意挪威"目前正在考虑加入《残疾人权利公约任择议定书》"。

② 挪威奥运与残奥委会和体育联合会（NIF）报告挪威有大约 11000 名残疾人。*UN Convention on the Rights of Persons with Disabilities-Norway's Initial Report*，NORWAY'S INITIAL REPORT, 83, https://www.regjeringen.no/contentassets/26633b70910a44049dc065af217cb201/crpd-initial-reportnorway-english – 01072015.pdf, last visited Dec. 14, 2017. 该报告还明确了为残障人士在文化、音乐、戏剧、书籍、音频、夏令营、节假日和福利计划、护送卡、辅助工具、宗教信仰和习俗方面加大实施力度。*UN Convention on the Rights of Persons with Disabilities-Norway's Initial Report*，NORWAY'S INITIAL REPORT, 83 – 85, https://www.regjeringen.no/contentassets/26633b70910a44049dc065af217cb201/crpd-initial-reportnorway-english – 01072015.pdf, last visited Dec. 14, 2017.

（三）政府间组织在推动实施《公约》第 30 条中的角色

《公约》将体育运动视为残障人士的一项国际人权。联合国及其各个机构和办公室在协助成员国就其政策、计划、报告和评估系统提供领导和指引方面发挥核心作用。这些政策、计划、报告和评估系统可以提升和增加残障人士参与体育运动的权利和机会。

1. 体育促进发展与和平国际工作组

体育促进发展与和平国际工作组（SDPIWG）是"在一项政府倡议政策下成立的，旨在推动将体育促进发展与和平（SDP）的政策建议纳入各国政府的国家和国际发展战略之中的组织"①。体育促进发展与和平国际工作组为成员国提供了一个分享最佳实践并报告为残障人士制订和实施体育战略计划的平台。② 体育促进发展与和平国际工作组在联合国框架内齐心协力将体育运动作为"促进价值观的多样性、包容性和公正性，并以此作为与一切形式歧视作斗争的手段"③。体育促进发展与和平国际工作组发起针对"特定主题成员国的政策框架"的改革和发展活动。④ 联合国体育与发展办公室是负责监督体育促进发展与和平国际工作组的秘书处。⑤

体育促进发展与和平国际工作组 2008 年的报告《利用体育的力量促进发展与和平：对各国政府的建议》⑥ 指出，该工作组"在促进和支持将体育

---

① Sports for Development and Peace Working Group, UNOSDP, https://www.un.org/sport/content/un-players/member-states/sport-development-and-peaceinternational-working-group, last visited Dec. 14, 2017.
② Sports for Development and Peace Working Group, UNOSDP, https://www.un.org/sport/content/un-players/member-states/sport-development-and-peaceinternational-working-group, last visited Dec. 14, 2017.
③ Promoting Awareness, Understanding and the Application of the Universal Declaration of Human Rights Through Sport and the Olympic Ideal, U.N. (Oct. 17, 2011), https://documents-dd-sny.un.org/doc/RESOLUTION/GEN/G11/167/55/PDF/G1116755.pdf.
④ 2014 Annual Report, UNOSDP, 10 (2015), https://www.un.org/sport/sites/www.un.org.sport/files/ckfiles/files/UNOSDP%20Annual%20Report%202014%20web (2).pdf.
⑤ 2014 Annual Report, UNOSDP, 10 (2015), https://www.un.org/sport/sites/www.un.org.sport/files/ckfiles/files/UNOSDP%20Annual%20Report%202014%20web (2).pdf.
⑥ Harnessing the Power of Sport for Development and Peace: Recommendations to Government, SPORT FOR DEV. AND PEACE INT'L WORKING GROUP, 171 (2008) [hereafter Harnessing the Power of Sport].

促进发展与和平作为发展计划和政策工具的系统整合和主流化方面很有帮助"①。该报告促成了5个主题工作组的发展，其中一个主题专注体育运动和残障人士。

"所有联合国成员国一般都会受邀表达其参与兴趣，并表述其对任何与体育促进发展与和平国际工作组的工作有关或由其解决的主题领域问题做出的贡献。"② 该工作组一直在其议程中积极处理体育领域的残障问题，其特别顾问参加了第五届特奥会高尔夫大师赛，以促进智障人士参与体育运动，比赛期间还组织了一次关于"让精神障碍者融入亚洲现代社会"的会议。③

2016年，联合国体育促进发展与和平特别顾问与国际轮椅篮球联合会以两个组织的共同价值观——让残障人士和健全人士团结起来为基础建立了合作关系，以"把轮椅运动确定为一种注重团结感、促进包容性的治疗性运动，以创建可以自持的新结构"④。

2. 其他非政府组织及残障人士体育运动

世界卫生组织（WHO）强调了体育运动对于"精神、智力和认知障碍者"融入社会的重要性，主张创建运动队以反对对残障人士的污名，并把体育运动作为一种"非传统、有趣和包容的"促进人权的方式。⑤

红十字国际委员会（ICRC）将体育运动视为其康复计划中的"关键盟友"。⑥ 红十字国际委员会主要关注发展中国家，创建了轮椅篮球队和

---

① *Sport for Development and Peace: Building on the Foundations*, UNOSDP, 10 (Oct. 3, 2008), https://www.un.org/sport/sites/www.un.org.sport/files/documents/pdfs/SG%27s%20Reports%20to%20GA/A－63－466/A－63－466_EN.pdf.

② 2014 *Annual Report*, *UNOSDP*, 10 (2015), https://www.un.org/sport/sites/www.un.org.sport/files/ckfiles/files/UNOSDP%20Annual%20Report%202014%20web（2）.pdf, at 11.

③ *Mr. Lemke Joins the Macau Special Olympics Golf Masters*, *Addressing Social Inclusion and Education Through Sport*, UNOSDP (April 27, 2016), https://www.un.org/sport/news/mr-lemke-joins-macau-special-olympics-golf-masters-addressing-social-inclusion-and-education.

④ *New Partnership Between USOSDP and International Wheelchair Basketball Federation*, UNOSDP (Dec. 22, 2016), https://www.un.org/sport/news/new-partnership-between-unosdp-andinternational-wheelchair-basketball-federation.

⑤ *Setting Up and Operating a Civil Society Organization in Mental Health and Related Areas-WHO Quality Rights Training to Act*, *Unite and Empower for Mental Health*, WHO, 16 (2017), http://apps.who.int/iris/bitstream/10665/254814/1/WHO-MSD-MHP－17.14－eng.pdf.

⑥ *Sport Helping to Rehabilitate Victims of War and Armed Violence*, ICRC (Sep. 6, 2016), https://www.icrc.org/en/document/sport-helping-rehabilitate-victims-war-and-armed-violence.

板球队，①甚至还帮助残障人士成为残奥会运动员。②通过与埃塞俄比亚篮球联合会合作，红十字国际委员会用体育运动增强对残障人士的包容性。③它们组织了该国首次轮椅篮球联赛。④2015年，红十字国际委员会在国际残疾人日组织了一场关于体育运动和残障的公开专题讨论会。⑤

（四）作为体育领域合作伙伴的奥林匹克运动

尽管国际立法制定了确保残障人士有权参与体育运动、文化和娱乐活动的政策，但非政府国际体育组织和重大体育赛事在为残障人士提供机会和发挥他们的领导才能从而为残障人士创造和提供体育机会方面发挥着至关重要的作用。⑥联合国将国际奥委会（IOC）和奥林匹克运动中的国际体育联合会视为体育合作伙伴，它们分享了用体育运动促进全球和平与创造机遇的理想。⑦大型体育赛事，例如国际残奥会，"可用于促进人权和加强对人权的普遍尊重，从而为人权标准的充分实现做出贡献"⑧。例如，来自伊朗的女弓箭手扎赫拉·内玛蒂（Zahra Nemati）在18岁时经历了一

---

① *Working with People with Disabilities in Asia: Fostering Greater Inclusion For All*, ICRC (Dec. 3, 2015), https://www.icrc.org/en/document/working-people-disabilities-asia-fostering-greaterinclusion-all.

② *Sport Helping to Rehabilitate Victims of War and Armed Violence*, ICRC (Sep. 6, 2016), https://www.icrc.org/en/document/sport-helping-rehabilitate-victims-war-and-armed-violence.

③ *Ethiopia Supporting Social Inclusion for Persons with Disabilities*, ICRC (Mar. 23, 2017), https://www.icrc.org/en/document/ethiopia-supporting-social-inclusion-persons-disabilities.

④ *Ethiopia: First Wheelchair Basketball Tournament Ends with a Win*, ICRC (Dec. 15, 2016), https://www.icrc.org/en/document/ethiopia-first-wheelchair-basketball-tournament-ends-win.

⑤ *Sport and Disability: Public Panel Discussion on the International Day of Persons with Disabilities*, ICRC (Dec. 3, 2015), https://www.icrc.org/en/event/sport-disability-international-daypersons-disabilities-day-for-all.

⑥ U. N. Human Rights Council, Report of the Special Rapporteur on the Right of Everyone to the Enjoyment of the Highest Attainable Standard of Physical and Mental Health, at 99, U. N. Doc. A/HRC/32/33（Apr. 4, 2016）[hereinafter 2016 Special Rapporteur Report].

⑦ Thomas Bach, *The Olympic Movement, the United Nations and the Pursuit of Common Ideals*, U. N. CHRONICLE (Aug. 2016), https://unchronicle.un.org/article/olympic-movement-united-nationsand-pursuit-common-ideals.

⑧ United Nations Human Rights Council, A/HRC/RES/26/18, *The Right of Everyone to the Enjoyment of the Highest Attainable Standard of Physical and Mental Health: Sport and Healthy Lifestyles as Contributing Factors*, U. N. Doc., A/HRC/RES/26/18, 2 (July 14, 2014).

场车祸后瘫痪,[①] 经过努力成为 2012 年伦敦残奥会的金牌运动员、2016 年里约奥运会和残奥会资格赛运动员以及联合国大使,推动体育运动成为增强妇女和残障人士自主权力量的源泉。[②]

1. 国际残奥会

《公约》用体育运动推动人权的作用,通过奥运会和残奥会得到了部分体现。[③] 国际残奥委会(IPC)成立于 1989 年,是残疾人奥林匹克运动的领导机构。国际残奥委会组织夏季和冬季残奥会,监督世界锦标赛,并且是 10 个体育项目的国际联合会。[④]

残疾人奥林匹克运动汇聚了世界上身体有残障的精英运动员,他们在残奥会的 24 个项目中竞争,残奥会于奥运会闭幕两周后在同一城市和地点举行。[⑤] 残奥会被公认为"提供了一个提高对残障人士认识的平台,提升了残障人士权利,为实施《公约》及其《任择议定书》提供了

[①] Helen Pidd at Sambódromo, *Trail-Blazer Zahra Nemati Wins Hearts and Minds with Stirring Effort in Archery*, THE GUARDIAN (Aug. 9, 2016), https://www.theguardian.com/sport/2016/aug/09/zahra-nemati-olympics-heart-and-minds-archery.

[②] *Nemati to Bear Iran's Flag at Rio* 2016 *Opening Ceremony*, WORLD ARCHERY (Jan. 25, 2016), https://worldarchery.org/news/136775/nemati-bear-irans-flag-rio-2016-opening-ceremony.

[③] *Olympic Charter*, IOC, Art. 1, § 2 8, www.Olympic.org/Documents/olympic_charter_en.pdf. 第二次世界大战后,奥林匹克运动聚集了空前的力量,在体育作为一项社会目标的框架下取得了政府的支持,其中包括建设公共体育基础设施及促进体育活动开展。*Special Rapporteur on Adequate Housing as a Component of the Right to an Adequate Standard of Living, and on the Right to Non-Discrimination in this Context*, U. N. Doc., A/HRC/13/20, 2 (Dec. 18, 009). 这些努力的结果是体育运动参与度的增长,而且这些努力反过来在通过体育运动实现健康权方面发挥着关键作用。Ibid., at 100.

[④] *The IPC-Who We Are: About Us*, IPC, http://www.paralympic.org/the-ipc/about-us, last visited Dec. 14, 2017 [hereinafter Paralympic Website]. 参见 Barrie Houlihan & Pippa Chapman, *Talent Identification and Development in Elite Youth Disability Sport*, 20 SPORT IN SOC'Y 107, 108 (2016)。

[⑤] Paralympic Website, Harnessing the Power of Sport for Development and Peace: Recommendations to Government, SPORT FOR DEV. AND PEACE INT'L WORKING GROUP, 171 (2008). 请注意射箭、残疾人田径、羽毛球、硬地滚球、自行车运动、皮划艇、盲人门球、马术、七人制足球、盲人柔道、举重、轮椅体育舞蹈、赛艇、射击、残疾人运动、坐式排球、残疾人游泳、乒乓球、跆拳道、铁人三项赛、轮椅篮球、轮椅橄榄球和轮椅网球等项目中的竞赛。

独特机会"①。残疾人奥林匹克运动强调"对全球观众而言残障运动员所取得的成就,是促进对残障人士的正面看法及让残障人士更好地融入体育运动和社会的主要工具"②,要求所有利益相关方,将体育运动作为提高包括残障人士在内的特殊群体各方面生活质量、促使其融入社会并改善其健康状况的一种方式。③ 联合国大会承认残奥会运动员是为"通过体育运动和奥林匹克理想推动和平与人类理解"做出贡献的领导者。④ 这些残障运动员是民族自豪感的主要来源。⑤

作为全球体育赛事,残奥会是世界上第三大体育赛事,它向世界展现了残障人士的能力。⑥ 对残障人士体育赛事的媒体报道有助于形成对残障人士更积极、准确的看法。⑦ 里约残奥会的破纪录门票销售为残障运动员提供了"在满座场馆中展示他们惊人的意志和技能"的机会。⑧ 全球34亿人观看了2012年伦敦残奥会。⑨ 2016年里约残奥会估计有40亿观众。⑩ 通过展示人类精神的承受力,残障人士使用其特殊技能的形象可以给全世

---

① 参见 *Games of the XXIX Olympiad & The XIII Paralympic Games in Beijing: The UN System in Action*, UNOSDP, 14 (2009), https://www.un.org/sport/sites/www.un.org.sport/files/ck-files/files/UNOSDP% 20Beijing% 20Olympic% 20and% 20Paralympic% 20Games% 202008% 20Report (1). pdf。
② U. N. General Assembly, *Sport as a Means to Promote Education, Health, Development, and Peace*, U. N. Doc. A/71/L. 38 (Dec. 16, 2016).
③ U. N. General Assembly, *Sport as a Means to Promote Education, Health, Development, and Peace*, U. N. Doc. A/71/L. 38 (Dec. 16, 2016).
④ U. N. General Assembly, *Building a Peaceful and Better World Through Sport and the Olympic Ideal*, U. N. Doc. A/RES/70/4 (Nov. 13, 2015).
⑤ 参见 Jeré Longman, *South Africa's du Toit Fulfills a Dream Derailed*, N. Y. TIMES, Aug. 17, 2008, http://www.nytimes.com/2008/08/18/sports/olympics/18longman.html。
⑥ Matt Slater, *Olympics and World Cup Are the Biggest, But What Comes Next?*, BBC SPORT (Dec. 4, 2014), http://www.bbc.com/sport/30326825.
⑦ *Harnessing the Power of Sport for Development and Peace: Recommendations to Government*, SPORT FOR DEV. AND PEACE INT'L WORKING GROUP, 177 (2008).
⑧ *Rio 2016 Ticket Sales Reach 1.5 Million Mark*, RIO2016 PARALYMPIC GAMES (May 9, 2016), https://www.paralympic.org/news/rio-2016-ticket-sales-reach-15-million-mark.
⑨ *London 2012 Paralympics Proves a Worldwide TV Ratings Winner*, OFFICIAL WEBSITE OF THE PARALYMPIC MOVEMENT (Nov. 27, 2012), https://www.paralympic.org/press-release/london-2012-paralympics-proves-worldwide-tv-ratings-winner.
⑩ *Record Number of Broadcasters for Rio 2016*, RIO2016 PARALYMPIC GAMES (May 9, 2016), https://www.paralympic.org/news/record-number-broadcasters-rio-2016.

界许多人带来强烈的鼓舞。正是理解了这一点，国际残奥委会向那些通过广播、文字和照片等方式慎重报道残奥会运动员及其赛事的国际媒体颁发残奥媒体奖。① 尽管如此，有关残奥会的媒体和电视报道是极其有限的。② 在实施《公约》时，成员国应该认识到媒体的重要性，并采取措施促进和激励国际体育赛事内容提供者更广泛地关注残障体育。

2. 特奥会

特奥会在170多个国家为智力残疾运动员提供32项具有奥林匹克风格的夏季和冬季体育竞赛。特奥会是残障人士的最大赛事，估计有7000名运动员和30000名志愿者参加，同时还举办其他活动，例如约120名运动员参加的残疾人世界锦标赛中的国际保龄球比赛。③ 特奥会由尤尼斯·肯尼迪·施莱佛（Eunice Kennedy Shriver）创立，是人们创造一个具有包容性和团结精神的新世界的一项全球运动。在这项赛事中，无论健全或是残障，每个人都可以得到接受和欢迎。④ 通过奥林匹克运动训练、增强团结精神、塑造更健康的运动员、扩大青年参与、加强前沿研究、增强青年体育运动和比赛以及体育领导力，该赛事覆盖了约2亿智力残疾人士。⑤

（五）美国——《美国残障法案》

美国于2009年7月签署了《公约》，但是，美国并不是成员国，因为

---

① *Paralympic Media Awards*, OFFICIAL WEBSITE OF THE PARALYMPIC MOVEMENT, https://www.paralympic.org/the-ipc/awards/paralympic-media, last visited Dec. 14, 2017.

② *The IPC-Who We Are: About Us*, IPC, http://www.paralympic.org/the-ipc/about-us, last visited Dec. 14, 2017. 参见 Barrie Houlihan & Pippa Chapman, Talent Identification and Development in Elite Youth Disability Sport, 20 SPORT IN SOC'Y 107, 108 (2016)。

③ Tracey J. Dickson et al., *Enhancing Destination Competitiveness Through Disability Sport Event Legacies: Developing an Interdisciplinary Typology*, 29 INT'L J. OF CONTEMP. HOSPITALITY MANAGEMENT, 924, 936 (2017).

④ *Who We Are*, SPECIAL OLYMPICS, http://www.specialolympics.org/Sections/Who_We_Are/Who_We_Are.aspx, last visited Dec. 14, 2017.

⑤ *Who We Are*, SPECIAL OLYMPICS, http://www.specialolympics.org/Sections/Who_We_Are/Who_We_Are.aspx, last visited Dec. 14, 2017. *The Power and Impact of Special Olympics*, SPECIAL OLYMPICS, http://www.specialolympics.org/Stories/Best/Stories_of_Power_and_Impact.aspx, last visited Dec. 14, 2017.

比2009年所需的三分之二多数票数少了6票，美国参议院并未授权批准该公约。① 尽管美国不是《公约》的成员国，但美国确实有全面的联邦残障权利立法。

1. 美国残障立法概述

美国的联邦残障立法始于适用于联邦财政资助项目的1973年《康复法案》和覆盖面更广、涵盖构成公共调适场所的大多数私人雇主和私人实体的1990年《美国残障法案》（ADA）。这些法律禁止基于残障的歧视，并进一步要求这些实体提供合理的便利、修改或提供辅助工具，以使有资格的残障人士能够进入并参与该项目或活动。② 国会在制定《美国残障法案》时，发现残障人士不断遭受各种形式的歧视，包括"彻底故意排斥，建筑、交通和沟通障碍造成的歧视性影响，过度保护的规则和政策，未对现有设施、项目和实践进行修改，排他性资格标准和条件，隔离以及更差的服务、项目、活动、利益、工作或其他机会"③。

美国残障法律将积极义务强加于所涵盖的实体，要求其提供合理调适以及修改不必要的资格标准。例如，《美国残障法案》中的歧视定义包括：

> 强加或应用资格标准来排除或易于排除残障人士……未对政策、

---

① Kareem Dale, *Valerie Jarrett & Ambassador Rice at the U. S. Signing of the UN Convention on the Rights of Persons*, THE WHITE HOUSE (July 30, 2009), https://obamawhitehouse.archives.gov/blog/2009/07/30/valerie-jarrett-ambassador-rice-us-signingun-convention-rights-persons. 参见 John R. Vaughn, *Finding the Gaps: A Comparative Analysis of Disability Laws in the U. S. to the U. N. Convention on the Rights of Persons with Disabilities*, NAT'LCOUNCIL ON DISABILITY (May 12, 2008), http://www.ncd.gov/publications/2008/May122008#aa30。参见 Elisabeth Doyle, *The UN Convention on the Rights of Persons with Disabilities and U. S. Law: An Overview of Differences*, POWERS PYLES SUTTER & VERVILLE PC (Dec. 14, 2017), http://www.c-c-d.org/fichiers/CRPD-and-US-Law (Revised9 – 26 – 2008). pdf.

② 普遍禁止歧视的规定是："任何个人都不应基于残疾在任何公共场所受到拥有、租赁（出租）或经营公共场所的任何人的歧视，该歧视致使该人无法充分、平等地享用商品、服务、设施、特权、优势或设施。" 29 U. S. C. § 794 (2017); 42 U. S. C. § 12182 (2017). 在§12112 和§12132 中分别关于就业和提供公共服务做出了类似的反歧视规定。

③ 42 U. S. C. § 12101 (a) (5) (2017).

做法或程序进行合理的修改，如果这样修改对为残障人士提供适当商品、服务、设施、特殊要求、便利或调适来说是必需的。①

《美国残障法案》进一步要求这些"商品、服务、设施、特殊要求、便利和调适应当在适合个人需求的大多数无障碍环境中提供给残障人士"②。例外情形只适用于实体可以证明此类标准不是必需的或"做这样的修改会从根本上改变这些商品、服务、设施、特殊要求、便利或调适的性质"③。

2. 应用于体育运动的美国残障法律

尽管美国残障法律并未具体提及《公约》第 30 条第 5 款明确规定的参加体育运动的权利，但美国残障法律中也有类似的条款适用于提供文化、娱乐或体育运动机会和赛事的实体。美国残障法律适用于几乎所有的教育机构、运动队和组织，其目标之一就是确保残障人士享有平等的机会和充分参与的权利。

例如，在无障碍使用方面，体育设施、体育馆和体育场地必须可以让残障人士在大多数无障碍环境中进入和使用。体育设施必须消除建筑障碍并提供轮椅可通行的停车场、入口、座位、洗手间、饮水器、标志及清晰视线和助听设备。④

美国残障法律已经并将继续对体育运动产生重大影响，有时会引发复杂而有争议的医学法律问题，这些问题涉及残障人士参加体育运动的权利以及管理体育竞赛的实体制定、执行相关资格和安全规则的伴生权利和义务。残障运动员对体育领域各种资格规则提出了挑战，例如医疗许可/参

---

① 42 U.S.C. § 12182 (2) (A) (i-ii) (2017). 参见 42 U.S.C. § 12102 (1) (2017) 将 "残疾"定义为对一个人而言：(A) 身体或者精神上的损伤实质上限制了一项或多项主要生活活动；(B) 有损伤的记录；或 (C) 被认为有某类缺陷。
② 42 U.S.C. § 12182 (b) (1) (B) (2017).
③ 42 U.S.C. § 12182 (b) (2) (A) (ii) (2017).
④ 42 U.S.C. § 12181 (a) (b) (1) (2017). 参见 Mark A. Conrad, "Wheeling Through Rough Terrain—The Legal Roadblocks of Disabled Access in Sports Arenas," 8 *MARQ. SPORTS L. J.* 263 (1998) (discussing stadium sightline access litigation).

与规则①、年龄限制②、学术标准③或观众的物理无障碍。根据《世界反兴奋剂条例》，某些禁用药物因用于特定医疗需要或残障人士治疗需要而被纳入治疗用药豁免清单中。但是，与体育中的残障权有关的争议最大的问题涉及法律对体育竞争性质的影响以及体育组织执行参赛规则的能力。

《美国残障法案》并未特别关注体育运动的参加资格，其主要目的是解决就业和无障碍使用问题。然而，实施这些规定需要有机构为合格的残障个人提供参加教育和非学术活动的平等机会。由于医疗损害、遗传易感性或残障而被实际上排除在体育活动之外的残障运动员，可援引美国残障法律中严格的反歧视标准来维护其参与权及在大学联赛、高中联赛和职业体育中合理修改体育项目的资格标准的权利。④

例如，右腿有严重先天性缺陷的凯西·马丁（Casey Martin）控告职业高尔夫球巡回赛（PGA Tour）组织者，要求允许其在职业高尔夫锦标赛中驾驶高尔夫球车，尽管所有其他球员都必须步行。关于该案的争论或明或暗地集中在提供便利是否赋予了马丁不公平的竞争优势上。⑤ 在该案中（*PGA Tour, Inc. v. Martin*），美国最高法院将核心问题界定为考虑到原告的个人情况，允许其在锦标赛比赛中使用高尔夫球车是否会从根本上改变职业高尔夫球锦标赛。⑥ 在确定步行规则对职业高尔夫球锦标赛的本质来

---

① 参见 *Knapp v. Northwestern University*, 101 F. 3d 473 (7th Cir. 1996), *cert. denied* 520 U. S. 1274 (1997)。支持西北大学基于队医认为尼克·纳普（Nick Knapp）不具备资格，拒绝其加入大学篮球队的决定。因为即使他使用内置除颤器，也会增加心脏死亡的风险。

② 参见 *Sandison v. Michigan High School Athletic Ass'n Inc.*, 64 F. 3d 1026 (6th Cir. 1995); *Pottgen v. Missouri State High School Activities Ass'n*, 40 F. 3d 926 (8th Cir. 1994)。基于健康和安全考虑，遵守年龄限制规则是一项基本的资格要求，且修改可能会不合理。*Cf. Johnson v. Florida High School Activities Ass'n, Inc.*, 900 F. Supp. 579 (M. D. Fla. 1995)。进行个性化评估，并认为放弃年龄规则对于有学习障碍的学生来说是合理的修改。vacated 102 F. 3d1172 (11th Cir. 1997), appeal after remand, 103 F. 3d 720 (11th Cir. 1997)。

③ 参见 *Bowers v. NCAA*, 9 F. Supp. 2d 460, 488 (D. N. J. 1998)。

④ Yasser et al., SPORTS LAW CASES & MATERIALS 853 (Lexis Pub. 2015)。

⑤ *PGA Tour, Inc. v. Martin*, 532 U. S. 661, 666–667 (2001)。

⑥ *PGA Tour, Inc. v. Martin*, 532 U. S. 661, 678 (2001). 参见 Ibid., at 681。总结为"作为巡回赛和排位赛期间的公共膳宿机构，职业高尔夫球协会不得基于残障歧视观众或参赛者"。Ibid., at 689。"国会并未对田径竞赛做出例外规定，它极少给予体育组织特权，以让其认为有任何规则可以让其免于基本的变更调查，无论对竞赛来说是多么不重要，变更规则是必须的。"

说"至多是次要的",以及为马丁放弃这一规则是合理的后,法院裁定职业高尔夫球协会等机构必须进行个性化调查,以评估残障运动员修改规则的要求是否对锦标赛的性质造成了根本性改变。① 法院随后裁定,步行规则对职业高尔夫球锦标赛的本质来说"至多是次要的",为马丁放弃这一规则是合理和必要的。②

职业高尔夫球协会辩称,法律应将定义谁有资格参加比赛的规则与确定比赛方式的规则区分开来,对后面的"实体"规则进行任何修改,本身就是根本上的改变。③ 斯卡利亚与托马斯大法官共同发表了异议意见,他们在异议意见中认为体育组织与受《美国残障法案》约束的其他企业的不同之处在于应由体育组织决定比赛规则。斯卡利亚大法官对职业高尔夫球协会必须打传统高尔夫球比赛的假设提出质疑,他声称如果规则制定者认为该规则是必要的,没有法院能宣布一项或另一项竞技体育规则是不必要的,甚至连"美国最高法院"也不能。④

由斯卡利亚大法官撰写,托马斯大法官附议的异议意见指出:

> 《美国残障法案》旨在确保残障人士的残障不会让其失去包括平等参加竞技体育赛事在内的机会,而不是不会让其丧失赢得竞技体育赛事的平等机会。后者是完全不可能的,因为竞技体育的本质是根据统一规则对分布不均的天赋进行测量。正是这种分配不均决定赢家和输家,通过强调其特别弱点给予一个或另一个运动员豁免规则的权利从而人为地做到"平均"分配才会破坏比赛……⑤

残疾人事务特别报告员的报告评论了马丁诉职业高尔夫球协会判决的缺点,指出:

---

① *PGA Tour, Inc. v. Martin*, 532 U.S. 661, 683 (2001).
② *PGA Tour, Inc. v. Martin*, 532 U.S. 661, 682 (2001).
③ *PGA Tour, Inc. v. Martin*, 532 U.S. 661, 671 (2001).
④ *PGA Tour, Inc. v. Martin*, 532 U.S. 661, 699 (2001). 为什么即使职业高尔夫球巡回赛(PGA Tour)愿意,其也不能推广具有独特规则的新比赛?
⑤ *PGA Tour, Inc. v. Martin*, 532 U.S. 661, 699 (2001).

迄今为止，似乎残障人士参与专业水平的主流运动的适当性还是根据个案确定的。例如，可以为参加高尔夫球之类体育运动的残障人士调适规则，这不会改变该体育运动的本质，因此应采取此类措施以避免歧视。在不从根本上改变体育运动就无法做适当调适的情况下，残障人士的参与仍然存在不确定性，应由国际组织与残障人士协商进一步审查事宜，以协助各国颁布相关政策。[①]

3. 对美国个案调查方法的国际评论

特别报告员批评了根据《美国残障法案》采取个性化方法确定为残障人士提供调适的义务，因为采用这种方法具有不确定性。当残障人士参加体育活动影响到该活动的本质属性时，由于美国残障法律并未赋予残障人士参加体育运动的权利，《公约》的"平等基础"标准该如何处理这种情况呢？

（六）《公约》第 30 条第 5 款规定的平等参与体育活动

根据 1982 年《关于残疾人的世界行动纲领》，"机会平等是指要使整个社会体系能为人人所利用，诸如物质和文化环境、住房和交通、社会和保健服务、教育和工作机会及包括体育运动和娱乐设施在内的文化和社会生活"[②]。创造一个机会平等的环境，增加残障人士参与"所在国家公民和文化生活"的可能性，并加快这一进程。[③]

能够与身体健全的运动员竞争的残障运动员是实施《公约》第 30 条

---

① U. N. Human Rights Council, Report of the Special Rapporteur on the Right of Everyone to the Enjoyment of the Highest Attainable Standard of Physical and Mental Health, 19, U. N. Doc. A/HRC/32/33 (Apr. 4, 2016).

② *World Programme of Action Concerning Disabled Persons*, U. N. (Feb. 1982), https://www. un. org/development/desa/disabilities/resources/world-programme-of-action-concerningdisabled-persons. html.

③ *Secretary-General Hails Advances in Disability Rights*, *Telling Meeting on Tenth Anniversary of Landmark Convention "We Must Go Further Still,"* U. N. (July 7, 2016), http://www. un. org/press/en/2016/sgsm17909. doc. htm.

第5款（a）项取得积极成果的明显例子，其中阐明了残障人士有权参加主流体育活动，有机会在活动中与身体健全人士一较高下。① 然而，平等并不意味着有违反规则的权利。例如，参加残奥会的运动员必须遵守《世界反兴奋剂条例》规定的反兴奋剂规则。国际残奥委会基于一项调查发现俄罗斯存在国家体系支持的兴奋剂违规行为，因此禁止整个俄罗斯残奥会代表团参加2016年里约残奥会。② 但是当残障运动员要求修改竞赛资格规则或比赛规则时，什么是《公约》第30条第5款中的平等呢？

1. 皮斯托瑞斯诉国际田联案：调适还是优势？

"平等"参与主流体育运动和残障运动员参加主流精英竞赛的权利通过奥斯卡·皮斯托瑞斯诉国际田联（IAAF）案在国际体育界被明确提出。③ 南非短跑运动员奥斯卡·皮斯托瑞斯，11月大时就双腿截肢，他试图与身体健全人士一起参加世界上最高水平的主流竞赛。④ 皮斯托瑞斯曾在2004年雅典残奥会上赢得一块金牌，之后其选择在国际田联认可的比赛中，与身体健全的运动员一起竞争，包括2008年在中国北京举行的奥运会。为了进行比赛，皮斯托瑞斯需要使用被称为"猎豹脚套"（"刀锋"）的假肢。负责管理的国际体育联合会——国际田径联合会（IAAF）禁止

---

① Eli A. Wolff et al., *Understanding the Right to Sport in the United Nations Convention on the Rights of Persons with Disabilities*, Sport in the United Nations Convention on the Rights of Persons with Disabilities, IDISWG, 2007, 32 (2007), http://pacific.ohchr.org/docs/UN_Sport_Disability_Booklet.pdf. 娜塔莉·杜·图伊托是南非的一名截肢游泳运动员，她成为奥运会和残奥会开幕式的第一位残疾人旗手。参见 Jeré Longman, *South Africa's du Toit Fulfills a Dream Derailed*, N.Y. TIMES (Aug. 17, 2008), http://www.nytimes.com/2008/08/18/sports/olympics/18longman.html. *See also* Nemati and Pitsorius。

② *The IPC Suspends the Russian Paralympic Committee with Immediate Effect*, IPC (Aug. 7, 2106), https://www.paralympic.org/news/ipc-suspends-russian-paralympic-committee-immediateeffect.

③ Pistorius v/ IAAF, Arbitration CAS 2008/A/1480, Certified Award, at 24 (May 16, 2008), http://jurisprudence.tas-cas.org/Shared%20Documents/1480.pdf [hereinafter Pistorious CAS Award].

④ Cole Moreton, *London 2012 Olympics: Oscar Pistorius Finally Runs in Games After Five Year Battle*, THE TELEGRAPH (Aug. 2, 2012), http://www.telegraph.co.uk/sport/olympics/athletics/9452280/London-2012-Olympics-Oscar-Pistorius-finally-runs-in-Games-after-five-year-battle.html. 奥斯卡·皮斯托瑞斯创造了历史，成功进入2012年伦敦奥运会的400米比赛半决赛。*Oscar Pistorious Makes Olympic History in 400m at London 2012*, BBC SPORT (Aug. 4, 2012), http://www.bbc.com/sport/olympics/18911479.

皮斯托瑞斯参加 2008 年奥运会,理由是假肢构成了一种非法的技术手段,为他提供了"与其他不使用该'刀锋'假肢的人相比明显的机械和竞争优势",违反了国际田联竞赛规则。

皮斯托瑞斯按照《奥林匹克宪章》规定的争议解决程序将国际田联的决定上诉至国际体育仲裁院(CAS)。皮斯托瑞斯声称,国际田联未能寻求任何适当的调适、解决方法或修改方案,以允许他与身体健全的运动员在平等的基础上竞争,因而违反了不歧视义务,并剥夺了其"包括平等参与奥林匹克运动这一原则和价值在内的"基本人权。[1]

国际田联规则禁止"使用任何装有弹簧、车轮或任何其他为使用者提供比不使用这种装置的运动员更有优势的技术设备"。在分析皮斯托瑞斯的请求时,国际体育仲裁院仲裁庭将其分析框定为:"残障法只允许像皮斯托瑞斯先生这样的运动员与其他人在同一基础上竞争。"[2] 因此,需要确定的确切问题是"皮斯托瑞斯先生是否在平等的基础上与其他不使用'猎豹脚套'('刀锋')这一假肢的运动员竞争"[3]。仲裁庭认为,科学证据并未证明假肢为皮斯托瑞斯提供了新陈代谢或生物力学优势。[4] 因此,仲裁庭裁定皮斯托瑞斯可以在平等的基础上与身体健全的运动员竞争,前提是该设备不能为他提供相较于其他运动员的优势。[5]

对皮斯托瑞斯案仲裁裁决的分析可以作为定义"平等"一词的参考。[6]尽管仲裁庭认为,由于摩纳哥的批准问题,《公约》不适用于本案,[7] 但

---

[1] Pistorious CAS Award, Pistorius v/ IAAF, Arbitration CAS 2008/A/1480, Certified Award, at 9(May 16, 2008), http://jurisprudence.tas-cas.org/Shared%20Documents/1480.pdf.
[2] Pistorious CAS Award, Pistorius v/ IAAF, Arbitration CAS 2008/A/1480, Certified Award, at 9(May 16, 2008), http://jurisprudence.tas-cas.org/Shared%20Documents/1480.pdf.
[3] Pistorious CAS Award, Pistorius v/ IAAF, Arbitration CAS 2008/A/1480, Certified Award, at 9(May 16, 2008), http://jurisprudence.tas-cas.org/Shared%20Documents/1480.pdf.
[4] Pistorious CAS Award, Pistorius v/ IAAF, Arbitration CAS 2008/A/1480, Certified Award, at 12(May 16, 2008), http://jurisprudence.tas-cas.org/Shared%20Documents/1480.pdf.
[5] Pistorious CAS Award, Pistorius v/ IAAF, Arbitration CAS 2008/A/1480, Certified Award, at 13(May 16, 2008), http://jurisprudence.tas-cas.org/Shared%20Documents/1480.pdf.
[6] Pistorious CAS Award, Pistorius v/ IAAF, Arbitration CAS 2008/A/1480, Certified Award, at 9(May 16, 2008), http://jurisprudence.tas-cas.org/Shared%20Documents/1480.pdf.
[7] Pistorious CAS Award, Pistorius v/ IAAF, Arbitration CAS 2008/A/1480, Certified Award, at 9(May 16, 2008), http://jurisprudence.tas-cas.org/Shared%20Documents/1480.pdf.

其分析可以阐明最大可能限制的范围。仲裁庭考虑了包括当事双方和法律专家提供的科学证据在内的各种因素，以证明上诉人有资格参加国际田联认可的国际赛事。① 仲裁庭的分析可以理解为扩大解释，以提供对"最大限度可能"的解释：

> "猎豹脚套"（"刀锋"）这一假肢已经使用了十年，而且迄今没有其他使用假肢的运动员（无论是单腿截肢者还是双腿截肢者）能跑得足够快以与身体健全的运动员有效竞争，只有皮斯托瑞斯先生做到了。实际上，其他使用假肢的运动员之前的表现作为研究假肢能否提供优势的对照，证明了即使假肢提供了优势，但也相当有限，如前所述，假肢能提供优势尚未得到证实。②

仲裁庭将他们的决定限制在这一特殊案例③和所用特定型号假肢上，④还解决了国际田联规则已最大限度为残障运动员提供参与主流运动的机会这一结论的模糊性问题。⑤ 该案例留下了一个问题：当假肢领域的科学进步能带来整体优势时，像皮斯托瑞斯这样的运动员将如何竞争？

2. 分开举办体育赛事不公平吗？

残奥会和特奥会等体育赛事"帮助树立了运动员榜样，他们作为国内和国际的优秀代表，在体育运动中已经达到了最高水准"⑥。残奥会运动

---

① Pistorious CAS Award, Pistorius v/ IAAF, Arbitration CAS 2008/A/1480, Certified Award, at 13 (May 16, 2008), http://jurisprudence.tas-cas.org/Shared%20Documents/1480.pdf.
② Pistorious CAS Award, Pistorius v/ IAAF, Arbitration CAS 2008/A/1480, Certified Award, at 13 (May 16, 2008), http://jurisprudence.tas-cas.org/Shared%20Documents/1480.pdf.
③ Pistorious CAS Award, Pistorius v/ IAAF, Arbitration CAS 2008/A/1480, Certified Award, at 14 (May 16, 2008), http://jurisprudence.tas-cas.org/Shared%20Documents/1480.pdf.
④ Pistorious CAS Award, Pistorius v/ IAAF, Arbitration CAS 2008/A/1480, Certified Award, at 14 (May 16, 2008), http://jurisprudence.tas-cas.org/Shared%20Documents/1480.pdf.
⑤ Pistorious CAS Award, Pistorius v/ IAAF, Arbitration CAS 2008/A/1480, Certified Award, at 10 (May 16, 2008), http://jurisprudence.tas-cas.org/Shared%20Documents/1480.pdf.
⑥ Simon Walker, The Convention on the Rights of Persons with Disabilities: Participation in Sport and the Right to Take Part in Cultural Life, SPORT IN THE U. N. CONVENTION ON THE RIGHTS OF PERSONS WITH DISABILITIES, Int'l Disability in Sport Working Group (IDIS-WG), 16 (2007), http://pacific.ohchr.org/docs/UN_Sport_Disability_Booklet.pdf.

员的故事为许多残障人士和身体健全人士提供了鼓舞,例如,自出生起就失明的特里莎·佐恩-哈德森(Trischa Zorn-Hudson),也许是 24 年来残奥会游泳项目中获得奖牌最多的运动员,她一共获得了 55 枚奖牌。① 埃斯特·弗吉尔(Esther Vergeer)在其 9 岁的一次脊髓手术后瘫痪了,但他引领了 10 年的轮椅网球运动,赢得了包括 7 项残奥会比赛在内的多项赛事。②

对残障人士获得包容提出了一个有趣的问题。如果要平等对待残障人士,那么单独为残障人士举办体育赛事是否具有歧视性?③ 在提出这个问题后,一位评论员指出:"让所有运动员参加同一场比赛,将是对'参与'理想的最终检验标准。"如果每项比赛都由身体健全的运动员获胜,那么残障运动员会满意吗?或者,随着假肢和轮椅技术的进步,如果残障运动员赢得了每场比赛,那么身体健全的运动员会高兴吗?④ 再或者,我们可以在庆祝奥运会的同一时期举办其他赛事吗?

3. 是否统一奥运会和体育运动?

残奥会和特奥会本身无疑是非凡的赛事。不幸的是,媒体报道和观众观看的热度在沉浸于奥运会之后趋于减弱。作为一项思想实验,想象一下全世界的目光聚焦于奥运会开幕式,其中包括来自世界各地的精英运动员,他们代表各自国家参加主流赛事、残奥会和特奥会。为身体健全的运动员和残障运动员举办同一赛事的组织工作可能会充满挑战。但是通过将

---

① Paul D. Bowker, *With an Astounding 55 Medals, Trischa Zorn-Hudson is the Most Decorated Paralympian Ever*, TEAMUSA (March 23, 2016), http://www.teamusa.org/USParalympics/Features/2016/March/23/The-Most-Decorated-Athlete-Youve-Never-Heard-Of-Meet – 55 – Time-Medalist-Trischa-Zorn-Hudson.
② Sarah Holt and Leila Hussain, *Esther Vergeer: What the Invincible Sportswoman Did Next*, CNN (Feb. 20, 2015), http://edition.cnn.com/2015/02/17/tennis/the-career-of-invincible-esthervergeer/index.html.
③ Will Heilpern, *Why the Olympics and Paralympics Are Still Separate*, BUSINESS INSIDER (Aug. 17, 2016), http://www.businessinsider.com/why-the-olympics-and-paralympics-are-separateevents – 2016 – 8. 请注意将两种奥运会结合起来以增加残障运动员的参与度并为其提供资助的可能性,扪心自问"现在是时候结束残障运动员与奥林匹克运动员的隔离吗?"
④ *Paralympics Ethics Guide*, BBC, http://www.bbc.co.uk/ethics/sport/aspects/paralympics.shtml, last visited Dec. 14, 2017.

世界精英运动员和粉丝们聚集在世界最重要的体育赛事的同一舞台上，平等、包容、进取的奥林匹克运动精神必将进一步得到实现。

五　结语

基于残障的歧视以多种形式发生。无论是物质、态度、社会、经济、法律还是政策上的障碍，残障人士都被剥夺了充分参与文化和社会生活（包括运动权）的重要机会。参与文化生活、娱乐、休闲和体育运动与其他基本人权紧密相连。

《公约》承认残障人士有权体验文化、娱乐、休闲和运动，无论是作为艺术家、运动员、参与者、观众还是粉丝。这些经验的价值从个人扩展到国际社会。蒲柏·弗兰西斯明确指出体育机构、商业、企业赞助商以及教育、社会和宗教团体应承担道义责任，以确保体育运动的包容、无障碍及纯洁。[①] 体育运动是一种独特的现象，可以促进残疾人士的平等，并向社会证明人类的决心超越了身体的局限。

《公约》带来了国际法力量，以确保残障人士权利处于前沿并扎根于全球社会。美国应与国际社会一起批准《公约》，明确承诺反对残障歧视，并与社会全体成员一起举办庆祝会庆祝。成员国和非政府体育组织，如奥林匹克、残疾人奥林匹克和特殊奥林匹克运动委员会，以及媒体在这项任务中起关键作用。

批准《公约》表明朝着保障平等权利迈出了有效的一步。单纯批准虽然受到欢迎，但帮助《公约》规定的所需帮助的人们，也只是向平等迈进一步。实施、衡量、数据收集、意识、教育以及计划执行和监督系统至关重要。

像《美国残障法案》一样，《公约》极有希望提高残障人士的权利意识，以使其充分融入社会的各个方面。但是，希望和政策也需要从基层体

---

① *Pope Francis: Sport Has Great Value, Must be Honest*, VATICAN RADIO (May 10, 2016), http://en.radiovaticana.va/news/2016/10/05/pope_francis_sport_has_great_value,_must_be_honest/1263027.

育一直到高层一起采取行动。必须欢迎并鼓励残障儿童早日参加体育运动，以促使人们将其作为一种规范予以接受。对竞技体育可能造成负面影响的担忧不应分散我们的注意力，要为绝大多数想参加、想运动的残障人士提供体育运动机会，并让体育运动成为其生活中最大乐趣之一。加油！

[责任编辑：狄磊]

案例研读

法院裁判妇女权益案例的分析

刘龙芳[*]

摘要：妇女权益的司法保护经历了从被动保护到主动干预的态度转变，妇女权益保护最终以禁止歧视的姿态进入实质性的司法审查环节。在司法实践中，农村土地承包和劳动就业领域是当前妇女权益诉讼高发带。我国当前人民法院对妇女权益案件的司法审查存在扩大歧视的合法合理认定，侧重女性生理特征的特殊保护，以及严格认定对妇女实施的性骚扰行为等特点。除前述司法审查特点之外，法院出于对真正职业资格要求的需要、意思自治自由的尊重、社会公共利益的考量等特殊事由仍阻却认定歧视违法性，认定争讼行为不构成歧视。

关键词：妇女权益；性别平等；禁止歧视；司法审查

一 引言

近段时间以来，有关妇女权益案例被媒体频频爆出[①]，妇女权益案件再次进入公众视野，其司法裁量标准及结果受到人们的普遍关注。不言而喻，当前我国妇女权益保护已经得以经由立法话语体系转换为司法规范体

---

[*] 刘龙芳，四川大学法学院人权法硕士研究生，研究方向：人权法学。
[①] 《女孩因"河南人"求职被拒，法院判决公司道歉，赔偿1万！》，2019年11月27日，http://zj.people.com.cn/n2/2019/1127/c228592-33581035.html。《"被解雇的孕妇"跟踪报道广东"平等就业权纠纷"胜诉第一案》，2019年8月1日，http://tv.cctv.com/2019/08/10/VIDETtKZOG5WKrkWH6hJKHEB190810.shtml。《女子诉明星社工刘猛性骚扰案一审宣判：被告被判赔礼道歉》，2019年7月16日，https://www.thepaper.cn/newsDetail_forward_3930047。

系，立法对妇女权益的保护必须匹配一个与之相对应的司法保障机制。而妇女权益案件的复杂性与人民法官自由裁量的可选择性，往往使得司法审查效果参差不齐。本文试图通过对妇女权益案件的梳理、归纳，提炼出我国人民法院对妇女权益保护的司法经验。

二 妇女权益案件的社会背景

改革开放以来，市场经济体制的确立不仅使得中国经济腾飞，也给中国妇女发展带来了变化。一方面，市场经济给女性就业提供了更多的机会和多元选择，很大程度上刺激了广大妇女的权利意识和女性价值意识的觉醒，极大地改变了妇女自身的生存状况与生活状态。另一方面，市场经济中的利益优化原则大大加剧了劳动力资源配置中的性别利益分化问题，使得就业性别歧视广泛存在。智联招聘发布的《2018年中国女性职场现状调查报告》[①] 显示，11.5%的女性因处于婚育阶段被动失去晋升机会，女性整体收入低于男性22%，75.2%的女性所在部门经理级别以上的员工大部分是男性。这些数据侧面佐证了就业领域难以排除性别歧视因素。经济结构巨大转变所形成的劳动力资源优化配置与妇女追求平等诉求之间的巨大反差，必然导致妇女权益诉讼的发生。

在劳动就业及公共服务领域，一方面，基于女性竞争能力低、生育成本高等不合理区别对待妇女群体的就业因素，强化了社会偏见与社会排斥。另一方面，国家不再行使就业计划分配权力，由市场自由支配，为歧视现象的普遍存在提供了社会土壤。[②] 而市场自由支配下产生的男性就业优先于女性就业现象，显而易见地违背了男女平等原则的主流价值。

在农村领域，农村妇女因文化教育弱、信息闭塞等因素非农化转移相对滞后，使得其权益与土地利益紧紧绑在一起。而农村集体经济组织制定的村规民约常常克减乃至剥夺"外嫁女"及其子女的土地承包权益，加深

[①] 《2018年中国女性职场现状调查报告》，http://science.china.com.cn/2018-03/07/content_40243603.htm，最后访问时间：2020年10月8日。

[②] 周伟：《从身高到基因：中国反歧视的法律发展》，《清华法学》2012年第2期。

了性别隔离，不利于两性平等与社会稳定。土地权益纠纷使得农村妇女与当地农村集体经济组织矛盾冲突严峻，迫使农村妇女进行一系列的维权诉讼。仅2016～2017年全国妇联本级收到妇女土地权益相关投诉就达到8807件次，比前两年增长182%。① "外嫁女"问题是农村地区的性别、家庭、土地、社会流动、利益分配与决策机制等多个因素相互交织后形成的问题。② 如果不妥善处理农村妇女土地承包权益问题，将造成更大的社会不公。

另一方面，国家有意识地推动妇女权益保护相关法律政策出台，为捍卫妇女权益提供强有力的法律后盾。1992年出台的《妇女权益保障法》不仅规定了妇女政治、文化教育、财产、劳动等六项权益，也是首个部门法明确赋予妇女合法权益受到侵害时诉求司法救济之权利，解决了妇女权益诉讼于法无据的正当性问题。在此之后，有关妇女权益的法律政策陆续出台③，持续为妇女权益保护建构较为完备的法律制度。因此，随着国家法律政策的完善，妇女权益诉讼应运而生。

三 妇女权益案件的基本特点

近年来，人民法院裁判的和新闻媒体报道的妇女权益案例屡见不鲜。笔者检索了中国裁判文书网、无讼案例库以及新闻媒体报道的自2000年至2019年的妇女权益案例，研究区间为20年，剔除无关案例，共选取了50个以妇女为诉讼主体（包括原告或被告），人民法院裁判的妇女权益案例。笔者对50个案例进行详细研究，又将裁判结果特别标出，以示法院对妇女权益平等保护的认可。在这50个案例中，除了某一些案例未被法院

---

① 数据来源：全国妇联系统所受理的农村妇女土地权问题的信访统计资料。
② 郭巍青、张文杰、陈晓运：《"复杂问题"与基层干部的"办法"：以N区"外嫁女"问题为例》，《公共行政评论》2019年第3期。
③ 2001年，中共中央办公厅、国务院办公厅发布《中共中央办公厅、国务院办公厅关于切实维护农村妇女土地承包权益的通知》，2008年，国家实施《就业促进法》《劳动合同法》，2019年，人社部、教育部等九个部门联合印发《关于进一步规范招聘行为促进妇女就业的通知》（人社部发〔2019〕17号），等等，这些法律政策多对妇女权益保护做了详细的规定。

认可以外，其余案例法院全部支持或部分支持了妇女合法权益（见表1）。

表1 人民法院裁判部分妇女权益案件的概况

编号	案件名称	案件来源	裁判结果	歧视类型
1	郭晶与杭州市西湖区东方烹饪职业技能培训学校一般人格权纠纷案	杭州市西湖区人民法院（2014）杭西民初字第1848号	胜诉	性别
2	邓亚娟与北京市邮政速递物流有限公司等一般人格权纠纷案	北京市顺义区人民法院（2015）顺民初字第03616号	胜诉	性别
3	古芬芳与广州三五汽车部件有限公司劳动合同纠纷案	广东省广州市南沙区人民法院（2016）粤0115民初1048号	败诉	怀孕
4	韩坤诉厦门翔鹭化纤股份有限公司劳动争议案	《人民法院案例选》2010年第2辑总第72辑，第18~23页	胜诉	怀孕
5	朱艺与东陶（中国）有限公司劳动合同纠纷案	北京市朝阳区人民法院（2017）京0105民初46844号	败诉	哺乳
6	赵翠华与中国联合网络通信有限公司单县分公司劳动争议纠纷案	山东省单县人民法院（2016）鲁1722民初84号	败诉	年龄
7	怀孕女公务员状告商务部	《中国青年报》（2005年4月2日）	驳回起诉	怀孕
8	徐琳与安德（上海）投资有限公司劳动合同纠纷案	上海市普陀区人民法院（2015）普民一（民）初字第6838号	胜诉	怀孕
9	李桂媚与西林造景（北京）咨询服务有限公司劳动争议案	北京市海淀区（2013）海民初字第15037号	胜诉	怀孕
10	梁海媚与广东惠佳经济发展有限公司、广州市越秀区名豪轩鱼翅海鲜大酒楼人格权纠纷案	广东省广州市海珠区人民法院（2015）穗海法民一初字第1322号	胜诉	性别
11	马英诉北京锦绣脉林投资咨询有限公司案	北京市海淀区人民法院（2010）海民初字第24077号	胜诉	怀孕
12	周香华诉中国建设银行平顶山市分行强制女性职工55岁退休案	河南省平顶山市湛河区人民法院（2006）湛民1初字第31号	驳回诉求	年龄
13	秋子诉上海交大昂立教育集团公司案	新华网（2007年2月9日）	和解，请求支持	长相
14	黄永顺等7人诉成都空气压缩机厂破产清算组剥夺女性职工破产安置选择权案	成都市中级人民法院（2005）成民终字第1857号	中止诉讼	性别
15	高某诉北京敦煌餐饮有限责任公司因消费者长相拒绝提供服务长相歧视案	北京市中级人民法院（2000）初字第1号	胜诉	长相

续表

编号	案件名称	案件来源	裁判结果	歧视类型
16	杨三望与武隆县人民医院劳动争议案	重庆市武隆区人民法院（2017）渝0156民初844号	败诉	健康
17	原告张玲与被告南京森森药大幼儿园经济补偿金纠纷、追索劳动报酬纠纷一案	南京市江宁区人民法院（2016）苏0115民初12836号	败诉	年龄
18	湖南省武冈市达丽娟等四名考生诉武冈市教育局身高歧视案	中国法院网（2010年3月25日）	败诉	身高
19	黄子荣与海口市琼山区国兴街道办事处道客社区墨客居民小组侵害集体经济组织成员权益纠纷案	海口市琼山区人民法院（2017）琼0107民初7062号	胜诉	性别
20	樊女士诉珠海英利物业管理有限公司平等就业权案	珠海市香洲区人民法院（2019）粤0402民初6356号	胜诉	怀孕
21	周某等三人诉佛山市人力资源和社会保障局录用公务员基因歧视案	广东省佛山市中级人民法院（2010）佛中法行终字第381号	败诉	健康
22	殷某与刘某名誉权纠纷案	上海市黄浦区人民法院（2013）黄浦民一（民）初字第583号	胜诉	性骚扰
23	杨滋晨诉杭州次元文化创意有限公司平等就业权纠纷案	浙江省杭州市中级人民法院（2020）浙01民终2725号	败诉	性别
24	重庆女教师诉校长性骚扰案	人民网（2006年9月28日）	败诉	性骚扰
25	原告孙秀华诉被告中国石油大庆石油化工总厂劳动争议纠纷案	大庆市龙凤区人民法院（2015）龙卧民初字第85号	败诉	残疾
26	刘安香与东莞大标电器有限公司劳动争议案	东莞市第二人民法院（2014）东二法虎民一初字第1034号	败诉	性别
27	温玉妹征地补偿分配纠纷案	广东省广州市增城区人民法院（2015）穗增法立民初字第35号	不予受理	性别
28	谢荔红与广州重成机器物资贸易有限公司劳动争议纠纷案	广州市越秀区人民法院（2010）越法民一初字第608、815号	胜诉	性别
29	孙广利、孙红梅等与廊坊经济技术开发区云鹏街道办事处堤口村村民委员会房屋拆迁安置补偿合同纠纷案	河北省廊坊经济技术开发区人民法院（2017）冀1091民初909号/910号/911号	胜诉	性别
30	李名容、熊青松等与阳新县城东新区白杨村白杨垴（李家湾）组侵害集体经济组织成员权益纠纷案	湖北省阳新县人民法院（2017）鄂0222民初1075号	胜诉	性别

续表

编号	案件名称	案件来源	裁判结果	歧视类型
31	王雪连与澄迈华侨农场荣友作业区荣物村侵害集体经济组织成员权益纠纷案	海南省澄迈县人民法院（2019）琼9023民初1786号	胜诉	性别
32	陈金玉与澄迈华侨农场荣友作业区荣物村侵害集体经济组织成员权益纠纷案	海南省澄迈县人民法院（2019）琼9023民初1781号	胜诉	性别
33	福人德国际（北京）红珊瑚珠宝有限公司诉金某劳动争议案	北京市朝阳区人民法院（2011）朝民初字第04594号	胜诉	怀孕
34	女职员谢某诉某事务所负责人金某侵犯人格尊严纠纷案	人民网（2003年12月31日）	胜诉	性骚扰
35	雷曼诉某公司部门经理焦某侵犯名誉权案	中国法院网（2003年7月1日）	败诉	性骚扰
36	刘丽诉明星社工刘猛性骚扰案	澎湃新闻（2019年6月11日）	胜诉	性骚扰
37	童女士诉国有企业总经理性骚扰案	新华网（2001年11月20日）	败诉	性骚扰
38	汪某诉富士康集团鸿富锦精密电子（重庆）有限公司陈旧性肺结核歧视案	《法制日报》（2012年2月25日）	和解，请求支持	健康
39	女教师何颖志诉上司盛平侵害名誉权案	《法制日报》（2003年12月31日）	胜诉	性骚扰
40	谢素媚诉东莞两公交公司残疾歧视案	央视网（2011年10月19日）	和解，请求支持	残疾
41	王红琴与上海市邮政公司青浦区邮政局确认劳动关系纠纷案	上海市青浦区人民法院（2013）青民四（民）初字第2171号	胜诉	残疾
42	深圳沃尔玛百货零售有限公司太原长风街分店与杨光萍劳动争议纠纷案	太原市小店区人民法院（2016）晋0105民初83号	胜诉	残疾
43	孔某诉北京中水物业管理有限公司案	（2014）二中民终字第06219号	胜诉	残疾
44	肖茂珍与国网湖北省电力公司建始县供电公司劳动争议案	湖北省建始县人民法院（2015）鄂建始民初字第00880号	败诉	年龄
45	汪树碧、佛山市长兴铝业有限公司劳动争议案	佛山市中级人民法院（2017）粤06民终2329号	败诉	年龄
46	王丽爱等人与被告湖北通山赛钻石英建材有限公司劳动争议纠纷案	通山县人民法院（2016）鄂1224民初1229号	胜诉	年龄

续表

编号	案件名称	案件来源	裁判结果	歧视类型
47	贵州省仁怀市茅台镇金茅古酒厂诉被告李晓劳动合同纠纷案	仁怀市人民法院（2014）仁民初字第2947号	胜诉	健康
48	深圳酷泰丰科技有限公司、何红梅劳动合同纠纷案	广东省高级人民法院（2017）粤民申435号	胜诉	怀孕
49	沈阳奥吉娜药业有限公司与张美玉申请撤销劳动仲裁裁决纠纷案	沈阳市中级人民法院（2016）辽01民特53号	胜诉	怀孕
50	乌鲁木齐经济技术开发区金鹤美容室与牟兴秀确认劳动关系纠纷案	新疆乌鲁木齐市中级人民法院（2017）新01民终95号	胜诉	健康

案例采集方法：

1. 案例来源：中国裁判文书网、无讼案例库以及新闻媒体报道的以妇女为诉讼主体（包括原告与被告），人民法院裁判的妇女权益案例；
2. 案例选取时间：2000年至2019年；
3. 胜诉是指妇女的诉讼请求或合法权益得到法院的支持或部分支持。

（一）案件集中分布在农村土地承包和劳动就业领域，歧视类型多样

"男主外，女主内"的传统社会性别角色框定和"男强女弱"性别观念在市场经济的激烈竞争中被强化。在社会资源重新组合和分配过程中，妇女遭受一系列性别偏见与歧视，致使妇女不得不通过诉讼途径维护自身合法权益。从案件分布上看，农村土地承包和劳动就业领域是当前妇女权益诉讼高发带。全国人大常委会在2010年公布的执法检查《妇女权益保障法》实施情况报告[①]也可证实这一点。报告突出强调保障"农村妇女的土地承包权益"和"妇女的劳动权益"，并承认侵害妇女土地承包权益和劳动权益是当前《妇女权益保障法》实施中存在的主要问题。而在这两类案件中都存在歧视妇女的现象，男女平等实质化有待加强。仅从以上收集的案件中可以看出歧视类型多样，大致可以分为性别歧视、怀孕歧视、年

---

① 详见《全国人民代表大会常务委员会执法检查组关于检查〈中华人民共和国妇女权益保障法〉实施情况的报告》，http://www.npc.gov.cn/wxzl/gongbao/2010-08/11/content_1587781.htm，最后访问时间：2019年12月19日。

龄歧视、外貌歧视、健康歧视以及性骚扰。

(二) 没有明确的"不受歧视"案由，妇女权益保护的诉讼案由多样

民事案件案由是民事案件名称的重要组成部分，反映了案件涉及的民事法律关系性质，浓缩了诉讼争议间的法律关系。① 当前性别平等抑或"不受歧视"都没有列入人民法院的立案案由范围之内，妇女权益保护案件通常以劳动合同、劳动争议、劳动关系纠纷、一般人格权纠纷、名誉权纠纷等案由进行诉讼。换言之，妇女权益的保护，通过依法起诉进行维权，并没有诉讼制度上的障碍。② 在"郭晶与杭州市西湖区东方烹饪职业技能培训学校一般人格权纠纷案"③ 中，虽然人民法院以"一般人格权纠纷"案由进行立案受理，但从人民法院实际审理过程来看，法官仍然将就业性别歧视与侵害人格尊严的"精神损害"联系在一起，认为就业性别歧视是侵害当事人人格尊严的一种情形。随着人民法院对妇女权益案件的进一步认识，对歧视妇女社会现状的深刻把握，新增符合社会现实的案由已成为必然趋势。

2018 年 12 月，最高人民法院新增"平等就业权纠纷""性骚扰损害责任纠纷"案由④，是对当前就业性别歧视社会现状的深刻把握，对以后的案件立案具有很强的指导性和适用性。该案由的增加，将进一步规范人民法院对民事法律关系的确切认定，充分发挥人民法院审判职能，加大促进平等就业权的审判力度，依法保护妇女的合法权益。"樊女士诉珠海英利物业管理有限公司平等就业权案"作为"平等就业权纠纷"胜诉第一案，受到人们的普遍关注。"刘丽诉明星社工刘猛性骚扰案"作为"性骚扰损害责任纠纷"第一案同样受到人们密切关注。2018 年以后，"性骚扰损害责任纠纷"逐一代替过去的"名誉权纠纷""一般人格权纠纷"等案

---

① 详见最高人民法院《民事案件案由规定》(法发〔2011〕42 号)。
② 详见最高人民法院关于增设"就业性别歧视"相关案由建议的答复。
③ 详见浙江省杭州市西湖区人民法院 (2014) 杭西民初字第 1848 号民事判决书。
④ 详见最高人民法院《最高人民法院关于增加民事案件案由的通知》(法〔2018〕344 号)。

由成为更加确切把握性骚扰民事法律关系的立案案由。"平等就业权纠纷"立案案由将会成为保障妇女就业权益诉讼主要的案由。

(三) 新闻媒体营造支持妇女权益保护的舆论环境

新闻媒体对妇女权益保护的诉求支持起到了一个社会舆论的推动作用,迫使人民法院对相关的妇女权益案件尽可能地采取一个审慎态度,以实现特定案件裁判的法律效果和社会效果统一。2007年,"秋子诉上海交大昂立教育集团公司案"受到新闻媒体广泛报道,最终用人单位和秋子和解,与其签订了一份为期3年的劳动合同。2010年,"湖南省武冈市达丽娟等四名考生诉武冈市教育局身高歧视案"同样受到新闻媒体深度报道,作为"湖南身高歧视第一案"得到新闻媒体舆论支持。人民法院以身高是限制不是歧视为由,判决原告败诉。但是,在该案诉讼审理阶段,由于受到新闻媒体一边倒的身高歧视舆论影响,湖南省教育厅随即删除了教师招聘中有关身高限制的规定。换言之,虽然该案原告并未获得胜诉结果,但是案件诉讼本身得到了很好的社会效果,促进了机会平等,消除了湖南教育领域的身高歧视。这些新闻媒体舆论既反映了社会公众对妇女弱势群体的同情,对性别歧视的不忿,对法律公正的期待;同时也促使人民法院审慎审查妇女权益案件,以实现裁判法律效果与社会效果的统一。

(四) 妇女权益保护的本质即禁止歧视

妇女权益保护的另一个面相即禁止对妇女一切形式的歧视,这一点在司法实践中常常得到认证。1993年"徐华平、王大宝诉灌南县汤沟镇沟东村村民委员会以应随夫分地不发给土地征用补偿费纠纷案"、1995年"王玉伦、李尔娴诉五津镇蔬菜村村委会侵犯男女平等权案"等案件标志着妇女权利意识的觉醒,反性别歧视诉讼的开始。2001年,"童女士诉国有企业总经理性骚扰案"作为第一起进入法律程序的"性骚扰"案,进一步唤醒了女性公民诉讼维权意识,不仅强化了男女平等与禁止歧视妇女的社会主流意识,而且让社会认识到基于性别的性骚扰有悖于宪法的男女平等原则。2003年,武汉市江汉区人民法院裁判的"女教师何颖志诉上司盛平侵害名誉权案"进一步扩大了禁止对妇女性骚扰，维护妇女性权益的社会影响。2006年"周香华诉中国建设银行平顶山市分行强制女性职工55岁退休案"的年龄歧视案、2007年"秋子诉上海交大昂立教育集团公司案"的外貌歧视案和2010年"韩坤诉厦门翔鹭化纤股份有限公司劳动争议案"的怀孕歧视案，都进一步表明了妇女权益保护范围的快速扩大。2015年，北京市顺义区人民法院裁判"邓亚娟与北京市邮政速递物流有限公司等一般人格权纠纷案"，判决对性别歧视的受害人给予精神损害赔偿，显示了妇女权益保护力度的显著加大。人民法院裁判禁止妇女歧视已经成为妇女权益平等保护的一种主流趋势，也是国家法治进程中保护妇女权益的积极信号。

四 人民法院裁判妇女权益案件的司法审查特点

（一）扩大歧视的合法合理认定

歧视在本质上是一种区别对待行为，是否存在导致差异化待遇的区别对待行为由此成为法院判断歧视与否的出发点。[1] 换言之，无论基于何种理由歧视妇女，只要导致差异化的区别对待行为则构成对妇女的歧视。我国目前法律明确规定的歧视类型主要限定于民族、种族、性别、宗教信仰和残疾。[2] 而在人民法院司法审查过程中，除了以上五种歧视类型以外，凡是没有法律上的合法目的而基于年龄、外貌、身高、健康状况、性骚扰等其他因素，采取区别对待、限制妇女发展甚至排斥妇女权益合法取得等任何足以妨碍或否认妇女权益保护的行为都被视为歧视。

在"高某诉北京敦煌餐饮有限责任公司因消费者长相拒绝提供服务长

---

[1] 李成：《平等权的司法保护——基于116件反歧视诉讼裁判文书的评析与总结》，《华东政法大学学报》2013年第4期。
[2] 《劳动法》第12条规定："劳动者就业，不因民族、种族、性别、宗教信仰不同而受歧视。"《残疾人保障法》第38条规定："在职工的招用、转正、晋级、职称评定、劳动报酬、生活福利、休息休假、社会保险等方面，不得歧视残疾人。"

相歧视案"①中,针对北京敦煌餐饮有限责任公司以"外貌丑陋"为由禁止高彬进入酒吧消费是否构成对女性消费者的歧视,法院认为"被告对高某实施了歧视性的差别待遇,其行为对高彬是一种侮辱,使其内心受到伤害,人格受到贬损,侵害了高彬的人格尊严,应承担相应的民事法律责任"。易言之,因外貌丑陋因素而实施的限制、排斥女性消费者自主选择服务权利的行为,是对外貌丑陋女性消费者的歧视性差别待遇,具有违法性,构成歧视。在人权保障体制的运行中,司法作为权利救济和社会正义的最后防线,发挥着重要的作用。②人民法院扩大歧视种类的合法合理认定即是行使保护公民合法权益、捍卫社会正义的神圣职责。

(二) 司法审查受制于现有法律规定的合法性

孟德斯鸠说:"任何有权力的人使用权力都要到边界时才停止,没有边界的权力便是一种无休止的任意性的权力,必然弊害无穷。"③因而,法官在行使自由裁量权时应以法律规定为依据,以合法性为限制。在"古芬芳与广州三五汽车部件有限公司劳动合同纠纷案"中,古芬芳主张广州三五汽车部件有限公司以其在工作期间怀孕为由辞退女职工,单方解除劳动合同是违法解除劳动合同关系。受诉法院没有否认用人单位的怀孕歧视行为,而是将案件的审查焦点聚集于古芬芳第三次怀孕行为的法律性质上,即古芬芳违反计划生育法律规定的怀孕行为能否受到《劳动合同法》《妇女权益保障法》《女职工劳动保护特别规定》等法律的保护。在法院看来④:

> 《妇女权益保障法》第二十七条第一款规定以及《女职工劳动保护特别规定》第五条的规定均在于保障"女职工"不因生理有别于男性而免受歧视。虽然上述规定未对"女职工"是否属于计划生育加

---

① 参见北京市中级人民法院(2000)初字第1号民事判决书。
② 韩大元:《完善人权司法保障制度》,《法商研究》2014年第3期。
③ 〔法〕孟德斯鸠:《论法的精神》(上册),张雁深译,商务印书馆,1961,第154页。
④ 参见广东省广州市南沙区人民法院(2016)粤0115民初1048号民事判决书。

以明确，但计划生育属于基本国策，女职工怀孕、生育均负有遵守计划生育的法定义务，故女职工在怀孕、生育时享有的特殊法定权利也必须以符合计划生育的国策、法律作为前置条件。古芬芳属于违反计划生育的行为，故其不应当享有上述特殊法定权利。

通过对古芬芳怀孕行为的法律定性，受诉法院在禁止歧视原则与遵循计划生育基本国策之间进行了权衡，认定怀孕妇女的就业权益保护必须以遵守计划生育国策及法律规定为前置条件，进而将之排除在《劳动合同法》《妇女权益保障法》等法律的适用范围之外。按照古芬芳案的司法审查逻辑，女职工的特殊法定权利不得违背高于其法益的相关法律规定，否则即使符合法定禁用事由亦不构成对妇女的歧视。

（三）注重男女平等原则下权益的公平分配

妇女权益的实现程度直接体现了社会平等的实现程度，换言之，妇女人权的实现程度直接体现了普遍人权的实现程度。① 现阶段妇女权益案件的审判实践显示，人民法院在性别平等的大环境下，为妇女力争同男子平等的权利和利益，以实现社会公平。换句话说，禁止基于性别的不公正待遇显然成为人民法院支持妇女合法权益保护的主要衡量标准。

在"王雪连与澄迈华侨农场荣友作业区荣物村侵害集体经济组织成员权益纠纷案"② 中，原、被告就"外嫁女"身份是否具备享受集体经济组织成员权益资格各自作出了相互对立的表述。原告王雪连主张其出生即原始取得被告集体经济组织成员资格，不因"外嫁女"身份而丧失荣物村集体经济组织成员资格。而荣物村集体经济组织则主张原告王雪连因"外嫁"长期未在荣物村生活，未行使本村村民权利，早已丧失该集体经济组织成员资格。审理过程中，法院并没有过多论及"外嫁女"身份，而直接审查农村集体经济组织成员资格的认定，即弱化性别身份对立，平等认定

---

① 陈爱武：《新中国70年妇女人权保障之回顾与展望》，《法律科学（西北政法大学学报）》2019年第5期。
② 参见海南省澄迈县人民法院（2019）琼9023民初1786号民事判决书。

荣物村村民资格。结合原告王雪连提交的身份证据及土地补偿安置方案，法院认定王雪连具备荣物村村民资格，享有荣物村土地补偿权益，"不容存在性别歧视等原因的差别待遇"。换言之，王雪连具备同其他荣物村村民一样的基于集体经济组织成员身份产生的"均等分配权"，公平分配土地征收补偿款。

事实上，如果不对农村集体经济组织成员资格进行平等认定，那么"外嫁女"身份与集体经济组织财产分配之间就很难建立因果联系。农村集体经济组织成员资格认定的缺失会导致农村妇女丧失本该属于自身的财产权益。在"温玉妹征地补偿分配纠纷案"[1]中，人民法院即以"不属于平等主体之间的民事法律关系"为由，认定其不属于人民法院诉讼受理范围，不予受理。

（四）侧重女性生理特征的特殊保护

反对性别歧视，并非将性别对立。[2]相反，反对性别歧视，是为了男女两性以及第三性别站在同一水平线上，尊重差异，包容不同，理解对待。由于妇女具有的天然女性生理特征而予以基于性别、怀孕、生育等生理因素的不公平待遇行为本身就是加剧了性别对立，强化了不平等。人民法院侧重于对女性生理特征的特殊保护实际上就是减少甚至消除男女两性之间的性别对立，以促进性别平等，尊重性别差异。

在"徐琳与安德（上海）投资有限公司劳动合同纠纷案"[3]中，原告徐琳主张公司以其怀孕的客观条件将其解雇系违法解除劳动关系。被告公司则主张徐琳未办理请假手续，严重违反公司规章制度，系依法解除劳动关系。根据这一争议，人民法院认为"原告当时系怀孕女职工的特殊情况，难以认定上述行为构成严重违纪"，公司作出解除劳动合同的决定缺乏合法性、合理性，依法确认公司系违法解除劳动合同。因此，人民法院依据《劳动法》第3条、《女职工劳动保护特别规定》第5条等关于平等

---

[1] 参见广东省广州市增城区人民法院（2015）穗增法立民初字第35号民事判决书。
[2] 李傲：《性别歧视的界定》，《河北法学》2007年第1期。
[3] 参见上海市普陀区人民法院（2015）普民一（民）初字第6838号民事判决书。

就业权以及禁止用人单位解雇怀孕女职工的规定，判决安德（上海）投资有限公司恢复与徐琳的劳动关系及其工资待遇标准。同样地，在"樊女士诉珠海英利物业管理有限公司平等就业权案"①中，受诉法院依据《就业促进法》第3条、《妇女权益保障法》第27条等关于禁止用人单位解雇怀孕女职工的规定，将英利物业公司因樊女士怀孕将其辞退的行为直接认定为"属于在履行劳动合同过程中对樊女士的歧视性对待"，构成对樊女士平等就业权的侵害，判决赔偿精神抚慰金1万元。②

妇女人权是普遍人权的天然尺度。③换句话说，妇女在多大程度上享有同男子相同的权利，直接体现了人与人之间在多大程度上实现了公平与平等。人民法院侧重对女性生理特征的特殊保护，实则是进一步缩小男女性别之间的差距，促进人与人之间的实质平等和结果公平。妇女合法权益保护仍然有赖于人民法院对妇女基本权利的尊重和对男女平等价值的彰显。

（五）严格认定对妇女实施的性骚扰行为

在工作场所中，男性由于权力控制与职务关系，对妇女实施的性骚扰行为不仅是一种就业歧视，也是一种性别歧视。反性骚扰案件起源于女性对平等、安全工作场所的需求，性质上属于反性别歧视。由于性骚扰行为常常发生于隐蔽场所，私密性极高往往导致证据获得困难，从而增加人民法院对性骚扰事实认定的难度。对性骚扰案件的司法审查，人民法院更注重对直接证据的采信，没有完整的证据链，则难以认定对妇女实施的性骚扰行为成立。

在"雷曼诉某公司部门经理焦某侵犯名誉权案"④中，人民法院针对雷曼主张的被告对其实施性骚扰侵害行为，明确指出"受侵害人要对自己

---

① 参见珠海市香洲区人民法院（2019）粤0402民初6356号民事判决书。
② 该案件作为"平等就业权纠纷"第一案，人民法院判决赔偿精神抚慰金1万元，对以后相关妇女权益案件裁判具有重要指导意义。
③ 董云虎、张云平主编《中国的妇女人权》，四川人民出版社，1995，第6页。
④ 《京城首例性骚扰案原告一审败诉》，https://www.chinacourt.org/article/detail/2003/11/id/90161.shtml，最后访问时间：2019年12月10日。

的主张提供证据"。由于雷曼没有直接的证据证明被告对其实施了性骚扰行为，以及提供的间接证据难以证明其主张，最终人民法院认定"由于雷曼提供的证据不能证明焦宾对其有性骚扰行为"，驳回起诉。相反地，"刘丽诉明星社工刘猛性骚扰案"[①]中，原告刘丽掌握了短信、微信信息等证据证明被告刘猛对其实施了性骚扰事实，因而人民法院认定被告刘猛的行为"超出了一般性、礼节性交往的范畴，带有明显的性暗示，违背了刘丽意志，并对其造成了精神伤害，构成性骚扰"，判决被告向刘丽当面以口头或书面方式赔礼道歉。

五 阻却歧视违法性判定的事由

（一）真正职业资格要求

职业资格是对从事某一职业所必备的学识、技术和能力的基本要求。基于特殊工作本身要求的任何区别、排斥或特惠，不应视为歧视。在"湖南省武冈市达丽娟等四名考生诉武冈市教育局身高歧视案"[②]中，人民法院将教育局招聘教师设定的学历、年龄、身高等基本条件认定为一种真实职业资格，即"任何招聘都是附有条件的，条件本身就是一种限制，但限制并不等同于歧视"。同时，人民法院认为湖南省教育厅颁布的行政规范性文件是面向全国所有不特定对象，不是针对原告个人设立的。据此法院认定武冈市教育局以原告身高不符合规定条件认定原告体检不合格而对原告不予录用的具体行政行为符合法律规定，程序合法，应予维持。

（二）意思自治自由

只要双方意思表示自由、真实、有效，即使包含有区别对待的内容，

[①] 《女子诉明星社工刘猛性骚扰案一审宣判：被告被判赔礼道歉》，https://www.thepaper.cn/channel_36079，最后访问时间：2019年12月10日。
[②] 《湖南〈身高歧视第一案〉再掀波澜 四考生上诉》，https://www.chinacourt.org/article/detail/2010/03/id/400809.shtml，最后访问时间：2019年12月10日。

法院仍需要尊重双方意思自治，不得认定区别对待构成歧视。在"黄子荣与海口市琼山区国兴街道办事处道客社区墨客居民小组侵害集体经济组织成员权益纠纷案"[①]中，黄子荣主张均等获得土地补偿款，人民法院则认定土地补偿分配方案"是墨客村第二小组村民的真实意思表示，属合法合理。本着尊重村民意思自治原则，该院对该分配数额标准不进行调整"。在该案件中，人民法院支持黄子荣享有分配土地补偿款的诉求，而对于等额分配的诉求，法院认为意思自治阻却妇女歧视，选择尊重村民集体意思自治。在"刘安香与东莞大标电器有限公司劳动争议案"[②]中，刘安香主张自己与其他员工属于相同的工作岗位、工作时间、工作业绩，却遭受不同酬的歧视性待遇。受诉法院审理后认为，劳动者的工资底薪是由劳动者和用人单位协商一致确定的，属于当事人意思自治的范畴。在这种情况下，刘安香只要签订了符合最低工资标准的劳动合同则认定其真实意思表示自愿接受符合同工同酬原则的相对的区别对待。故不能得出用人单位歧视女职工的结论。

同样地，在"朱艺与东陶（中国）有限公司劳动合同纠纷案"[③]中，针对朱艺有关东陶公司在其"哺乳期"单方调整其工作岗位、工作地点，侵犯女职工合法权益的主张，法院在判决中强调，"依法订立的劳动合同具有约束力，劳动者应当履行劳动合同约定的义务"，即当事人对自身意思自治的结果应予以遵守与履行。东陶公司基于其生产经营的需要，对朱艺进行相同工作性质的调岗，且"岗位调整本身对朱艺不具有侮辱性或歧视性"，不应认定为对朱艺女性的哺乳歧视。相反，这是用人单位行使用工自主权的结果，更是双方劳动合同意思自治的结果。

（三）社会公共利益

人民法院基于维护社会公共利益的价值考量，对特殊行业的特殊工作人群就业权利的克减与剥夺不能视为歧视。以社会公共利益阻却区别对待

[①] 参见海口市琼山区人民法院（2017）琼0107民初7062号民事判决书。
[②] 参见东莞市第二人民法院（2014）东二法虎民一初字第1034号民事判决书。
[③] 参见北京市朝阳区人民法院（2017）京0105民初46844号民事判决书。

行为的违法性常见于克减、剥夺传染性疾病患者及病原携带者权利引发的妇女权益案件中。在"杨三望与武隆县人民医院劳动争议案"[①]中,"公共利益"即是人民法院证成解雇传染性疾病患者行为合法的重要理由。人民法院认为:"原告身患肺结核,属于可传染性疾病。被告作为医疗机构,其社会职能系为公众提供疾病诊断及治疗服务。"人民法院正是基于杨三望护士的特殊职业身份,可能对不特定第三人产生传染疾病风险的考虑,认定"其身体状况与同被告在劳动合同中约定的工作岗位以及被告的社会职能不相称",继续履行劳动合同,可能损害医疗机构的社会职能,对大多数公众的身体健康产生不利影响。因此,人民法院认定双方的劳动合同属于不能继续履行的情形。

六　结语

妇女权益诉讼的根本目的是通过人民法院的司法审查减少当前社会中的不平等现象,并通过公布司法结果向社会传递男女平等的主流价值,确保市场经济条件下机会平等的真正实现。在妇女权益诉讼中,我国初步建立起了以禁止歧视为审查要点,以严格保护公民合法权益为审查目标的司法审查框架。保证妇女同男子平等享有合法权利,维护社会公平正义,消除歧视仍然是题中应有之义。从这个意义上说,妇女权益诉讼道路曲折而前景光明。

[责任编辑:杨一帆]

[①] 参见重庆市武隆区人民法院(2017)渝 0156 民初 844 号民事判决书。

凯瑟琳·弗兰克对奥伯格费尔诉霍奇斯案的意见

李 霞 董思远[*]译

译者导言：2015年6月26日，美国最高法院在"奥伯格费尔诉霍奇斯案"中否定了第六巡回法院在"德波尔诉斯奈德案"中的判决[①]并以5∶4的投票比例判决：否认同性婚姻或拒绝承认他州同性婚姻的州法律违反联邦宪法，因同性结婚权是一项受宪法保护的基本权利，各州应承认其他州合法缔结的同性婚姻，并赋予其与本州异性婚姻相同的地位和效力。该判决宣告了全美同性婚姻合法化，是美国史上具有里程碑意义的事件。

"奥伯格费尔诉霍奇斯案"的判决书由大法官的多数意见与反对意见构成。肯尼迪大法官引领金斯伯格、布雷耶、索托马和卡根四位大法官认为，宪法要求各州向同性伴侣颁发结婚证，并认可州外同性婚姻的地位，通过援引美国宪法第十四条修正案的"正当程序条款"与"平等保护条款"，肯尼迪等五位大法官支持同性婚姻合法化的多数意见主要如下。

第一，婚姻是一项基本权利，肯尼迪大法官梳理了婚姻的历史，强调了婚姻的重要性，确认了婚姻基本权利的地位，其援引了一些案例支持"结婚权受美国宪法保护"的观点，并提出四个理由表明婚姻权应当适用于同性伴侣：其一，婚姻决定权是个人自主概念中固有的；其二，婚姻与任何其他的民事结合方式都不同；其三，婚姻有助于促进家庭和睦与保护

---

[*] 李霞，华东政法大学科学研究院教授、博士生导师，法学博士。董思远，华东政法大学博士后，福建工程学院法学院讲师。

[①] 第六巡回法院在德波尔诉斯奈德案中对肯塔基州、田纳西州、俄亥俄州和密歇根州法院的四个案件进行了合并上诉，这四个案件的判决都曾支持该州实现同性婚姻合法化，但上诉的结果是第六巡回法院否定了这四份判决，这些州重新否认同性婚姻并拒绝承认州外同性婚姻的法律。

子女；其四，婚姻是社会秩序的根本。

第二，婚姻的定义应与时俱进，肯尼迪大法官提出婚姻的定义是随着同性恋权益运动的推进和人们逐渐宽容的态度而演变的。这一演变始于美国精神病协会将同性恋界定为精神障碍，一直到公众对同性恋行为的容忍度增加。尽管历史和传统指导着对婚姻的定义，但是并没有为其设定边界，曾经异族和阶级间的婚姻也是被禁止的，但现在也到了应根据民意再次修改婚姻定义的时候了。

第三，婚姻的选择是基本自由，美国宪法"承诺宪法保护范围内的所有人都享有自由，包括某些允许人在合法范围内定义和表达自己身份的特定权利"，"认同个人尊严和信仰的选择"，对婚姻伴侣的选择，是正当程序条款所保护的基本自由。肯尼迪大法官用一种深刻的方式结合平等保护条款与正当程序条款进行分析，并且这两个条款的结合使用促使我们更加了解什么是自由以及什么应该是自由，即自由不仅包括劳伦斯案中同性恋者之间的性行为可免于刑事处罚，也应当包括同性恋者有权要求其结合被承认为合法的婚姻。

第四，对民主进程理论的超越。对于"法院并非决议一项非传统权利的合适主体"这一质疑，肯尼迪大法官引入了超越民主进程的理论。尽管宪法认为民主是变革的合法程序，但面对一项新的基本权利时，情况就不再如此。个人并非必须等到立法者采取行动之后才能主张一项根本权利，这才是宪法体制的运行机制。

除了支持同性婚姻的多数意见，该案的判决书同样记载了四位反对同性婚姻合法化的大法官的观点。

第一，首席大法官罗伯茨认为，法院并非决定同性婚姻是否应合法化的适格主体，尽管他承认支持同性婚姻可能有很强的政治理由，但其缺乏充分的法律依据。用他的话说，多数意见是"一种意志的行为，而不是法律判断"。同时，罗伯茨对多数意见认为"在该案之后宗教自由仍能得到保护"的观点抱有强烈的怀疑。最后，罗伯茨在其反对意见中说道：如果你是众多赞成同性婚姻合法化的美国公民中的一员，无论你是何种性取向，那么一定会庆祝今天的判决，庆祝理想目标的达成，庆祝有机会以新的方式表达对伴侣的承诺，庆祝你们可以获得新的权利，但请不要庆祝我们的宪法，因为今天的判决与它无关。

第二，斯卡利亚大法官认为多数意见构成了对美国民主制度的威胁。他认为法院的裁决消除了公众辩论，这使法院变成了超级立法机关，其批评法院的结论仅代表多数法官的个人看法，而不是今天或在建国之初的美国人的观点。最后，斯卡利亚认为多数意见的分析"自命不凡"，因为多数意见声称在第十四修正案中发现了婚姻这一项被人们长期忽略的"基本权利"。

第三，托马斯大法官主要讨论多数意见中的"自由"一词及其在正当程序条款中的运用，其从根本上不同意实质性正当程序条款的适用，他认为上诉人根本没有被剥夺"自由"，因为自由在历史上一直被定义为"不受政府干预的个人自由"，而不是"被政府授予特定福利的权利"。同罗伯茨一样，托马斯大法官将多数意见视为对宗教自由的威胁。最后，托马斯批评了多数意见对同性伴侣尊严的论述，其认为多数意见理论上的缺陷在于宪法并不包含"尊严"条款，即使包含，政府也无权赋予尊严，因为众所周知人的尊严是与生俱来的。

第四，阿利托大法官批评多数意见中"婚姻可以促进结婚者的福祉"这一观点。他认为，多数意见对婚姻的理解几乎完全集中于结婚者的幸福之上，现在很多人确实这么认为，但这并非传统婚姻的样貌。他认为，婚姻的传统目的是在家庭单位长期存在的情况下鼓励生育，但其强烈怀疑改变婚姻的定义是否还能达到这一目的。最后，阿利托大法官认为多数意见将造成两种不公正现象：一方面，它剥夺了人们的权利，并危险地扩大了法院的权力；另一方面，通过将同性婚姻禁令与异族婚姻禁令等同起来，多数意见可能被用来对抗不愿同意新正统观念的美国人。①

凯瑟琳·弗兰克（Katherine Franke）是哥伦比亚大学法律、性别和性倾向研究所教授，同时也是妇女、性别和性倾向问题研究中心的执委，她

---

① Marie Louise Dienhart, "Case Summary *Obergefell v. Hodges*," *Regent University Law Review*, Vol. 28, p. 163.

是全美以女性主义、酷儿理论以及批判性种族理论为视角研究法律、宗教及权利的权威学者之一，其理论对美国同性恋权益保障研究产生了很大影响。在2015年"奥伯格费尔诉霍奇斯案"判决之后，耶鲁大学杰克巴尔金教授召集了9名学者和倡导者，为《奥伯格费尔应该说什么》（耶鲁大学出版社，2017年版）一书搜集学者们对于"奥伯格费尔诉霍奇斯案"的意见。因凯瑟琳教授长期从事同性恋权益保障研究，其作为受邀的9名学者之一提供了本文，详细阐述并补充了其赞同同性婚姻合法化的理由，即对"奥伯格费尔诉霍奇斯案"的判决所附的评论，阐释了她对该案及大法官观点予以赞扬但不完全赞同判决的理由。

在《凯瑟琳·弗兰克对奥伯格费尔诉霍奇斯案的意见》一文中，凯瑟琳教授的主要观点是呼吁彻底废除婚姻制度。因为"奥伯格费尔诉霍奇斯案"可能牵扯到更大范围的男女同性恋群体，案件的裁决将本案原告的地位提升（之前那些本来适格的伴侣因为其相同的性别而无法获得民事婚姻许可证），并且他们因此获得了更高地位的特权，同时那些不愿意或不适合结婚的同性恋群体则无法获得这些刚刚争取来的宪法保护，其强化了另一种身份等级，即已婚者优位于未婚者。因此，全面促进平等保护的补救措施就是彻底解除民事婚姻制度，然后要求各州制定一个更公平的制度以确保公民的经济和法律利益，一个不依赖于违反平等和民主基本价值观的身份等级的制度。

美国联邦最高法院
弗兰克，J. 赞同法院的判决

我同意法院第一至第六部分的意见，赞同下级法院的判决应予以撤销。但需要说明的是，我认为不应以基本权利为由作出判决。此外，鉴于我们在此引用了平等保护补救措施，我认为法院应该在适当的补救措施方面提供更具体的指示给下级法院：全面促进平等保护的补救措施就是彻底解除民事婚姻制度，然后要求各州制定一个更公平的制度以确保公民的经济和法律利益，一个不依赖于违反平等和民主基本价值观的身份等级的制度。

在这一案件中，上诉人敦促我们在实现民事婚姻制度现代化的过程中进一步采取措施。上诉人一共由十六人即八对伴侣组成，他们认为，基于公共立法的目的，在他们居住的地方，在民事伴侣关系方面，将他们与那些有资格结婚的人区别对待是违宪的，这个观点主要基于两点：一是基于平等保护条款，一是基于将民事婚姻作为一项基本权利的正当程序条款。

一

一开始我就注意到上诉人的诉求既不激进也不彻底，上诉人只是请求他们的结合应该与在相同的条件下授予民事婚姻证书的异性夫妻相同，他们坚持认为，他们关系中的承诺、体面和稳定与被授予结婚证书的异性夫妻一致。事实上，上诉人提出，他们关系中的承诺与稳定性甚至还要高于大部分被颁发结婚证的异性夫妻。更重要的是，上诉人在这个案件中的胜诉将更加体现婚姻的基本价值观，他们非常认同与拥护单偶制、经济互相独立、充满爱与责任的亲子关系以及作为传统婚姻重要元素的尊严，而该尊严就在于婚姻所带来的身份与地位。上诉人在这里并没有颠覆婚姻制度的意图，而是积极证明他们有权获得现行民事婚姻制度所赋予的祝福、权利和责任。

二

法院和国家不断发展的正义感，在许多情况下是通过宪法对平等原则的承诺而得到保护的，这谴责了那些体现社会等级制度的公共政策与法律。正如首席大法官指出的那样，"立法必须促进公共利益，其不得仅用于促进或贬损某些群体的私人利益"[1]。仅仅想要侮辱或羞辱一个特定群体不能作为立法或制定公共政策的理由。[2]

法院具有丰富的判例，其阐释了不止一种解读平等原则的方法。首席

---

[1] 见法院意见第 2 页。
[2] 参见温莎诉美国案，133 S. Ct. 2675（2013）；美国诉弗吉尼亚州案，518 U. S. 515（1996）；罗默诉埃文斯案，517 U. S. 620（1996）；克莱本诉克莱本生活中心案，473 U. S. 432（1985）（赞同意见）；农业部诉莫雷诺案，413, U. S. 528, 534（1973）。

大法官选择了一种方法，其将本案类比为普莱西诉弗格森案（163 U. S. 537，559）（Harlan，J.，不同意见）和美国诉卡罗琳产品公司案[304 U. S. 144，152 和 n. 4（1938）]这两个案件，其着重讨论该类案件中基于性倾向的歧视是否应当类比为种族问题而被视为嫌疑身份归类。一些学者将此描述为"反分类"的路径，并批判该路径并没有将平等分析的重点放在造成身份阶层的原因和产生的影响上，而是将注意力放在了立法分类的错误上，这是工具理性的失败之处。①

还有一种解释认为，宪法第十四条修正案的平等保护条款所依据的价值观是反对身份等级制度的。对宪法平等原则的这一解读在于分离那些加剧了弱势群体不利地位的法律与实践。②但这种通常被描述为"弱势群体原则"的解释方法是站不住脚的，因为其过分强调弱势群体的不利地位，而不是去揭示规则中暗含优劣等级结构的逻辑。

而有一些案件将宪法对平等的承诺视为更雄心勃勃，更具实质性的东西。在这些案件中，法院识别并解构了维持身份等级的理论及思维方式，但法院对那些基于某种身份而给予不利待遇的法律的评价是不恰当的，因为其已经超出了平等保护条款的范围。例如，在罗宾逊诉加利福尼亚州案[370 U. S. 660（1962）]中，当一种身份，比如在这个案件中是吸毒者，已经变成了一种刑罚的依据时，我们就认为宪法第十四条修正案所保护的权利已经处于被侵犯的境地：

  在历史上的任何时刻，任何国家都不可能将精神病患者、麻风病人或者患有性病的人认定为刑事罪犯。国家可能会基于公共健康与福利而对这些病患和遭受其他人间疾苦的受害者采取一些强制措施，例如检疫、禁闭或隔离。但是，基于上述疾病将这些病人视为罪犯毫无疑问将被认为是在施加残忍和不寻常的惩罚，而该惩罚是违背第八和

---

① Reva Siegel：《平等对话：布朗宪政斗争中反从属与反分类的价值》，*Harv. L. Rev.* 117（2004），pp. 1470，1503。
② Owen Fiss：《团体和平等保护条款》，*Phil. & Pub. Aff.* 5（1976），pp. 107，108，157。

第十四条宪法修正案的。①

在过去的十四年中，不断有基于平等保护条款而以性别歧视为理由的案件被起诉到法院。我们已经否认了早年在布拉德威尔诉伊利诺伊州案［83 U.S.130，141（1872）］中，被法院所采纳的以分类理论为核心所建立的性别身份地位。②

在种族平等的背景下，法院明确地采用了"反从属"原则，废除那些通过嫌疑分类形成并加强的种姓制度。例如，在洛文诉弗吉尼亚州案（388 U.S.1，11）（1967年）中，法院宣布禁止白人与非白人结婚的法律无效，因为这些法律是维护"白人至上主义"的工具。同样，种族至上主义理论也体现了那些将人们在公共交通、就业、住房以及午餐柜台的使用上区隔开来的法律的根本性错误。③ 这些理论是对首席大法官塔尼在德雷德·斯科特诉桑福德案中赞同种姓制度观点最有力的反击："他们在一个多世纪中被认为是低级的下等人，无论在社会关系还是政治方面，他们都被认为不配与白人进行交流。到目前为止，他们也还没有与白人一样被尊重的权利，为了白人的利益，黑人可以正当合法地沦为奴隶。"④

以上路径远比仅仅谴责种族分离、公共政策的不合理，或违反对种族平等的形式承诺影响更为深远。相反，我们的宪法对平等的承诺不仅应该聚焦于分类本身，还应当包括对分类产生的影响以及创设了低等人群这一概念的至上主义的质疑。在这方面，曾经导致现代法院产生诸多追求平等判例的不平等原则，在当时通过国家的政策或实践产生了一些在种族上弱势或其他方面边缘的人，这些政策或实践就像一个印章，那些被这个印章打上烙印的人是不受欢迎、被排除在外、被嘲笑并且只能受到二等公民的

---

① 370 U.S.，at 666。
② 里德诉里德案，404 U.S.71（1971）；弗龙诉理查森案，411 U.S.677（1973）；克雷格诉博伦案，429 U.S.190（1976）。
③ 贝克特诉诺福克城市学校案，308 F.Supp。1274，1304（E.D.Va.1969），基于其他理由，434F.2d 408（4th Cir.1970）（将某些形式的住房隔离归为一种旨在维持白人至上主义的措施）。
④ 参见德雷德·斯科特诉桑福德案，60 U.S.（19 How）343，407（1857）。

对待的。在种族平等的背景下，宪法第十四条修正案体现了对黑人种族"宽泛而现实的平等原则"，该原则反对任何实际降格黑人地位的行为。①

平等保护条款在种族问题上的实践旨在使制定或延续等级主义的公共政策无效，这在本案之前的判例中也有所体现。将同性伴侣隔离于民事婚姻之外的做法违背了平等保护条款的基本原则，因为这些法律表达并且实践了对男女同性恋者的厌恶、蔑视和反感的意思，这使同性伴侣被认为与异性伴侣不处于同一阶层，得不到应有的承认。美国有色人种进步协会、法律辩护和教育基金会在洛文诉弗吉尼亚州案的诉讼摘要中向法院表达了类似的观点："实际上，反对跨种族婚姻的法律源自奴隶制度，以种族偏见为基础，并以黑人低等的观念来为奴隶制辩护，进而实施种族隔离……（这些法律）使种族主义教条侵入私人和个人婚姻关系中。"②

在一系列与本案相关的案件中，原告基于其受到的身份性伤害而提起追求平等的诉讼，而法院基于平等保护条款对性倾向歧视作出了一系列判决。从罗默诉埃文斯案［517 U. S. 620（1996）］开始，最高院为那些因其身份而遭受不公平待遇的男女同性恋者发展出了一系列有关平等权益保障的判例。"（修正案2）基于身份与地位对人进行分类，这是平等保护条款所不允许的。"③ 这一原则解释了为什么法律让某一类公民处于不利的法律地位或艰难的境地是较为罕见的，照字面上解释，如果一项法律宣布一类公民比其他公民向政府寻求援助更加困难，那么这项法律本身就违背了平等保护条款。④ 在对平等保护条款的解读中，最关键的是应有这样一种意识，即身份等级制度损害了民主的本质，这实际上是令人憎恶的，一个国家不能将一类人视为法律上的陌生人，肯尼迪法官解释道。⑤

在本案中，法院继续了美国诉温莎［570 U. S. , 133 S. Ct. 2675（2013）］

---

① Charles L. Black, Jr. :《隔离决定的合法性》, Yale L. J. 69 (1960), pp. 421, 429 - 30。
② 美国有色人种进步协会诉讼摘要，法律辩护和教育基金会简介，"法庭之友"制度，洛文诉弗吉尼亚州，1967年，WL 113929, 13, 14 - 15。
③ 517 U. S. 620, at 635.
④ Ibid. , at 633.
⑤ Jack Balkin 的文章《身份宪法》, Yale L. J. 106 (1997), p. 106。

一案中的推理与逻辑,通过平等保护条款的分析路径,使拒绝在联邦层面承认同性伴侣关系的法律无效,而这些法律的目的与实际的影响就是创设一种低级的、被隔离的身份,并且将羞耻的骂名施加于那些在一些州已经合法进入婚姻中的同性伴侣身上。①

总的来说,这一系列的案例可以被理解为拥护的不仅是一种反分类的平等主义原则,而且更倾向于将其理解为在本质上反从属的立场。② 鉴于已经有法院在先前的同性恋平等保护案件中运用了反从属的平等主义原则,我希望我们继续将该原则适用于未来的案件。

反从属方法为法院提供了一个机会,其要求法院发掘和揭露禁止同性伴侣结婚将造成的社会影响,并要求法院分析这些禁止所造成的身份性伤害。③ 而我更倾向于指出,那些禁止向符合条件的同性伴侣颁发民事婚姻证书的法律实际上传达了基于性倾向的歧视,而这些法律强化了异性恋相较同性恋的身份优势。

对同性婚姻的禁令旨在维持异性恋至上主义,其对性少数群体尤其是男女同性恋者造成了歧视。随着下级法院接纳我们所主张的婚姻平权理念,这一观点开始显现于越来越多的司法判决与简报中,这种将同性伴侣排除在民事婚姻制度之外的令人厌恶的错误可以比作法院在洛文案中提出的那种意识形态上的错误。④ 2001年马萨诸塞州案的原告在审判法庭上挑战该州禁止同性婚姻的法律时称:对同性婚姻的禁止强化了异性恋的优势地位,这就好像法律禁止跨种群婚姻是在强化白人至上主义一样。⑤ 同样,沃恩·沃克法官在挑战加利福尼亚州第八号提案同性婚姻禁令的裁决中发现,对婚姻的禁令传达了一种歧视。⑥

---

① 133 S. Ct.,第 2693 页。
② Siegal, supra, p. 1505.
③ Siegal, Ibid., p. 1503.
④ 科纳韦诉迪恩案,401 Md. 219, 268(Ct. App. Md. 2007)。再婚案件,43 Cal. 4th 757, 834(Cal. S. Ct. 2008)。
⑤ 支持原告判决的记录,古德里奇诉公共健康局,No. 01 – 1647 – A,马萨诸塞州最高院,2001 年 8 月 20 日。
⑥ 佩里诉施瓦辛格案,审前程序和法律秩序的可信度确定,事实调查与法律结论。704 F. Supp. 2d 921, 974, 980(N. D. Cal. 2010)。

需要明确的是，这些需要被挑战的歧视性法律并不只针对寻求结婚的同性伴侣，相反，它通常表达的是对全体男女同性恋者的一种仇恨或厌恶，无论他们是否处于亲密的伴侣关系之中或是否寻求法律对伴侣关系的认可。同性伴侣的婚姻禁令是一种制度设置，这种制度设置体现的是获得了国家支持的对同性恋群体的蔑视。正如我们之前所表明的那样，认可这种等级主义不能成为立法或制定公共政策的合法理由。[1]

我同意首席大法官的结论，根据宪法第十四条修正案的平等保护条款，禁止同性伴侣获得民事婚姻的法律应当无效，但我不同意他的理由。我认为没有必要去深究这个问题，即基于性取向的分类是否应该接受与种族、性别或其他嫌疑分类处于同一级别的违宪审查。相反，在该案中我们可以这么认为：同性伴侣之所以可以成功地以平等保护为理由挑战那些明确禁止他们进入民事婚姻的法律，是因为这些法律产生并延续了异性恋至上主义，而这种主义并不能作为合法公共目的的基础。

三

正如首席大法官在其意见第七部分中所指出的那样，上诉人还认为，禁止同性婚姻侵犯了正当程序条款所保障的基本的结婚权利。我并不同意法院对于该案基本权利视角的分析：首先是因为我认为法院已经找到了充分的理由，即以平等保护理由使被质疑的法律无效。同时，我不同意首席大法官关于民事婚姻的基本性质的分析，他指出"我们不需要决定各州是否担负宪法的义务来创设一个被称为婚姻的法律身份"[2]。首席大法官将民事婚姻"假设"为一个基础性的事务，而后所有的推理都是建立在这种假定之上的。首席大法官从一个前提开始，把一个偶然的事实，"所有的州都已经创造了这样的身份"，变成一个必需的事实，"因为我们把它看作

---

[1] 温莎诉美国案，133 S. Ct. 2675（2013）；美国诉弗吉尼亚州案，518 U. S. 515（1996年）；罗默诉埃文斯案，517 U. S. 620（1996）；克莱本诉克莱本生活中心案，473 U. S. 432（1985）（赞同意见）。

[2] 参见法院意见第10页。

是一项根本的利益,因此所有的州都必须这样做"。但是,摆在我们面前的问题不是婚姻是不是宗教、文化或历史意义上的根本性问题,而是一国的民事婚姻是否在宪法意义上是根本的。不可否认的是,许多人认为婚姻是非常有意义的,即使不是神圣的,也是一种亲密结合的仪式,这种仪式包含着神职人员、家庭和社区的祝福,法院从来没有认为宪法的正当程序条款要求各州应当建立一个民事婚姻制度来约束那些本应该私密的誓言。①

正如本院所认为的那样,"自由的核心是界定自己存在的概念、意义,宇宙和人类生命奥秘的权利"②。一项重要的宪法原则认为,自由在没有国家干预的情况下才能蓬勃发展,我们不需要国家参与到批准或许可一种好的、有意义的或神圣的生命可能采取的形式当中。③ 与选举权这样需要国家的支持才能实现的政治权利不同,国家对爱和承诺这一私密的誓言进行干预是没有必要的,这是美国的一般的情况。宪法、公民自由和权利在性质上往往是消极的,禁止国家将某些歧视性或压迫性的条款和条件强加于其公民。如果宪法中包含了一系列积极的而不是消极的条款,那么其将会是更好的宪法,但是这样的宪法与我们目前的宪法就大不一样了。④

可以肯定的是,一旦各州开始制定婚姻法,它必须以符合宪法要求的方式来进行,但这一强烈的要求并不意味着宪法让各州必须承担许可

---

① 请愿人和法律顾问在引用判例过程中提出了一项主张,即民事婚姻应有适当的程序权利,而该权利并未像他们所声称的那样不容置疑。因为特纳诉萨夫利案 [482 U.S.78 (1987)]、扎布洛茨基诉雷德海尔 [434 U.S.374 (1978)]、洛文诉弗吉尼亚州案 [388 U.S.1 (1967)] 这些案件作为一个整体,在婚姻没有非法将某一类人排除在外的情况下,并未建立婚姻民事许可的实质性正当程序权。
② 劳伦斯诉得克萨斯案,539 U.S.558,573-74 (2003)。
③ 这并不是说就不存在国家支持对基本权利的维护至关重要的其他情形,在马赫诉罗伊案 [432 U.S.464 (1977)] 中,法院拒绝了一个贫穷母亲的请求,罗伊诉韦德案 [410 U.U.S.113 (1973)] 中所保护的基本权利能够得到落实的前提,包括对公共基金进行评估,以使那些贫穷的妇女能享受这些权利。我相信马赫案的判决是有问题的,我对本案的观点并没有影响我对马赫案的态度。在贫穷的女性堕胎的情形中,体现国家支持的公共基金就是使得在罗伊案中所保障的权利变得有意义的唯一方式,如果没有这些公共基金,那么对于贫穷或收入较低的女性来说,在罗伊案中所保障的权利就变得无意义。而与之相反的是,在婚姻当中,对于在本质上私密的爱与承诺的誓言来说,国家的支持与许可却并非必不可少。
④ 见 Pamela S. Karlan《让我们结束这一切:国家能废除婚姻制度吗?》,*Cal. L. Rev.* 98 (2010), pp.697, 700。

婚姻的义务。① 由于这个原因，我拒绝以这个案件为契机扩大"正当程序条款"的实质性适用范围以至于将结婚权视为一项基本权利。

四

最后，我同意法院的审查结果，即认为仅向异性恋夫妻颁发民事结婚证的法律侵犯了"平等保护条款"，我将向下级法院分别澄清我们今天所讨论的对违宪行为的救济方案。

对于那些异性恋至上主义的法律所造成的平等保护伤害，我认为最适当的救济方法是弥补那些因此而受害的更大群体的利益。正因如此，这件事上的利益相关方不仅包括那些寻求婚姻的同性恋群体或寻求婚姻的同性伴侣，而且包括全体同性恋群体，因为禁止同性婚姻可能加剧人们的恐同情绪，婚姻禁令只是婚姻平权的一个要素。

更大群体的利益使我们考虑在本案中应当采取更为适当的救济措施。如果我们在拆解一种身份地位时不可避免地巩固了另一种地位等级制度，那么这就不是正义，并且平等保护条款的精神也没有得到尊重。如果我们需要采取的救济措施是允许同性伴侣与异性夫妻一样获得民事婚姻的许可，那么这一救济措施虽然将消解同性恋社群中的一个身份等级，但同时建立起另外一个身份。已婚的同性恋者优越于未婚的同性恋者，并且加强了已婚人士作为一个阶级的至上主义。②

---

① "结婚权"并非为平等保护和正当程序目的而设立的"基本"权利，因为在理论上国家可以废除所有的民事婚姻，但是其不能废除所有的私有财产权。古德里奇诉公共卫生部，第440卷．309，325 n. 14（MASS SJC 2003）（略去引文）。另见 Cass Sunstein《婚姻的权利》，*Cardoo L. Rev.* 26，pp. 2081，2083 - 2084（结婚权包括获得国家为婚姻提供的表达与物质利益的权利……国家可在不违反"宪法"的情况下废除婚姻）。

② 我们在几个州目睹了这一身份地位的扩大，这些州通过法院诉讼或全民公投的方式在立法上将婚姻权利扩大到适用于同性伴侣。在马萨诸塞州、康涅狄格州、特拉华州、新罕布什尔州、罗得岛州和佛蒙特州，将民事婚姻权利扩大到同性伴侣的同时将会消解其他形式的家庭承认形式，如家庭伴侣关系或民事结合。参见国家女同性恋权利中心，关于承认同性伴侣关系的法律概述，2015 年 12 月 10 日，http:/www.nclrights.org/wp-content/uploads/2013/07/Relationship_ Recognition_ State_ Laws_ Summary. pdf。在这些州，婚姻被授予许可证的垄断地位主要是出于对分配效率的考虑。

随着社会的发展，男女同性恋者对平等和尊严的诉求开始被重视，婚姻已经成为合法和体面的社会、法律和道德的承载体。当然，法院正确地发现将同性伴侣排除在民事婚姻之外的法律造成了某种污名化的伤害，而这种伤害是平等保护条款被设计出来致力于防治的。但是，我们真的不愿强化那些贬低婚外亲密关系的法律和公共价值观，如果我们一味加强不能结婚或不愿结婚的成年人及其子女所遭受的耻辱感，那么他们便不能获得结婚的同性伴侣已经获得的尊严。① 保护同性伴侣的权利不应以平等保护规范被破坏为代价，因为这会造成对非婚身份的歧视。正如一位评论员正确地指出的："在一个婚姻是一种特权地位的世界中，建立在不结婚就是一种耻辱基础上的婚姻平权可能会加剧许多其他身份不平等，这些不平等就意味着一种婚姻至上主义。"②

基于以上的原因，在该案件中基于平等保护伤害的合理救济就在于将民事婚姻一并消解。

如果将同性伴侣排除在民事婚姻之外是一种顽疾，那么这一救济办法就可能是一种彻底的治疗方法。可以肯定的是，如果是因为否认同性伴侣的结婚权而废除整个民事婚姻制度将会造成平等保护伤害，这就像在布朗诉教育委员会［347U. S. 483（1954）］一案中，法院下令关闭公立学校是为了避免在法律上的种族隔离，但是造成了平等保护伤害："无论哪种非种族理由支持一个州要求一个地区关闭公立学校，这个行为的目标都必须是合宪的，但确定的是，种族和反对废除种族隔离的理由都不符合宪法的规定。"③ 如果废除婚姻，正如我在这里所强调的那样，支持同性伴侣获得平等保护的权利就会出现格里芬法院所面临的那种宪法理由缺位的问题。废除婚姻不是为了避免遵守宪法，而是确保宪法更加忠实于对所有男

---

① 参见 Solangeler Maldonado《非法伤害：法律、污名和对非婚子女的歧视》，*Fla. L. Rev.* 63（2011），p. 345。
② Serena Mayeri：《婚姻至上和非婚姻家庭的宪法》，*CAL. Rev.* 103（2015），pp. 1277，1283。
③ 格里芬诉县教育局案. BD 同上，377 U. S. 218，231（1964）。

女同性恋者享有平等待遇和尊严的承诺。①

五

基于这些理由，我同意法院的结论，即这里所讨论的法律违反了平等保护条款，但我持这一观点的理由与首席大法官不一样。禁止同性伴侣获得民事婚姻权的法律起源并延续于异性恋至上的概念，并在更普遍的意义上具有歧视全体男女同性恋者的目的与影响。此外，我力求澄清所提出的救济措施的性质，考虑到这一事件的利益相关方包括所有男女同性恋者，平等保护的基本价值只有在法院避免出现解决一种形式不平等但却同时加剧另一种不平等的情况下才能实现。基于这一原因，唯一能促进整体平等的解决方案就是彻底废除民事婚姻制度，然后由各州设计一个能够更加公平地保障其公民经济和法律利益的制度，而这样的制度不能依赖于与平等和民主等基本价值相冲突的身份等级结构。

对奥伯格费尔案件的评论

凯瑟琳·弗兰克

我同意首席大法官巴尔金的意见，我和他一样认为州法律禁止符合条件的同性伴侣获得民事婚姻证书违反了平等保护原则，但我对于平等保护伤害的观点和他有一些不一致之处。

当然，同性婚姻平权之路可以通过多种不同的途径来实现。最高法院在奥伯格费尔案中的做法是将这一问题定性为关于上诉的同性伴侣自由利

---

① 宪法学者将取消公共利益或权利的行为描述为一种"降级"，而取消这项公共利益或权利的动机是更大的利益。而本案上诉人的要求是在于"升级"，即给予那些先前被排除在外的群体一定的权益。参见 Pamela S. Karlan《种族、权利和刑事判决中的救济》，Mich. L. Rev. 96 (2001)，2027 - 29 (1998)。我在此建议的补救办法并不是一种"降级"的形式，因为该补救办法力求促进对与该问题利益相关的所有人权利的平等保护，即所有男同性恋者和女同性恋者，无论他们的婚姻状况如何，也不管他们是否想要建立一种亲密的关系，如果他们因此而受到伤害都是我们应当保障的对象。

益的案件。在劳伦斯案、温莎案和现在的奥伯格费尔案中，肯尼迪法官一直是男女同性恋群体自由利益的维护者。虽然我通常是自由价值的坚实拥护者，但我对肯尼迪法官关于自由的观点也有不同的意见，他所倡导的自由概念被放置在一个人类尊严之宗教语境下解读，而我对此非常不解。这些案件都是关于一对资产阶级的、一对一的、受人尊敬的伴侣（可以肯定在劳伦斯案中是一个反事实的前提）尊严的，这些伴侣在温莎案中受到国家的不公平对待，并在奥伯格费尔案中开始寻求国家对于其结婚的许可。

通过引用计划生育联合会诉凯西案中"生命的甜蜜奥秘"话语（自由的核心是界定自己存在的概念、意义，宇宙和人类生命奥秘的权利）①，肯尼迪法官认为在劳伦斯案中男女同性恋者享有自主/自由的权利是不受刑事制裁的（在性方面，"成年"、"同意"和"私人"是性行为的道德标准）；在温莎案中，自由是指获得联邦政府承认的合法的民事婚姻；在奥伯格费尔案中，自由则是进入婚姻的高贵、有尊严的权利，而婚姻则源自人最基本的需求，其反映了我们最深刻的希望和愿景。②

自由组织完成了一项保护男女同性恋者宪法权利的工作，但该工作是以在个人自由的价值中确立行为规范的方式进行的，在这些案件中被纠正的错误都是对人类行为不合理甚至不公平的约束。对于肯尼迪大法官的推理来说，必不可少的，是对将男女同性恋者拒之门外的规范世界的拥护：有尊严的夫妇（劳伦斯案），优越的经济和法律地位（温莎案），以及拥有国家婚姻许可证的至高无上的尊严和安全感。

然而，如果我们仅纠缠于对自由的分析，则是持续地对这些案件中法律禁止或处罚根源的分析。我经常赞赏在洛文诉弗吉尼亚州案中首席大法官沃伦和法官斯图尔特主张的"弗吉尼亚州反跨种族法律很明显是对'白人至上主义'教旨的认同"这一观点中的推演逻辑。③ 这不是一个纯粹分

---

① 劳伦斯案，539 U. S. at 574. 引自计划生育联合会诉凯西案，505 U. S. 833, 851 (1992)。
② 这些观点开始于肯尼迪大法官在"奥伯格费尔诉霍奇斯案"第 135 卷中对宪法问题的分析，2584, 2594 (2015)。
③ 洛文诉弗吉尼亚州案，388 U. S. 1, 7 (1967), 斯图尔特法官同意首席法官的观点，其附和道："弗吉尼亚州只禁止涉及白人的跨种族婚姻的事实，证明了种族隔离必须有自己的理由，以此维持白人至上主义的地位。"

类的问题,不是一个"不把类似的事物同等对待"的问题,不是一个"不得基于肤色而确立公共政策"这一原则是否失败的问题,而是对白人至上主义的认可!

只有在奥伯格费尔案中使用实质性的平等保护分析方法才能孤立、揭示、谴责禁止同性伴侣缔结婚姻的至上主义。在本案中,通过违宪审查的方式能够让上诉人获得结婚的权利,这样做会产生一种更普遍的规则,这种规则可以扩展适用在异性恋至上主义或异性恋主义产生恶劣影响的其他场合,并可能确实有益于未来处理种族和性别平等案件。同性恋权利运动很好地利用了种族和性别平权的司法判例来争取婚姻平权,我的目标是在奥伯格费尔案中形成一项规则作为回馈——加强法院对平等保护原则的理解并将其适用于其他类型案件中。婚姻仅仅是异性恋至上主义融入法律和文化的一个方面,我强烈地建议我们奥伯格费尔案中的胜利不能仅仅适用在一个特定的情形当中。

出于这个原因,我转而使用"反从属平等原则"来作为我的观点。雷娃·西格尔巧妙地分析了平等保护条款之下反分类和反从属分析方法之间的区别,[①] 这一区别激发了我写这篇文章,提出与首席大法官巴尔金不同的观点。

反从属方法的另一个优点是,它致力于一种反种姓原则,其目的是消除身份等级制度,避免了对民事婚姻的维护。当最高法院发现南卡罗来纳州格林维尔市的法律规定"午餐柜台的种族隔离规则"违反了宪法第十四条修正案的平等保护条款时,该院认为没有必要讨论午餐柜台在国家烹饪传统中或历史上的重要性,[②] 相反,法院将重点放在当地法律中根深蒂固的种族主义问题上。[③]

鉴于我对婚姻制度本身和将婚姻权利提升到公民权利日程首位的同性

---

① Reva Siegel:《平等对话:布朗案件中宪法斗争的反从属和反分类价值观》,*Harv. L. Rev.* 117 (2004), pp. 1470, 1472–73。
② "拥有、管理或控制任何旅馆、餐厅、咖啡厅、饮食店或类似场所的任何人,如果在同一房间、同一张桌子上或在同一柜台上向白人和有色人种提供膳食,均属违法。"《1953年格林维尔法典》,1958年修订,第31—38节。
③ 彼德森诉格林维尔市一案,373 U. S. 244 (1963)。

恋权利运动战略持相当批评的态度,① 我想在奥伯格费尔案中提出一个观点,这个观点更多在于揭示恐同或异性恋至上主义的危害,而不是讨论婚姻的美德。我打算用三种方式来做这件事:首先,前面我也说过了,我打算通过反从属的方法来实现平等;其次,我认为这个案子不仅关系到包括寻求结婚的同性伴侣,而且还牵涉到所有男女同性恋者,这一群体可以包括异性恋至上主义的法律和文化所规范的所有对象和消极承受者;最后,我断然拒绝认为婚姻权是一项实质性的正当程序权利,或者拒绝认为婚姻是一项基本权利。

在所有这些意见中,我都很小心地避开了肯尼迪大法官(以及首席大法官巴尔金在较小程度上支持)强调的已婚夫妻(伴侣)尊严的观点。在我看来,这些论点是通过贬低婚姻外生活的伴侣来支持同性伴侣在婚姻中的地位,并且不幸的是,这个观点对其他非正统的同志家庭造成了很多不利的影响。对我来说,重要的是为上诉人找到一条避免诉诸婚姻的胜诉之路。

最后,我想澄清的是,这个案件是关于婚姻的民事许可问题,而不是讨论婚姻制度本身。肯尼迪法官在对奥伯格费尔案的分析中混淆了这两个问题,并由此付出了巨大的理论和政治代价。婚姻制度是一个宗教的纽带,是通过颁发民事结婚证形成的一个亲属集合,其通过契约的方式将先于国家存在的女儿/妻子身份纳入这样一个关系中来。玛丽·安妮案提醒我们,当王室第一次许可结婚时,"从功能主义角度看,这种结婚许可证在某种程度上可以类比为现代社会的养狗证,就像是对妻子拥有所有权的凭证,丈夫有权拥有妻子的财产、她的身体与附属物、她的劳动成果,甚至包括她从事劳动而获得的工资和生产的后代"②。国家介入婚姻许可这一事务的时间相对较短,并且从平等的角度来看,国家介入婚姻许可这一事务的动机是值得怀疑的。

---

① 《婚姻平等的危险》(纽约大学出版社,2015)一书详细阐述了对婚姻的批评;《对爱的渴望》, Ford. L. Rev. 76 (2008), p.2685; 《同性婚姻政治》, Colum. J. Gender & L. 15 (2006), p.236 和《劳伦斯诉得克萨斯一案中被驯化的自由》, Colum. L. Rev. 104 (2004)。
② 玛丽·安妮案,婚姻许可证法, Minn. L. Rev. 89 (2005), pp.1758, 1767 – 68。

总的来说，在我看来，没有什么正当的理由可以解释为什么国家如此深入地介入批准某些亲属关系或伴侣关系而拒绝其他关系。在奥伯格费尔案中，肯尼迪法官令人遗憾地引用了梅纳德诉希尔案中相当错误的论述：梅纳德法院认为，"婚姻长期以来是一个伟大的公共制度，其赋予了我们整个公民政治以鲜明的特色"①。然后，他引用历史学家南希·柯特的话："婚姻仍然是我们国家社会的基石。"如果真是这样的话，那婚姻就不是自然事实的问题，而是我们给予该制度本身以法律和经济特权的结果。基于平等或其他因素，我看不出有什么理由支持同性恋权利运动将不幸的社会现实合理化。这种不幸的社会现实就是给予了已婚人士一种采取非婚同居或者其他婚姻外伴侣关系之人所不享有的基于身份的特权。

出于以上原因，我的建议就是呼吁彻底废除婚姻制度。但令我感到遗憾的是，男女同性恋的宪法合法性必须依赖于一个前提，而这个前提实际上强化了另一种身份等级，即已婚者优位于未婚者。特别是我意识到这个案件可能牵扯到更大范围的男女同性恋群体，案件的裁决将本案原告的地位提升（之前那些本来适格的伴侣因为其相同的性别而无法获得民事婚姻许可证），并且他们因此获得了更高地位的特权，同时那些不愿意或不适合结婚的同性恋群体则无法获得这些刚刚争取来的宪法保护，这令我感到惋惜。

[责任编辑：时雪涵]

---

① 奥伯格费尔诉霍奇斯案，135 S. CT, 2601，引用梅纳德诉希尔案，125 U.S. 190, 213 (1888)。

亚历山大诉耶鲁大学：美国依据第九条提起的校园性骚扰第一案*

刘春玲　龙大瑞**

摘要：美国耶鲁大学 1969 年实行男女同校后，校园内教授、行政人员等性骚扰女学生的事件时有发生，但学校对于性骚扰现象的无视和拒绝制定性骚扰投诉处理机制的态度，放任了性骚扰的发生，致受害人投诉无门，校园教学环境受到破坏。1977 年 7 月耶鲁大学五名女学生和一名男教授以耶鲁大学为被告向美国联邦法院提起诉讼，要求责令耶鲁大学出台专门的性骚扰投诉机制。作为依据美国教育法修正案第 9 条提起的校园性骚扰第一案，该案在美国反校园性骚扰历史上具有里程碑意义。该案成功确认了性骚扰属于教育法修正案第 9 条禁止的性别歧视行为，使第 9 条成为处理校园性骚扰案的直接法律依据；推动美国高校出台防治性骚扰的政策和机制；推动了美国社会关于性别观念的转变。

关键词：亚历山大；耶鲁大学；校园性骚扰第一案；美国教育法修正案第 9 条

耶鲁大学（以下简称"耶鲁"）自 1969 年开始在本科层次招收女生，实行男女同校，虽然实现了学生性别多元，但却没有平等对待女学生。"当白人男性主导的机构试图多元化时会发生什么：和许多有权力的地方

---

* 本文系司法部专项任务课题"性骚扰认定中的证明责任问题研究"（项目编号：19SFB5009）的阶段成果。

** 刘春玲，法学博士，中华女子学院法学院副教授。龙大瑞（Darius Longarino），法学博士，耶鲁大学法学院蔡中曾中国中心研究员。

一样，耶鲁也允许女性进入，但它并没有平等对待她们。"① 彼时，教授、行政人员以及体育教练性骚扰女学生的事件时有发生，但学校既没有关于禁止性骚扰的政策，也没有处理性骚扰投诉的程序，致使受害人投诉无门或投诉无果。② 同时，频繁发生的性骚扰事件造成不信任的校园环境和氛围，致其他学生和工作人员的学习和工作亦受到不利影响。

1977年7月，耶鲁的五位女学生朗尼·亚历山大、安·奥利瓦里斯、帕梅拉·普莱斯、马格里·雷夫勒和丽莎·斯通（Ronni Alexander, Ann Olivarius, Pamela Price, Margery Reifler and Lisa Stone，以下分别简称"亚历山大、奥利瓦里斯、普莱斯、雷夫勒和斯通"）以及一位男性教授杰克·温克勒（Jack Winkler，以下简称"温克勒"）依据1972年《美国教育法修正案》第9条（Title IX of the Education Amendments of 1972）（以下简称"第9条"）和美国卫生教育与福利部执行第9条的政策,③ 以耶鲁为被告向位于康涅狄格州的美国联邦地区法院（the United States District Court for the District of Connecticut，以下简称"地区法院"）提起诉讼。第9条是在1972年6月23日被时任美国总统理查德·尼克松签署生效的联邦法律，其主要内容是：在接受美国联邦政府财政支持的任何教育项目或教育活动中，任何人不得因为性别而被拒绝参加此类项目或活动、被剥夺在此类项目或活动中应有的待遇。④ 原告们在诉讼中主张耶鲁未能防止对

---

① Claire Cain Miller：《"很不受欢迎的感觉"：耶鲁第一批女生经历了什么》，https://cn.nytimes.com/education/20191031/yale-first-women-discrimination/dual/，最后访问时间：2020年4月16日。

② Claire Cain Miller：《"很不受欢迎的感觉"：耶鲁第一批女生经历了什么》，https://cn.nytimes.com/education/20191031/yale-first-women-discrimination/dual/，最后访问时间：2020年4月16日。该文章提及：今年（2019年），一项未发表的调查询问了1969年入学的575名女生和转校生中近半数的人，结果发现65%的人所在的班级里只有一名女生。大约一半的人从来没有过女导师。16%的人说她们受到耶鲁大学教授或行政人员的性骚扰，而耶鲁大学当时没有报告性骚扰的制度。

③ 美国卫生教育与福利部（United States Department of Health, Education and Welfare）成立于1953年，该部根据第9条的规定发布政策要求：所有接受联邦政府财政支持的教育机构制定投诉处理程序，迅速和公平地解决学生、员工所提起的违反第9条规定的性别歧视投诉。1979年美国卫生教育与福利部被划分为卫生及公共服务部和单独的教育部，二者均于1980年5月4日开始运作。

④ 刘春玲：《美国防治高校性骚扰的制度与实践——第九条下高校的主要义务》，《妇女研究论丛》2018年第1期。

女性学生的性骚扰、拒绝建立相应机制和程序处理性骚扰投诉阻碍了女学生的教育进步以及剥夺了女学生应有的平等教育机会，构成对第9条和美国卫生教育与福利部政策的违反，请求法院判决责令耶鲁制定持续性的机制受理、调查和处理性骚扰投诉。地区法院驳回了其中五名原告的起诉，仅受理了普莱斯的起诉，但在对普莱斯的诉求进行审理后，作出了驳回其诉讼请求的判决。原告中的五名女学生不服地区法院的裁判，上诉至美国联邦第二巡回上诉法院（the United States Court of Appeals, Second Circuit, 以下简称"上诉法院"），上诉法院经开庭审理后，于1980年9月22日裁决驳回五名女生的上诉，维持地区法院的判决。

虽然该案原告们的诉求被两级法院判决驳回，但从该案实质上所产生的影响和得到的效果看，这是一个胜利的诉讼。[①] 因为，在该案审理过程中以及判决之后，耶鲁大学以及美国其他大学纷纷出台了处理性骚扰投诉的程序，而这正是该案原告们的核心诉求。更重要的是，该案首次成功地将校园性骚扰确定为性别歧视的一种形式，从而将第9条适用于性骚扰案件的解决。这就是美国反校园性骚扰历史上著名的、具有里程碑意义的亚历山大诉耶鲁案（Alexander v. Yale）。[②] 由于五名女生原告在丰富性骚扰概念的内涵、拓展第9条适用范围方面所做的贡献，她们被誉为第9条先锋以及第9条历史上最具影响力的人物。[③]

一 该案六位原告提起诉讼的背景情况[④]

（一）奥利瓦里斯

奥利瓦里斯系耶鲁1977届本科毕业生，她是这次对耶鲁诉讼的发动

[①] Tyler Kingkade, "How a Title IX Harassment Case at Yale in 1980 Set the Stage for Today's Sexual Assault Activism," https://www.huffpost.com/entry/title-ix-yale-catherine-mackinnon_n_5462140, last visited April 26, 2020.

[②] 本案是以原告之一，即Ronni Alexander（朗尼·亚历山大）的姓命名的。

[③] 参见Pamela Y. Price, "About Pamela Price," http://www.pypesq.com/attorney/about/, last visited April 26, 2020。

[④] Nicole Allan, "To Break the Silence," https://feminismandthelaw.files.wordpress.com/2012/12/052009_breakthesilence_ao.pdf, last visited April 22, 2020.

者、组织者。奥利瓦里斯在耶鲁读书期间，领导创办了耶鲁"本科生妇女核心小组"（the Undergraduate Women's Caucus）。该小组应学校要求对耶鲁女生在耶鲁读书期间的体验进行调查时发现，耶鲁存在很多男性教授性骚扰或者性侵女学生的事件，她对这些事件非常关切，并试图寻找解决途径。她首先向耶鲁的秘书长（Secretary of the University）萨姆·乔西（Sam Chauncey，以下简称"乔西"）反映这些性骚扰事件。乔西表达了对奥利瓦里斯行为的支持，建议奥利瓦里斯召集遭受性骚扰的学生把她们的经历写成书面文件交给他，并承诺不会泄露学生的姓名。于是，奥利瓦里斯找到亚历山大和其他几个女生，将她们遭受性骚扰或性侵的经历写成书面文件交给了乔西。乔西读了这些信件之后非常震惊，认为女生们的说法不可信，甚至认为是这些女生让教授们这样做的。不仅如此，乔西违背了他对奥利瓦里斯的承诺，很快就把基思·布里翁（Keith Brian，以下简称"布里翁"）教授叫到办公室，透露了他被指控的事情以及指控他的学生的姓名。奥利瓦里斯对乔西的做法非常失望，与此同时，她还遭受到来自一些男性教授和其家人的威胁，他们认为她的行为是诽谤，要对她提起诉讼。而耶鲁行政官员表示如果她被起诉，耶鲁将不会为她提供帮助。

奥利瓦里斯诉称，耶鲁对性骚扰的纵容导致形成歧视性的教育环境，影响其平等接受教育，耶鲁的不作为构成对第9条的违反。

（二）亚历山大

亚历山大系耶鲁1977届毕业生。大学一年级时，亚历山大选择布里翁教授作为她的长笛指导老师。没过多久，布里翁就在上课时将他的办公室门锁上，经常以检查亚历山大的呼吸为名触摸她的胸部。有一天将她逼进一个狭小的房间里，不顾她的反对，强行亲吻她及做出其他爱抚动作。这些事发生后，亚历山大暂停了布里翁对她的指导。布里翁是当时耶鲁唯一一名指导本科生长笛的教授，亚历山大非常想在长笛方面有进一步造诣。大学二年级时，亚历山大别无选择，再次选择布里翁作为她的长笛指导老师，其间不断忍受布里翁对她胸部的触摸，以及他的各种性暗示。之后有一天，亚历山大因头部撞到汽车门框而脑震荡。在独自一人从医院回住处的路上，碰见布里翁，布里翁提出开车送她回住处，她同意了。但布里翁把车开到了他在学校附近的一间公寓处，在那里，他与她发生了性关系。她后来回忆说她不知道为什么没有反抗，也许是不希望因反抗遭致暴力，也许是因为她当时处于脑震荡反应之中，也许是因为她觉得这就是事情发展的必然结果，让他做完他想做的事情，然后送她回家。这次事情之后，布里翁至少还有一次与她发生了性关系。据亚历山大后来回忆说，第二次性关系的发生，她觉得很难谈论，因为她觉得或多或少她是愿意的，她非常恨自己这样做，但感觉没有其他的选择。经历这些事情之后，亚历山大曾想过自杀，但被朋友劝阻了。最终，她不得已放弃在音乐方面的梦想，以改变专业、搬出原来的住处来躲避布里翁的骚扰。

亚历山大诉称：由于不停遭受她的长笛指导老师布里翁的性骚扰，包括强迫性交，她不可能继续演奏长笛，因此中断了她渴望的音乐事业。

（三）普莱斯

普莱斯是非裔美国人，耶鲁1979届学生。在耶鲁上学的第二学年期末，她到国际关系课程教授雷蒙德·杜瓦尔（Raymond Duvall，以下简称"杜瓦尔"）办公室提交课程论文时，杜瓦尔教授在她进入办公室后把门锁上，问她：你是否非常想要得一个A？你愿意跟我做爱吗？普莱斯拒绝了，并将这件事情告诉了学院主任，但是因为耶鲁没有关于她的投诉的处理程序，结果不了了之。后来她的论文和国际关系课程的成绩都是C。

普莱斯诉称：她向被告行政官员投诉杜瓦尔教授的性骚扰行为，被告没有对投诉进行调查，并告诉她说耶鲁没有任何措施去对她的情况进行补救。杜瓦尔教授给她的论文和课程成绩评价为C是因为她拒绝他的性要求的结果，不是对她学术表现的公平评价。

（四）斯通

斯通是耶鲁1978届学生。大学一年级的某一天，斯通看到她的一个室友回到住处，神情呆滞，室友说她去布里翁办公室上长笛课时，布里翁没有穿衣服。后来她的室友停止了布里翁对她的指导。斯通听到太多类似于她的室友和普莱斯遭遇男教授性骚扰的事件，这对她造成很大影响，导致她恐惧与男教授接触。有一天，斯通来到英语教授迈克尔·库克（Michael Cooke，以下简称"库克"）的办公室，交谈中，库克突然将手放到斯通的膝盖上，问她：如果我们做爱你会感觉怎么样？斯通拒绝并离开了库克的办公室。斯通将在库克办公室发生的事情告诉了她的论文指导老师温克勒，温克勒是斯通在耶鲁读书期间唯一一个可以比较自如交流的男性教授。温克勒告诉她说库克因为这样的行为方式在耶鲁已是臭名昭著，但耶鲁对此无动于衷。温克勒鼓励斯通加入奥利瓦里斯准备对耶鲁提起的诉讼。

斯通诉称：她听闻到的耶鲁发生的许多性骚扰事件都由于耶鲁没有建立合理处理性骚扰投诉的程序而不能得到处理，这伤害了她的感情，致使她恐惧与耶鲁有权力的男性进行联系，剥夺了她追求自由教育而必需的一个宁静的环境，对她最大程度完成她的大学教育造成阻碍。

（五）雷夫勒

雷夫勒系耶鲁1980届学生。大学一年级时，雷夫勒受她的新生顾问鼓励加入了校曲棍球队做一些管理工作。有一天雷夫勒站在球队教练理查德·肯特韦尔（Richard Kentwell，以下简称"肯特韦尔"）桌子旁边书写报告，当她把报告书交给教练时，教练突然抓住她的手腕，做出爱抚动作并亲吻她，她挣扎着抽身而逃。之后，肯特韦尔教练有一到两次对她的胸发表言论并对她做出爱抚动作。雷夫勒选择退出球队，当她把退出球队的原因告诉她的新生顾问时，她的顾问并不认为这是一件了不得的事。雷夫勒相信她的新生顾问应该不是第一次听到这种事情发生。

雷夫勒诉称：她遭遇的性骚扰使她丧失了成为球队管理者和获得校队奖励的机会，以及她向被告指控性骚扰的想法也因学校没有正式的处理性骚扰的程序而被阻却，导致她投诉无门。

（六）温克勒

温克勒当时是耶鲁的一名副教授，曾是斯通的论文指导老师。他加入五名女生提起的这个诉讼，主张由于耶鲁没有防止性骚扰的机制以及没有解决性骚扰投诉的程序，校园内形成一种对男性教授不信任的环境，这个环境导致他完成工作非常困难。温克勒是该案原告中唯一的男性，也是唯一的教授。一审裁判之后，温克勒没有提起上诉。

二　原告提起诉讼的案由

——性骚扰是性别歧视的一种形式

（一）职场性骚扰与性别歧视

美国反性骚扰运动首先是从职场开始的，将职场性骚扰确定为性别歧视之一种形式的过程，对校园性骚扰案的处理产生了直接影响。

美国20世纪五六十年代兴起的民权运动，激励了各个弱势群体起而捍卫自己的尊严和权益。1964年，美国国会顺应民意通过《民权法案》（Civil Right Act），该法案第七章（Title Ⅶ）规定禁止职场基于雇员的种族、肤色、宗教、性别或国籍等因素的歧视行为。六七十年代的妇女解放运动，自由主义、激进主义等不同的女性主义流派，针对实践中普遍存在的性别不平等和性别歧视问题呼吁立法做出改变。面对第二波女性运动的挑战，美国立法缓慢做出改变，开始正视并承认女性在工作中享有不受性侵犯的权利。

1974年美国康奈尔大学的琳·法而利（Lin Farley）和她的同事苏珊·美耶（Susan Meyer）、卡伦·索维涅（Karen Sauvigne）在为因拒绝教授性骚扰而遭受不利待遇的前康奈尔大学一名实验室女行政助理卡米塔·伍德（Carmita Wood）提供帮助时，首创了性骚扰一词。之后，起诉到联邦法院的职场性骚扰案件开始增多，但在最初的几个案件中，法院坚持认为性骚扰是管理者和下属之间的个人行为，反映了男性和女性之间在性格、个性上的差异或冲突，而不是基于性别的歧视。法院对《民权法案》第七章关于禁止性别歧视所规定的"性"（sex）作狭义解释，认为仅含有性别之意，不含有性能力或性行为等相关特性，故否定了女性可以援引该章规定提起性骚扰之诉的可能性。[①] 1974 年,美国司法部社区关系服务处（Community Relations Service of U.S Department of Justice）的前女职工黛安·威廉姆斯（Diane R. Williams）以司法部部长威廉·萨克斯贝（William B. Saxbe）和她的直接主管——社区关系服务处的主任为被告依据《民权法案》第七章向美国哥伦比亚联邦地区法院（U. S. District Court for the District of Columbia）提起诉讼——威廉姆斯诉萨克斯贝案（*Williams v. Saxbe*），[②] 主张因其拒绝了其男性上司的性骚扰而遭到无端报复甚至被解聘。法院在该案中首次确立了交换性骚扰的概念（Quid Pro Quo harassment），认为当雇主要求雇员以顺从不受欢迎的性挑逗、要求性好处，或者其他具有性的本质的口头或身体行为作为职业的条件时，即构成交换性骚扰。哥伦比亚联邦地区法院认为交换性骚扰是《民权法案》第七章所禁止的性别歧视的一种形式。随后，之前一些被判败诉的职场交换性骚扰案的原告们也通过上诉扭转了诉讼结果。[③]

威廉姆斯诉萨克斯贝案作为美国成功确立职场交换性骚扰第一案，可谓职场性骚扰概念历史上的一个重要突破。承认性骚扰是性别歧视的一种形式，使得职场性骚扰受害人从既有法律规定中找到了维权的依据。有人将之形容为：用父权社会既有法规与判例的旧瓶装下女权主义概念的新酒。[④]

在美国，第一个将性骚扰作为性别歧视予以系统论述的是女权主义者凯瑟琳·麦金农（Catharine A. MacKinnon，以下简称"麦金农"）。在耶鲁法学院读书期间，深受卡米塔·伍德事件的触动，麦金农开始关注职场女性遭遇的性骚扰问题，并就解决职场性骚扰的法律路径做了很多思考。即将从法学院毕业时，麦金农基本完成了她的第一本关于职场女性

---

① 耿殿磊：《美国的性骚扰概念及其发展》，《河北法学》2010 年第 4 期。
② 参见 *Williams v. Saxbe*, 413 F. Supp. 654 (D. D. C. 1976)。
③ Tanya Ward Jordan, "Federal Worker Diane R. Williams: Blazed the Trail for the #METOO Movement," https://www.govloop.com/community/blog/federal-worker-diane-r-williams-blazed-the-trail-for-the-metoo-movement/, last visited April 26, 2020.
④ 林垚：《我也是：作为集体行动的公共舆论运动》，《思想》（第 38 期），台湾联经出版公司，2019，第 257 页。

性骚扰的书。① 在书稿中，麦金农系统阐述了她关于性骚扰是性别歧视的理论。麦金农基于她的不平等理论，认为性骚扰是一种性别歧视，而并非仅是个体之间的侵权行为。性骚扰事件中的权力不平等体现在两个层面：一是在社会中男女权力地位的不平等，包括性别角色地位的不平等；二是男女在职场上地位的不平等，它直接导致女性经济上的弱势地位，反过来，后者又强化了前者。认为性骚扰是一种性别歧视，有三个理由。第一，社会价值取向不是将女性看作人，而是将之"物化"或者视为性玩物，对女性在职场中实施性骚扰即是将之"性化"的结果，对个别女性的性侵犯即等于对整个女性群体的侵犯。第二，性骚扰体现了一种男性处于权力中心，而女性对之顺从、受其支配的性别角色模式。第三，女性离开家庭加入职场本意是追求经济独立的自由生活，但性骚扰不断强化女性被贬低的社会地位，阻断了女性通过工作平等通向社会地位平等的道路。麦金农将女性在职场中遭受的性骚扰经历，与种族歧视背景下黑人被排斥与隔离的经历做了比较论证，认为两者作为社会弱势群体，由于社会制度的歧视而被限制于次等级社会地位上，这是美国历史上一个普遍的社会现象，而非偶然的侵权行为所致，其本质是社会制度本身不公正的结果。实践证明，美国通过联邦宪法及其他相关立法明确反对种族歧视，使黑人的命运获得较大程度的改善。黑人的这一成功经验为职场性骚扰问题的解决提供了积极的借鉴意义。② 麦金农认为，对于模式化的、普遍存在的性别歧视行为，仅依靠受害者个人在侵权行为法下得到个案救济远远不够，她创造性地提出可以依据《民权法案》第七章，以性别歧视案由对雇主提起诉讼，以加强雇主防范性骚扰的责任。③ 1986年，美国联邦最高法院决定采纳麦金农的理论，将职场性骚扰定义为性别歧视的一种形式，为职场性

---

① 1979年耶鲁大学出版社出版了凯瑟琳·麦金农的著作 *Sexual Harassment of Working Women: A Case of Sex Discrimination*（《对职场女性的性骚扰：一个性别歧视案件》），这本书开启了麦金农作为20世纪最具开创性和争议性的女权主义法律理论家之一的职业生涯。
② 耿殿磊：《美国的性骚扰概念及其发展》，《河北法学》2010年第4期。
③ Catharine A. MacKinnon, Reva B. Siege, "Directions in Sexual Harassment Law," https://books.google.com/books? id = IhYip0PqV4EC&pg = PA8&dq = lin + farley&hl = zh – CN#v = onepage&q = lin% 20farley&f = false, last visited April 26, 2020.

骚扰受害人依据《民权法案》第七章提起诉讼扫除了障碍。

(二) 校园性骚扰与性别歧视

作为禁止教育领域性别歧视的联邦法律,第9条颁行后主要用于解决校园内直接歧视女性员工以及体育项目领域直接歧视女生的问题,比如基于性别拒绝录用女性或为女性升职,禁止或限制女性参加某些体育项目等。在亚历山大诉耶鲁案之前第9条还从未被适用于解决校园性骚扰案件。

为亚历山大案找到诉讼法律依据从而促成该案的关键人物正是当时在耶鲁法学院读书的麦金农。奥利瓦里斯因选修麦金农给耶鲁本科生讲授的女权主义主题的课程而结识了麦金农,她称麦金农是唤醒她的女权主义政治意识的人。当奥利瓦里斯就起诉耶鲁的事情求助于麦金农及其参与创办的纽黑文法律团体(New Haven Law Collective)时,麦金农和纽黑文法律团体的律师们敏感地意识到,如果耶律本科生对耶鲁提起诉讼,主张耶鲁没有防止和回应女生们遭受性骚扰的机制,这个诉讼将会为尚处于萌芽阶段的性骚扰法律开辟新的适用领域。

彼时,麦金农关于职场女性性骚扰的书虽然还未付梓,但她将书稿中关于性骚扰是性别歧视一种形式的理论观点分享给奥利瓦里斯及纽黑文法律团体的律师。麦金农将她关于职场性骚扰属于性别歧视一种形式的观点大胆地用在了亚历山大诉耶鲁案中,她认为教育领域男性教授、行政人员等性骚扰女学生的行为,是校园师生之间权力不对等的产物,从损害结果看,损害了学生平等接受教育并获得最大教育成果的机会,校园性骚扰同职场性骚扰本质相同,都是一种基于性别的歧视行为。按照当时美国卫生教育与福利部根据第9条规定发布的规章要求,所有接受联邦政府财政支持的教育机构应当制定投诉处理程序,迅速和公平地解决学生、员工所提起的违反第9条规定的性别歧视投诉。耶鲁没有建立性骚扰投诉机制的事实构成对第9条的违反。麦金农鼓励原告们依据第9条以耶鲁为被告向法院起诉。

依据麦金农提出的理论,奥利瓦里斯同另外四名耶鲁的女学生和一名男性教授,于1977年7月正式以耶鲁为被告向地区法院提起了诉讼,主张耶鲁"未能打击对女学生的性骚扰，以及未能建立处理投诉和调查性骚扰的机制和程序，这干扰了女学生的教育过程以及剥夺了她们的平等教育机会"。一些女权组织的人员作为法庭之友（amici curiae）出庭为原告们提供法律帮助，主张原告们有资格对耶鲁提起诉讼。[①]

三 法庭裁判结果及理由

亚历山大诉耶鲁案中的原告并没有向耶鲁提出个人损害赔偿请求，而是主张耶鲁忽视、拒绝慎重对待女学生提出的性骚扰投诉，实际上放任了男性教职人员性骚扰女学生的行为，这样的模式、实践不仅给他们造成伤害或损害，同时，耶鲁对性骚扰防治不力也致使耶鲁其他成员受到不利影响，包括：（1）那些被迫要么选择忍受耶鲁掌权男士提出的性要求，要么选择牺牲受教育的机会或者在教育上获得发展的机会和福利的女学生；（2）那些不得不忍受由于性骚扰的存在所形成的不利于教育发展的歧视性环境的女学生；（3）耶鲁的教职人员，由于耶鲁对性骚扰的容忍，师生之间的信任关系受到污染，从而严重损害教职人员的教学效果以及与学生共同追求知识活动的效果。所以，该案原告们不仅为了自己的利益，也为了耶鲁社区其他遭受性骚扰侵害或者性骚扰影响人员的利益提起了该诉讼，要求法院判决耶鲁建立性骚扰投诉机制。

诉讼中，耶鲁的律师向法庭提出驳回原告起诉的动议，理由是原告们的诉求不属于第9条所禁止的性别歧视行为，因而适用第9条提起诉讼没有基础。地区法院法官拉蒂默（Latimer）和纽曼（Newman）作出了驳回了除普莱斯之外的其他五名原告起诉的决定。普莱斯作为剩下的唯一原告，继续推进诉讼。普莱斯诉耶鲁案由地区法院法官彭斯（Burns）进行审理，彭斯法官于1977年12月21日驳回了普莱斯的诉讼请求。

[①] 法庭之友（Friend of the Court），也称法院之友，源自罗马法，后被英美习惯法所继承。法庭之友不是诉讼当事人的任何一方，系基于自愿或是应诉讼当事人的请求，以法律文书（brief）形式就某个案件中的问题向法庭提供信息、专业知识或者观点的人。是否采纳法庭之友的意见由法庭决定。

亚历山大诉耶鲁大学：美国依据第九条提起的校园性骚扰第一案

地区法院以各种理由驳回了除普莱斯以外的其他五名原告的起诉。对于亚历山大的起诉，地区法院认为虽然亚历山大主张个人遭受了性骚扰，但她已经毕业离开耶鲁，对她的诉求进行裁判变得没有意义。对于雷夫勒的诉求，地区法院认为，虽然雷夫勒主张个人遭受了性骚扰，但她没有首先向耶鲁官方提出投诉或寻求帮助，耶鲁并不知悉她遭受性骚扰的事实，因此雷夫勒认为耶鲁剥夺了她权利的主张不成立。对于温克勒、斯通和奥利瓦里斯提出的耶鲁未建立性骚扰预防及投诉处理机制，实际上放任了校园内性骚扰的发生，导致形成歧视性的和不信任的教育环境，损害了他们以及其他耶鲁师生的平等受教育权和职业发展机会，构成对第9条的违反的主张，地区法院没有支持。理由是他们的主张没有支撑依据，因为没有哪个司法机关可以将第9条准确适用于不可估量的诸如歧视氛围或环境的消除。简言之，他们的主张不属于第9条适用的范围。值得一提的是，该案温克勒等三名原告提出的上述主张，按照美国现在对性骚扰的定义，属于敌意环境性骚扰。遗憾的是在该案审理过程中，敌意环境性骚扰概念尚未被法院判例确定。[①]

对于普莱斯的起诉，地区法院认为"以服从性的要求作为获得学术发展条件"的行为构成教育领域的性别歧视，依据第9条具有可诉性。而且普莱斯主张她多次向耶鲁求助但均被拒绝。据此，地区法院受理了普莱斯的起诉。法官之所以受理普莱斯的起诉，是因为1976年美国哥伦比亚联邦地区法院在威廉姆斯诉萨克斯贝案中确立了交换性骚扰的概念。普莱斯案的法官首次将职场交换性骚扰概念引入教育领域性骚扰案件的处理中，也是一个突破。

对于普莱斯提出的其没有同意杜瓦尔教授提出的性要求才导致她的论文和课程获得C级成绩的主张，杜瓦尔教授（当时已经不再是耶鲁教员）予以否认。[②] 地区法院审理后认为普莱斯未能证明杜瓦尔教授对她提出了

[①] 1986年美国联邦最高法院在美驰储蓄银行诉文森［Meritor Savings Bank v. Vinson, 477 U.S. 57 (1986)］案中，确立了敌意环境性骚扰的概念。

[②] Andrew Kreig, *Ex-Yale Professor Denies He Propositioned Student*, file:///C:/Users/user/Downloads/1979.01.20%20Ex-Yale_ Professor_ Denies_ He_ Pr. pdf, last visited April 26, 2020.

性要求，而且，普莱斯论文和课程所得成绩是她学术水平的反映，法院未发现在对她的论文和课程进行成绩评价时杜瓦尔教授考虑了除学术之外的因素。对于要求地区法院责令耶鲁出台处理性骚扰程序的诉求，虽然地区法院承认耶鲁处理性骚扰投诉的程序不充分，但拒绝作出判决责令耶鲁建立一个处理性骚扰投诉的专门程序，理由是普莱斯并没有证明她受到了不适当行为的冒犯和因此受到伤害，因此法庭无须提供任何救济。[1]

该案中的五名女生原告不服地区法院的裁判，上诉至上诉法院。上诉法院于1980年4月16日对案件进行了开庭审理，并于1980年9月22日作出驳回上诉，维持地区法院裁判的决定。[2]

上诉法院引用判例对其决定进行了说明，由联邦法院裁决的案件必须同时满足两个基本条件：一是原告能证明其受到具体的、明显的损害（存在救济的必要性）；二是法庭行使审判权后能够对原告的损害进行补救（存在救济的可能性）。如果损害已经复原，或者法庭即使行使审判权也不能对原告的损害进行补救，对原告的案件进行裁决将没有实际意义。

对于奥利瓦里斯、斯通、亚历山大和雷夫勒的主张，上诉法院认为地区法院驳回上述四名原告起诉的决定应当予以支持，因为四名原告均没有提出一个可裁判的案件或争议，或者不存在通过法院裁判进行救济的可能性。（1）对于奥利瓦里斯的主张，法庭认为她个人没有受到性骚扰行为的侵害。奥利瓦里斯认为由于耶鲁缺乏处理性骚扰投诉的程序，她不得不自己花费时间、精力和金钱调查性骚扰投诉，向被告的行政负责人员提供她的调查结果，试图与被告谈判寻找解决性骚扰投诉的途径；其间遭受被她调查的人的威胁和恐吓，被告行政负责人员却没有给她提供保护和鼓励。在法官看来，奥利瓦里斯上述主张不构成具体的、明确的损害，不存在救济的必要性。（2）就斯通的主张而言，其已经毕业，因此没有任何判决能够补救她不敢与耶鲁男性教授接触的损害。（3）对于亚历山大和雷夫勒的主张，她们主张遭受的性骚扰行为影响了她们的音乐事业发展或者获得校

---

[1] *Alexander v. Yale University*, 459 F. Supp. 1（D. Conn. 1977）.
[2] *Alexander v. Yale University*, 631 F. 2d 178（2d Cir. 1980）.

队奖励的机会，法庭认为她们主张遭受到的损害不是现实发生的，是她们推测的。另外法庭也没有办法对亚历山大和雷夫勒声称遭受的损害（亚历山大未能实现音乐职业梦想，雷夫勒未能获得校队奖励）进行补救。再者，她们已经毕业的事实，使得法院责令耶鲁给她们提供一个免于性骚扰的环境，以及责令耶鲁建立有效的程序处理她们的性骚扰投诉的判决变得没有意义。

普莱斯未能证明她声称的性骚扰行为实际发生和她因此遭受的实际损害，无损害即无救济，上诉法院认为地区法院驳回她诉讼请求的决定应予支持。

上诉法院在裁判中也说明，根据耶鲁方律师提供的文件，耶鲁现在已经出台了处理性骚扰投诉的程序，缓和了原告们所称的因为性骚扰行为而形成的不平等的氛围，表明原告们在本案中寻求的要求耶鲁出台处理性骚扰投诉程序的救济已经得以实现，无须法院再做裁判。

四 该案在反校园性骚扰历史上的意义

（一）将第9条的规定创造性地适用于性骚扰案件的解决

亚历山大诉耶鲁案作为美国历史上第一起主张校园性骚扰属于第9条禁止的性别歧视行为的案件，其最大的贡献是扩大了第9条的内涵。如同《民权法案》第七章一样，第9条出台后，法官通常对其做狭义解释，主要作为处理直接歧视行为的依据。该案中的原告援引麦金农关于性骚扰属于性别歧视的理论，主张耶鲁校园里普遍存在的性骚扰现象，包括男性教授向女学生提出性要求以换取好的学术成绩的行为，致使女学生的平等教育权受到侵害，以及学业及职业发展受到限制，这是一种基于性别的歧视行为。耶鲁没有建立完善的处理性骚扰投诉的机制和程序，以及没有对性骚扰投诉进行调查处理构成对第9条要求的违反。

在亚历山大诉耶鲁案中，虽然法院驳回了原告们的起诉或诉讼请求，但地区法院和上诉法院均在其决定中支持了原告们提出的一个法律观点，认为原告们"以顺从性的要求作为学术进步条件的做法构成教育领域性别歧视的主张是完全合理的",① 教师性骚扰学生是第9条禁止的违法行为,在第9条下,学校必须构建处理性骚扰的程序。原告们输掉了官司,却赢得了法律。亚历山大诉耶鲁案成功扩大解释了第9条的内涵和适用范围,为校园性骚扰案件的解决创造了相应案由,是一次具有破土性的尝试和胜利,在美国法律历史上具有里程碑式的意义,耶鲁因此也被称为是美国当代反校园性骚扰法的诞生地。② 自此以后,美国联邦法院在一系列的判例中引用亚历山大诉耶鲁案的观点并进一步明确了校园发生的性骚扰属于性别歧视的一种形式,学校如果没有建立性骚扰投诉处理程序将构成对第9条的违反,学校要为此承担责任。校园性骚扰案件的解决有了明确的法律依据。

(二) 推动学校建立性骚扰防治机制

亚历山大诉耶鲁案的另一个重大影响是推动包括耶鲁在内的美国众多高校出台了防治性骚扰的机制,原告们输掉了官司,赢得了机制。该案中,原告们认为耶鲁校园里普遍存在的男性教授或行政人员性骚扰女学生事件是制度性的事件,耶鲁长期对性骚扰事件的无视态度放任了该类事件的发生。制度性的问题是可以通过建立完善的制度予以解决的。因此,原告们的核心诉讼请求是判决责令耶鲁出台性骚扰投诉处理机制。他们希望通过法院判决,促使耶鲁建立长效的性骚扰处理机制。虽然法院以各种理由驳回了原告们的诉求,但地区法院和上诉法院均在判决中指出耶鲁调查性骚扰投诉的机制和实践存在不足。地区法院法官彭斯在她25页的裁判中提到耶鲁对于普莱斯投诉的回应是僵硬的。③

---

① The District Court ruling that, "It is perfectly reasonable to maintain that academic advancement conditioned upon submission to sexual demands constitutes sex discrimination in education."(地区法院裁定,"完全有理由认为,以服从性要求作为学业进步的条件构成教育中的性别歧视"。)参见 https://www.aclu.org/other/title-ix-nine?redirect=womens-rights/title-ix-nine,最后访问时间:2020年4月28日。

② Alice Buttrick, "A Culture of Silence," https://web.archive.org/web/20101107034842/http://yaleherald.com/topstory/a-culture-of-silence/#respond, last visited April 26, 2020.

③ Andrew Kreig, *Trial is Granted in Yale Sex Case*, file:///C:/Users/user/Downloads/1978.11.30%20Trial_Is_Granted_In_Yale_Sex_C.pdf, last visited April 26, 2020.

亚历山大诉耶鲁大学：美国依据第九条提起的校园性骚扰第一案

面对法院的认定、媒体的压力以及一些学生组织的持续推动，[1] 耶鲁开始了相关机制建设。还在案件审理过程当中，耶鲁在1978年成立了专门的性骚扰投诉委员会（Sexual Harassment Grievance Board），随后又建立了性骚扰投诉委员会执行委员会（Executive Committee's Grievance Board）。委员会与学生、教员、行政人员开展会见交流，学习了解性骚扰问题的复杂性，讨论审视现有程序的不足，探讨有效解决性骚扰的途径。委员会最终对性骚扰进行了定义，认为性骚扰是"企图胁迫不情愿的人发生性关系或者对拒绝服从的人进行惩罚的行为"，并建立了新的投诉处理程序。在新程序下，由七人组成的专门小组（包括两名教授、两名行政人员、两名学生和一名有心理咨询经验的人）负责处理性骚扰受害人的正式投诉，并提供一些救济。[2]

亚历山大诉耶鲁案之前，性骚扰问题在美国大学里普遍存在。在该案上诉判决作出后的几年内，美国的其他数百所大学纷纷跟随耶鲁的脚步，根据法律要求成立了类似的机构，出台了相应的机制，以应对逐渐增多的性骚扰投诉。[3] 还有些学校是在悄悄地进行着政策的改变。[4] 亚历山大诉耶鲁案在推动美国大学出台性骚扰防治机制方面，具有转折性的历史作用。

在该案发生后的几十年里，耶鲁不断完善防治性骚扰的相关政策和程序。耶鲁网站信息显示，耶鲁从2011年开始，每半年公布一次校园不端性行为调查报告，根据报告结果，对政策和程序进行持续完善。通过师生共同参与，从预防、处理和救济等方面共同应对性骚扰事件，以期实现耶鲁的承诺和使命：保持和加强建立在文明、彼此尊重、相互信任基础上的

---

[1] 耶鲁的本科生妇女核心小组（the Undergraduate Women's Caucus）、第三世界妇女理事会（the Council of Third World Women），以及其他一些本科生和研究生学生组织在促进耶鲁出台性骚扰防治机制方面做了持续的推动工作。

[2] Rosemary Brady, *New Yale Panel Will Review Sex Complaints*, file：///C：/Users/user/Downloads/1979.04.15%20New_Yale_Panel_Will_Review_Sex.pdf, last visited April 26, 2020.

[3] Sara Terry, *US Colleges Respond to Sexual-Harassment Problem*, file：///C：/Users/user/Downloads/1980.03.24%20US_colleges_respond_to_sexual-.pdf, last visited April 26, 2020。

[4] John Hildebrand, *A NEW MAJORITY ON CAMPUS*, file：///C：/Users/user/Downloads/1979.03.28%20A_NEW_MAJORITY_ON_CAMPUS.pdf, last visited April 26, 2020.

教育、工作和生活环境，使师生员工在这样的环境中获得知识的提升和职业的发展。①

（三）推动社会关于性别观念的转变

从该案发生的背景和法院的审理过程中，我们可以看出在20世纪70年代末的美国，关于性别的观念还是相当陈旧落后的。从当时耶鲁秘书长看到学生们的举报信件时的反应（本能认为信中讲述的事情不可思议，认为是这些女生让教授们这样做的，女生们的说法不可相信），雷夫勒的顾问对她遭受教练性骚扰的事情的反应（认为这不是一件了不得的事），该案法官在案件审理中所持有的谨慎和谦抑态度（如驳回敌意环境性骚扰诉讼请求）中可窥见一斑。当时社会上认为男性拥有支配女性权力的观念比较普遍，在这种观念支配下，很多人以及机构无视或轻视性骚扰。

在男权社会文化中，遭遇性骚扰或者性侵害是一件耻辱且不可说之事。在该案之前，美国关于性骚扰的投诉很少被公开报道。② 这个案件发生后，立刻引起报纸、电视等媒体以及立法和实践组织的关注。媒体竞相采访案件当事人、律师及耶鲁发言人，以醒目的标题对案件进行广泛报道。③

从耶鲁对该案的反应看，耶鲁最初的态度是抵触的、强硬的，认为原告们的指控是没有根据的、不真实的；④ 原告的起诉是草率的、不负责任的，是为了获得公众关注的伎俩；坚持认为学校对性骚扰的处理程序是充分的，建立专门的性骚扰处理程序是多余的。⑤ 但随着案件的审理，更多

---

① 《耶鲁大学2011~2019年上半年的校园性骚扰报告》，可访问 https://provost.yale.edu/title-ix/reports 获取。
② John Hildebrand, *A NEW MAJORITY ON CAMPUS*, file：///C：/Users/user/Downloads/1979.03.28%20A_NEW_MAJORITY_ON_CAMPUS.pdf, last visited April 26, 2020。
③ 美国的《华盛顿邮报》（*The Washington Post*）、《纽约日报》（*Newsday*）、《波士顿环球报》（*The Boston Globe*）、《哈特福德新闻报》（*The Hartford Courant*）等都对该案进行了报道。
④ United Press International, *Yale Profs Accused of Sex Scandal*, file：///C：/Users/user/Downloads/1977.07.14%20_(Page_11_of_81).pdf, last visited April 26, 2020。
⑤ Diane Henry, *Yale Faculty Members Charged with Sexual Harassment in Suit*, file：///C：/Users/user/Downloads/1977.08.22%20Yale_Faculty_Members_Charged_W.pdf, last visited April 26, 2020。

事实细节被公之于众，处于舆论旋涡之中的耶鲁，面对各方的压力，态度开始慢慢发生转变，开始承认性骚扰在校园里不是新事物，承认学校偶尔存在忽略学生对性骚扰投诉的情况。耶鲁一个行政官员在接受采访时说，耶鲁跟其他机构一样，存在很多灵魂扭曲的人（Twinsted Souls），他们已经被开除了，或者应当被开除。[1] 除了用言语进行表态，耶鲁也开始采取行动，耶鲁另外组织三名教授对普莱斯的课业表现进行了重新评阅，以判断是否存在不公正的情况。[2] 并自1978年起开始了性骚扰政策和相关处理机制的构建。

从社会大众对该案的反应看，一些人对原告们的起诉行为发出了质疑的声音，认为女生们应该自己学会处理这些事情，如果不能处理，说明她们不够聪明，一开始就不应该出现在大学校园里。质疑她们把这些司空见惯的事情诉至法院的必要性。[3] 奥利瓦里斯说她遭遇了教授的跟踪、学校行政官员的威胁，收到包含死亡威胁、被丑化的裸体女人和人类排泄物照片的信件。[4] 甚至很多女性也不理解原告们的行为，在接受完电视采访后，亚历山大来到一个她经常光顾的主要给职场女性提供服务的酒吧，她本以为至少会获得一些怜悯或同情，但没想到遭遇的是充满敌意的冰冷面孔。似乎是认为原告们打破沉默，向性骚扰宣战的行为是错的。[5]

媒体报道中，更多的人对原告们的行为表示了支持。该案原告代理律师安妮·西蒙（Anne E. Simon）在接受媒体采访时说，在如耶鲁一样的由男性主导的机构里，人们习惯性认为性骚扰这样的事情是微不足道

---

[1] Diane Henry, *Yale Faculty Members Charged with Sexual Harassment in Suit*, file：///C：/Users/user/Downloads/1977.08.22%20Yale_Faculty_Members_Charged_W.pdf, last visited April 26, 2020.

[2] Andrew Kreig, *Yale Dean Denies Brushing off Complaint*, file：///C：/Users/user/Downloads/1979.01.18%20Yale_Dean_Denies_Brushing_Off_.pdf, last visited April 26, 2020.

[3] Russell Baker, "The Courts of First Resort," https://www.clearinghouse.net/chDocs/resources/caseStudy_NicoleAllan_1445307591.pdf, last visited April 26, 2020.

[4] Ann Olivarius, "OLIVARIUS：For God, for Country and for Male," https://yaledailynews.com/blog/2018/10/08/olivarius-for-god-for-country-and-for-male/, last visited April 26, 2020.

[5] Nicole Allan, "To Break the Silence," https://feminismandthelaw.files.wordpress.com/2012/12/052009_breakthesilence_ao.pdf, last visited April 26, 2020.

的、可以被接受的及私人之间的事情。这起诉讼就是要告诉大家事实绝非如此。① 雇主有责任构建一个解决性骚扰的有效途径。② 一些大学教授对高校性骚扰防治机制普遍存在的不足提出批评,认为虽然第 9 条及联邦政府的相关政策已经明确要求教育机构出台反性别歧视的机制,但大多数学校的机制都存在不足。主张学校不仅应当完善机制,还应当将机制进行公开,让学生知晓这些政策和投诉机制的存在。③ 一些组织开展了性骚扰民意调查,结果显示性骚扰问题是一个普遍且严重的问题,认为是一个需要予以纠正的问题。该案将性骚扰、性别歧视、性别平等等话题推到美国公众面前,一时间,什么是性骚扰,在没有证人的情况下,如何根据一方的陈述认定性骚扰等问题成为人们热议的话题。④ 有人提出性骚扰的根源在于对妇女的尊严、人格和自主的根深蒂固的漠视。⑤ 为本案提供诉讼法律依据的麦金农旁听了案件审理过程,她认为耶鲁案是一个迫使男性为他们对待女性的行为承担公共责任的实例。⑥ 该案也鼓励了更多的学生打破沉默,将他们遭受性骚扰的经历讲出来或进行投诉。⑦ 地区法院法官彭斯驳回普莱斯诉讼请求的决定作出后,有律师尖锐地批评该判决是怯懦

---

① The Washington Post, "2 Yale Faculty Accused of Sexual Harassment," file: ///C: /Users/user/Downloads/1977.07.19%202_Yale_Faculty_Accused_of_Sex_.pdf, last visited April 26, 2020.
② Leslie Phillips, *For Women, Sexual Harassment is an Occupational Hazard*, file: ///C: /Users/user/Downloads/1977.08.09%20Living_For_women,_span_class.pdf, last visited April 26, 2020.
③ Noel Epstein, *When Professors Swap Good Grades for Sex*, file: ///C: /Users/user/Downloads/1981.09.06%20When%20Professors%20Swap%20Good%20Grades%20for%20Sex%20-%20TheWashington%20Post.pdf, last visited April 26, 2020.
④ Christopher Reed, "Feminists Tangle with Administration: Debate Rages over Sex-for-Marks Case," file: ///C: /Users/user/Downloads/1979.04.16%20Feminists_tangle_with_administ.pdf, last visited April 26, 2020.
⑤ Alice Buttrick, "A Culture of Silence," https://web.archive.org/web/20101107034842/http: /yaleherald.com/topstory/a-culture-of-silence/#respond, last visited April 26, 2020.
⑥ Ann C Nickels, "Lawyer-Author Says Her Life is 'about Women's Struggle'," file: ///C: /Users/user/Downloads/1979.03.15%20Lawyer-Author_Says_Her_Life_Is.pdf, last visited April 26, 2020.
⑦ Sara Terry, *US Colleges Respond to Sexual-Harassment Problem*, file: ///C: /Users/user/Downloads/1980.03.24%20US_colleges_respond_to_sexual-.pdf, last visited April 26, 2020.

的、没有勇气的，法官完全没有考虑第 9 条的规定。[①]

在 20 世纪 70 年代的美国，在很多人（包括很多女性）的观念中，认为女性在职场、学校或者其他什么地方遭遇性骚扰是生活的常态，每个女性都会遭遇性骚扰，女性应当学会面对、沉默吞咽并设法生存下来。该案发生后，媒体的关注、舆论讨论的广泛参与等，使"性骚扰"作为性别歧视的一个法律概念，逐渐被更多的人所认识。该案作为美国长期反性骚扰战役中的一次早期冲突，[②] 客观上对于转变美国社会对性骚扰的认知以及性别观念产生了积极的推动作用。

五　启示与借鉴

性骚扰是一个世界性的问题，高校性骚扰也一样。我国也逐渐意识到性骚扰问题的普遍性及严重性，开始在立法上探讨规制性骚扰的路径，并已经取得重要突破，但无论在认识上还是制度上，都还存在不足。从亚历山大诉耶鲁案中，我们至少可以获得这样一些启示。

（一）出台明确的法律、规章和政策

性骚扰是一种侵权行为，必须以法律的形式明确性骚扰的违法性并明确规定禁止性骚扰。我国 2020 年 5 月 28 日通过的《中华人民共和国民法典》（以下简称"民法典"）第 1010 条增加了禁止性骚扰的内容，[③] 以民事基本法的形式表明了对性骚扰的禁止态度。如何落实第 1010 条的规定？美国的做法给我们提供了很好的示范。美国从第 9 条、卫生教育与福利部及学校三个层面对禁止校园性骚扰进行了逐步具体的规定。民法典第 1010

[①] Andrew Kreig, "Ex-Coed Fails in Sex Case," file:///C:/Users/user/Downloads/1979.07.03%20Ex-Coed_Fails_in_Sex_Case.pdf, last visited April 26, 2020.

[②] Russell Baker, "The Courts of First Resort," https://www.clearinghouse.net/chDocs/resources/caseStudy_NicoleAllan_1445307591.pdf, last visited April 26, 2020.

[③] 《中华人民共和国民法典》第 1010 条规定：违背他人意愿，以言语、文字、图像、肢体行为等方式对他人实施性骚扰的，受害人有权依法请求行为人承担民事责任。机关、企业、学校等单位应当采取合理的预防、受理投诉、调查处置等措施，防止和制止利用职权、从属关系等实施性骚扰。

条对学校防治性骚扰的义务做了概括性的规定,接下来,需要教育部出台规章,明确第 1010 条下学校的义务,要求学校制定和构建具体的政策、机制和程序,并对学校履行法律义务、执行规章的情况进行监督。学校层面,要制定和构建更加具体并具有可操作性的政策、机制和程序对性骚扰进行预防和处理。立法不仅仅需要表明对性骚扰的禁止态度,更重要的是有具体的可操作性。我国作为具有制定法传统的国家,更需要强调法律政策的具体、明确,以及具有可操作性。

(二) 强调学校的主体责任

学校对于性骚扰行为的态度,会影响学生、教职员工对性骚扰的认知。学校对性骚扰行为的无视和放任,会导致性骚扰行为的泛滥,正如耶鲁在亚历山大诉耶鲁案之前的情况一样。亚历山大诉耶鲁案的原告们并没有对实施性侵扰的个人提起诉讼,而是直接以耶鲁为被告提起诉讼。他们认为相较于个人提起侵权诉讼获得个案赔偿,学校完善的政策和积极的行动能够对潜在的行为人发挥更大的、更持久的威慑作用。

校园性骚扰不仅直接侵害具体受害人的权益,还直接危及校园的学习环境,对在校园学习、工作的其他人产生负面影响。受害人追究行为人个人的责任,并不能补救性骚扰对其他人和校园环境的损害。学校是教学活动的组织者和实施者,有义务也有优势向学生和教职员工提供一个安全、包容、尊重的,免于性骚扰侵害的学习和工作环境。强调学校的主体责任才能有力地督促学校积极采取措施防治性骚扰,防治性骚扰的效果才会更加明显。另外,学校的积极支持,可以鼓励受害人进行投诉,从而为学校干预性骚扰提供机会。

(三) 界定性骚扰内涵以及明确证明规则

目前我国在国家立法层面还没有对性骚扰内涵进行明确、统一的界定,在一些地方颁布的《妇女权益保障法》实施细则中对性骚扰进行了定义。定义不统一,内涵不明确,导致各地在审理性骚扰案件时出现认定上的不统一。美国将职场领域的性骚扰分为两类:交换性骚扰和敌意环境性骚扰。校园政策在对性骚扰进行界定时，也基本采用职场性骚扰的两分法。虽然交换性骚扰和敌意环境性骚扰边界不是绝对的，有时存在交叉，但基本可以涵盖性骚扰行为。要落实民法典第1010条防治性骚扰的立法目的，首先必须要对性骚扰进行概念界定，否则，这一条规定可能会变成宣示性条款。

亚历山大诉耶鲁案中，普莱斯除了自己的证言，还提出她在杜瓦尔教授骚扰她的事件发生后，学业成绩出来前就向她所在学院的主任举报了杜瓦尔教授的行为，但法官仍然以普莱斯未能证明性骚扰事实的发生为由判决驳回了普莱斯的诉讼请求。性骚扰案件天然存在举证难和证明难的问题，很多受害人起诉后因为难以证明性骚扰的存在而被判败诉，这样的结果也吓退了很多受害人对行为人提起诉讼进行追责。笔者十多年前著文论述过在现有民事诉讼证明制度框架下寻找解决性骚扰案件证明难问题的路径，提出过合理认定性骚扰受害人陈述的证明力、适当降低证明标准、强化法官依职权调查取证等解决办法。[①] 性骚扰案件有其特殊性，需要立法者和执法者关注到这类案件的特质，通过切实可行的制度变通解决受害人证明难的问题，只有这样，才能保障受害人应该获得的胜诉权。

性骚扰是一种侵权行为，但本质上它是一种性别歧视行为，性骚扰的存在是对性别平等政策的破坏，也是实现性别平等的障碍。国家、社会、学校防治性骚扰的举措，以及受害人在较好的政策保驾护航之下对性骚扰行为积极进行举报、起诉，将可以推进性别平等的实现，推进整个社会文明水平的提高。中国通过民法典第1010条，这是反性骚扰征途上的一个重大进步；将第1010条切实落实，是摆在我们面前的一个重要且紧迫的任务。

[责任编辑：时雪涵]

[①] 参见刘春玲《性骚扰案件中的证据问题研究》，《妇女研究论丛》2006年8月增刊；刘春玲《再论性骚扰案件中的证据问题》，《中华女子学院学报》2010年第6期。

调研报告

艾滋病感染者就医和就业歧视状况调查

中国红丝带网[*]

摘要：基于"恐艾"等心理，对艾滋病感染者的歧视现象非常普遍，在就医与就业领域，这一状况尤为严峻。对此，我国的调查研究尚不充分。为了更好地了解目前中国的艾滋病感染者所遭遇到的歧视状况，本调查通过问卷和访谈了解感染者在就医就业过程中所遭受歧视的具体形式、特征以及他们的应对行为和策略，为消除对艾滋病感染者的歧视提供参考。

关键词：艾滋病；就医歧视；就业歧视；拒诊；医疗

一 艾滋歧视的研究现状及本研究的贡献

（一）背景

羞耻与恐惧联合构成了艾滋病污名化的社会心理基础，这种心理在许多场所转换为歧视行为。同时，许多艾滋病研究专家已经发现，传统的流行病学防治宣导模式，已不足以解决全球性艾滋病蔓延的问题，唯有结合传统公共卫生、社会、政治、经济、文化以及个人目标的防疫策略，方能减缓艾滋病的蔓延。

2000年在南非德班举办的第13届国际艾滋病大会上，时任联合国艾

---

[*] 中国红丝带网又名全国艾滋病信息资源网络（China HIV/AIDS Information Network，简称CHAIN），是一个政府、非政府组织和国际组织共同参与的全国性信息交流与共享平台。本文执笔人为中国红丝带网执行主任蔡凌萍女士和中国传媒大学博士生张如东先生。

滋病规划署执行主任的彼得·皮奥特阐述了羞耻与恐惧对全球干预战略造成的障碍："艾滋病毒经由性传播，因此被禁忌与道德判断所围攻……为病毒的传播创造了理想条件：那就是迫使那些（性行为）冒险者或感染者转入地下，失去了接受公共教育或治疗的机会。"美国文化与健康行为学者爱尔赫布瓦也将艾滋病污名化视为传播干预的"负面的环境因素"，即他人或社区语境对个体健康决策施加的负面影响。

在中国，为有效开展艾滋病防治工作，经国务院批准颁布的《艾滋病防治条例》（以下简称《条例》）自2006年3月1日起施行。《条例》第3条明确规定了尊重和保护艾滋病感染者、病人及其家属的婚姻、就业、就医、入学等合法权益。《条例》深受艾滋病感染者及受影响人群的欢迎，也为他们争取自己的正当权利提供了法律基础，推动了社会反歧视和公正地对待艾滋病感染者及受影响的人群。

不过，中国的艾滋病污名化以及对感染者的歧视状况不容乐观。医疗、工作场所中，对艾滋病产生的羞耻与恐惧并因此形成的对感染者歧视现象仍然显著，而对于此状况的调查研究仍显不足。为了更好地了解目前中国的感染者所遭遇到的歧视状况，受国际劳工组织委托，中国红丝带网在专家的支持和指导下设计此调查，通过问卷和访谈了解感染者在就医、就业过程中所遭受歧视的具体形式、特征以及他们的应对行为和策略，为减少和消除针对HIV及感染者的歧视提供参考和线索。

（二）调查方法

此调查采用了定量问卷调查和定性深度访谈相结合的方法。整个数据收集遵循了知情同意原则，通过样本便利获取的途径，调查对象包括来自北京、天津、云南、山西、安徽、河南等地的多家为艾滋病感染者提供检测和关怀服务的社区组织，包括北京佑安医院恬园工作室、天津深蓝公共卫生咨询服务机构、云南戴托普、山西蓝典工作组、安徽青卫、中国女性抗艾网络及来自法律和疾控中心热心人士的协助协调。此次调查共回收有效问卷885份，全部为艾滋病病毒感染者填写。

1. 定量调查

为保证问卷质量，问卷提纲经过多次修改，听取了来自中国疾控中心性病艾滋病预防控制中心、联合国艾滋病规划署、美国疾控中心、国际劳工组织及部分社区组织代表的意见和建议。

由于调查涉及感染者的隐私和信息敏感，问卷没有公开发放，采用了网络定向投放的方法，即在指定的时间内在选定的地区和人群中发布并回收。调查时间为2018年1月至2月，各地使用了不同的调查链接（问题相同）。此次调查共回收有效问卷885份，全部为艾滋病病毒感染者填写。

2. 定性访谈

对感染者遭遇歧视状况的探究，主要以半结构化的深度访谈展开，访谈对象总数为22人。访谈对象同样主要通过上述地区社区组织协助征集，受访者的选择基于如下标准：确诊为艾滋病病毒感染者，不同的性别，曾有过就医或就业的歧视遭遇。

访谈自2018年2月起，至2018年4月结束，持续2个月，单个受访者访谈时长均超45分钟；访谈以面谈和电话等线上交流（若受访者不在本地或不愿意暴露个人隐私）相结合的形式展开。

对于访谈资料的呈现，将以G1~G22的标注形式对受访者进行编码。需要说明的是，下述分析包含所有访谈对象的全部访谈成果，囿于篇幅仅择取部分具有代表性的成果加以呈现。

二 调查对象的基本特征

（一）一般人口学信息

本次调查对象共885人，多为中青年，21~30岁者占49.0%；并以男性为主，占91.4%。63.5%为同性恋者；并以未婚为主，占70%。此次调查对象中，大部分居住在直辖市、省会城市或地级市，仅有10.1%居住在农村地区，以具有城市户口的人为主，占62.5%。具体的年龄、性别、婚姻状况、居住地情况、户口类型和性取向如表1至表6所示。

表 1　调查对象的年龄分布

单位：人，%

年龄	人数	百分比
20 岁及以下	17	1.9
21～30 岁	432	49.0
31～40 岁	290	32.9
41～50 岁	107	12.1
51 岁及以上	36	4.1
合计	882	100.0

表 2　调查对象的性别分布

单位：人，%

性别	人数	百分比
男	809	91.4
女	76	8.6
合计	885	100.0

表 3　调查对象的婚姻状况

单位：人，%

法律上的婚姻状况	人数	百分比
离婚	56	8.0
丧偶	6	0.9
未婚	490	70.0
已婚	148	21.1
合计	700	100.0

表 4　调查对象的居住地情况

单位：人，%

目前居住地	人数	百分比
地市级城市	213	24.1
农村地区	89	10.1
省会城市	326	36.8

续表

目前居住地	人数	百分比
直辖市	152	17.2
县级市	105	11.9
合计	885	100.0

表5 调查对象的户口类型

单位：人，%

户口类型	人数	百分比
城市	553	62.5
农村	332	37.5
合计	885	100.0

表6 调查对象的性取向

单位：人，%

性取向	人数	百分比
同性恋	562	63.5
异性恋	170	19.2
双性恋	122	13.8
尚未确定	31	3.5
合计	885	100.0

相比2009年由联合国艾滋病规划署及其合作伙伴发布的《中国艾滋病病毒感染者歧视状况调查报告》（以下简称《2009年调查》），此次调查出现年龄较低、城市化较高[1]的情况，有可能是因为此次调查主要是通过微信、网络开展，智能手机和互联网用户更趋向于城市居住人群和年轻人，同时，也可能说明艾滋病的流行有低龄化发展的趋势。

另外，在《2009年调查》中，"大多数受访者为异性恋者。男性受访者表现出性取向上更明显的多样性，其中18.3%的男性受访者自认为是同

---

[1] 在2009年的调查中，超过一半的受访者（58.6%）是城镇户口，41.4%的受访者是农村户口；年龄集中在30～39岁。

性恋，9%为双性恋"，此次调查中，同性恋的比例已经为63.5%，还有13.8%的人自认为是双性恋，异性恋已经成为不到1/5的少数。相对于十年前，男男同性恋人群已经成为中国艾滋病的重要感染者群体。

（二）感染者多有单个固定性伴或无性伴

在自我应答中，最近两年内有单个固定性伴的占41.4%，无性伴的占37.2%。但仍有12.4%的人多性伴并且不固定，另有9%的人有多个固定性伴，这种行为存在较大的传播风险。具体情况见表7。

表7 调查对象的性伴侣状况

单位：人，%

最近两年性伴侣状况	人数	百分比
多性伴且不固定	110	12.4
有单个固定性伴	366	41.4
无性伴	329	37.2
有多个固定性伴	80	9.0
合计	885	100.0

（三）在受教育程度上，此次调查对象中大学及以上学历近半数

有47.8%的调查对象为大学、研究生及以上学历，另有23.6%为大专学历，初中及以下的仅占11.2%。同样对比《2009年调查》[1]，感染者的学历明显变高，具体情况见表8。

表8 调查对象的受教育程度分布

单位：人，%

受教育程度	人数	百分比
初中及以下	99	11.2
高中及中专	154	17.4

---

[1] 在2009年的调查中，初中学历占40.3%，高中学历为21.9%。

续表

受教育程度	人数	百分比
大专	209	23.6
大学	357	40.3
研究生及以上	66	7.5
合计	885	100.0

（四）在职业分布上，感染者以非正规就业或无业/待业为主

调查对象中，有73人（8.3%）在国企/央企就职，72人（8.2%）属于政府公务员或事业单位员工，另有70人（8.0%）为在校学生。选择在外企或私企、无业或待业、个体或自由职业的分别为29.4%、17.5%、24.3%。而选择务农的人仅为1.7%，在《2009年调查》中，24.6%的人选择了务农。虽然感染者中的待业和无业的比例从36.2%降到了17.5%，但是仍然很高，而自由职业和个体经营者（个体业主）从2009年的9.4%上升到24.3%。这应该能够说明感染者在正式就业中还存在困难或受歧视。具体情况见表9。

表9 调查对象的职业分布

单位：人，%

职业	人数	百分比
个体或自由职业	213	24.3
公职（政府部门或事业单位）	72	8.2
国企或央企	73	8.3
外企或私企	258	29.4
社区、民间组织	23	2.6
无业、待业	154	17.5
务农	15	1.7
学生	70	8.0
合计	878	100.0

（五）大部分的感染者医疗健康有社会保险保障

有85.1%的感染者有各种形式的社会保险，不过仍有13.6%的感染

者没有任何医疗或者健康保险。

（六）新发感染者较多

在885名调查对象中，除了23人没有应答，在862名感染者中，623名调查对象是在2014年至2017年确诊的，即有70.4%的调查对象在近四年内发现其感染艾滋病病毒，另有11人为2018年（此调查完成于2018年2月下旬）确诊。在2013年及以前确诊的人数为228人，其中最早报告确诊的年份为1995年，共3人。具体情况见表10。

表10 调查对象的确诊时间

单位：人，%

确诊年份	人数	百分比
1995	3	0.3
1998	2	0.2
2002~2013	223	25.2
2014~2017	623	70.4
2018	11	1.2
未应答	23	2.6
合计	885	100.0

三 感染者就医现状

总的来讲，中国的定点医院较多，在700名应答者中，80.7%的感染者表示当地有艾滋病的定点医院。不过，感染者的就医歧视情况还是较为严重，相比非定点医院，感染者在定点医院就医面临较少的歧视，但是定点医院的诊疗水平有待提高。

在问卷调查中，有79.1%的感染者在感染艾滋病后由于其他健康问题到医院看过病，其中41.7%的感染者表示在就医过程中遭遇到歧视，且在遭遇歧视的感染者中，43.0%自我认为所遭受的就医歧视很严重。最近两年在定点医院看病的550人中，68.7%自报能得到有效治疗，其中226人认为在定点医院能解决大部分的疾病问题。但是，在感染艾滋病后需要手术治疗的172人中，68.6%的人曾出现由于非定点医院拒诊而手术没有做成的情况，44.2%的人曾出现定点医院技术能力不足而导致没有做成手术的情况。调查结果显示，如果可以自由选择，愿意在定点医院就医的占44.4%，在非定点医院就医的占31.7%。在39名HIV阳性的生育者中，53.8%（21人）接受了母婴阻断服务。

（一）感染者就医状况

1. 定点医院是感染者就医首选

在中国，定点医院较普遍，有80.7%的调查对象表示，所在城市和地区有定点医院。在感染艾滋病后，遇到其他健康问题的时候，大部分人会选择定点医院，其中只去定点医院的占到38.6%，定点医院和非定点医院都去过的占54.1%。

不过定点医院的治疗水平仅仅及格。在550名曾有定点医院就医经历的感染者中，68.7%的调查对象认为能在定点医院得到有效治疗，有26.0%的人觉得定点医院的技术有限，无法提供有效的治疗，还有5.3%的人因为麻烦放弃了治疗。有32.3%的人觉得定点医院能解决自己大部分疾病问题，同时，也有31.4%的人认为定点医院只能解决一部分疾病问题。具体情况见表11和表12。

表11 定点医院治疗水平的感染者评价

单位：人，%

感染者对定点医院治疗水平的评价	人数	百分比
得到有效治疗	378	68.7
中间环节太多，放弃了治疗	29	5.3
技术有限，无法提供有效治疗	143	26.0
合计	550	100.0

表 12 定点医院治疗情况

单位：人，%

定点医院对治疗需求的满足程度	人数	百分比
能满足看病需求	119	17.0
能满足大部分看病需求	226	32.3
能满足一部分看病需求	220	31.4
不能满足看病需求	52	7.4
不知道	83	11.9
合计	700	100.0

2. 近一半感染者曾遭遇严重的就医歧视

调查对象报告没有遭遇就医歧视的占43.7%。曾遭遇歧视的292名调查对象中，73.6%的人认为遭遇到的歧视比较严重或很严重。具体情况见表13和表14。

表 13 感染者就医歧视状况

单位：人，%

在感染以后，您在就医过程中遭遇过歧视吗	人数	百分比
有遭遇过	292	41.7
没有遭遇过	306	43.7
不清楚	102	14.6
合计	700	100.0

表 14 感染者就医歧视程度

单位：人，%

您认为你所遭受的就医歧视程度如何	人数	百分比
很严重	127	43.5
比较严重	88	30.1
不是很严重	14	4.8
一般	63	21.6
合计	292	100.0

3. 感染者就医时，定点医院的告知率高于非定点医院，非定点医院的转诊和拒诊率超过一半

在调查中，有54.1%的调查对象在过去的两年内有既在定点医院也在非定点医院看病的经历，其中最近一次在非定点医院就医时，258人选择没有告知医护人员自己的感染状况，而140人在定点医院就医时没有告知医护人员自己的感染状况，定点医院的告知率比非定点医院高出1倍多（见图1）。

而非定点医院的医生得知感染者的状况之后，首选是将其转介到艾滋病定点医院（38.4%），其次是拒绝任何诊疗（28.2%）和继续看病，或没有什么异常（26.6%）。

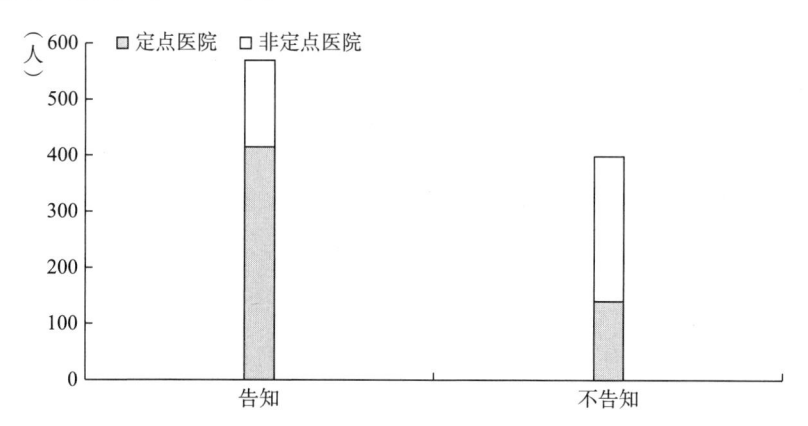

图1 感染者在定点医院和非定点医院就医的告知人数比较

4. 定点医院诊疗水平仍待提高

60.2%的调查对象认为定点医院能有效治疗自己的疾病，仍有22.8%的感染者表示定点医院"技术有限，无法提供有效治疗"（见表15）。

表15 定点医院治疗效果

在定点医院，您得到的治疗如何？	人数	百分比%
得到有效治疗	378	60.2
技术有限，无法提供有效治疗	143	22.8
没有在定点医院就医的经历	78	12.4
中间环节太多，我放弃了治疗	29	4.6
合计	628	100.0

5. 由于非定点医院拒诊或转介，感染者主要选择在定点医院做手术

调查对象中，有 172 人曾在感染艾滋病后需要手术治疗，其中 118 人在非定点医院遭到拒诊而没有做成手术，占 68.6%；另外也有 76 人表示定点医院的技术能力不足，导致没有做成手术；最终接受了手术的感染者为 94 人，占 54.7%，其中 63 人（67%）还是在定点医院接受了手术。选择定点医院手术的主要原因是病友或者社区组织推荐（31.7%）和对病人友好（28.6%），也有 14.3% 的人因为非定点医院的转介。

6. 感染者多选择在当地就医，医疗花费报销比例不统一

在最近有手术经历的 94 名感染者中，有 57.8% 的人选择了当地就医，没有产生更多的交通和住宿费用。其他在外地就医的感染者，花费的交通和住宿费用在 5000 元以内的占 23.4%，在 5000 至 10000 元的占 7.8%，还有人花费 4 万至 5 万元。除了交通住宿等求医费用，有 39.7% 的感染者表示定点医院的手术费或医疗费用没有医保报销，25.4% 的人报销比例为 51% 至 75%，此外有 17.5% 的人报销比例为 20% 至 50%。

7. 符合生育条件的感染者生育意愿不强烈

在调查对象中，有 210 名符合计划生育的条件，但是，仅有 31% 的人表示有生育意愿。有 46 人或者其家属在感染期间怀孕，31 人在已知自己的感染状况下怀孕，有 15 人在怀孕前不知自己是感染者。在 46 人中，有一半的调查对象表示医生曾建议终止妊娠，其中 7 人（15.2%）在医护人员的建议下终止妊娠。[①] 39 名最终生育的调查者（有男性）中有 21 人接受了母婴阻断，1 人流产，11 人无须接受母婴阻断。

（二）感染者的经历

1. G1，男，24 岁，同性恋，2015 年确诊，IT 销售人员，常住安徽省合肥市

我是阑尾手术，他一开始说可以做，但是后来又跟我说可以保守治

---

① 在《2009 年调查》中，已婚或有性伴侣的女性受访者中，感染以来，有 11.9%（369 份有效回答中的 44 人）曾被医务人员/计生部门强迫终止怀孕/人工流产。

疗，就没有做成……他就说让我做检查，然后说没有手术指征什么的，具体的我也不清楚，应该就是拒诊了。

2. G3

我做过口腔方面的手术，但我不敢去大的综合医院，我会去私人的，因为他们不查HIV。

3. G4，北京

在2014年冬天身上起疹子，当时还没有服用抗病毒药物，所以去医院检查，医生让我做了血液化验，看是不是过敏或者是身体机能方面的问题，第二天去拿结果的时候，医生告知因为我检查出HIV阳性，他们医院不具备治疗艾滋病感染者的条件，建议我去当地的传染病医院，传染病医院同样说他们也没有办法治疗，最后我去了一家私立医院，我当时私自把检查艾滋病的单子撤了出来，后来查出来是花粉过敏引起的（疹子）。

4. G5，北京

当时由于阑尾炎需要做手术，在当地的中医院检查后发现我HIV抗体阳性，医生和我说他们医院不能做这样的手术，希望我转到其他医院，所以当时就没有做成手术，后来去了当地的传染病医院做的手术。

5. G6，北京

最早的时候，对这个歧视问题我一无所知。我去看病，我会问大夫，就一个简单的感冒吧？艾滋病感染可以吃这个药吗？然后作为感染者我是很敏感的嘛，我就发现医生的那个态度就会有很大的改变，并且他会建议我去专科医院，他也不会正面回答我的问题。就还比如说对于感冒啊，血压高的这些药，与这个病有没有冲突，他都不会直接告诉你，他会让你去专科医院问专科医生。

6. G7，北京

当时是涉及一个肺部的手术，然后就是在这个手术的一些术前检查的时候，查出了这一项（HIV），最后这个手术当然也就没做成。

医院其实只是做了一个初筛是阳性，它需要做确诊，这个确诊和初筛之间要有一个时间，因为当时我是正好就差术前的一项检查，这项检查如果过了关，可能就需要去做手术了，但是要等这个确诊报告，确诊报告没有出来之前，医院为了慎重起见，没有直接去找我（告诉我感染了 HIV），只是告诉我这个手术目前先不能做，因为我在检查方面是有问题的，所以当时自己其实是很清楚的，可能就是因为（HIV）这个事。

7. G8，女，45 岁，异性恋，2009 年确诊，无业，常住云南省昆明市

在定点医院做抗病毒治疗的时候，感觉有一部分医生态度很不好，极不耐烦，态度冷漠。

8. G11，女，异性恋，2010 年确诊，无业，常住云南省昆明市

做胆囊手术，当医生知道 HIV 感染时，马上将我转到特殊的病房和非感染者分开，并且要购买非一次性的手术器械；意外怀孕去做终止妊娠的手术，医院让我自行去购买手术会用到的器械。

9. G12，女，异性恋，2012 年确诊，无业，常住云南省昆明市

我有青光眼，去医院眼科看病，告知感染事实后，医生态度变得不好，去做 24 小时眼压监测，明明有床位，医院以没有床推托，不给安排床位，只能在走廊自己找两个凳子拼起来躺着。

10. G14，四川

就医时我告诉医生我的病情，有些态度好的医生会委婉地告知"更换专业的医院，我们的医疗条件及技术有限"；有一些医生则说"我们这里没法处理，你去专业的医院"。我曾经遇到过两次这种类似情况……小痔疮手术，因为是做手术涉及血液的情况，我必须告诉他们。当时，我为了他们着想，给他说了我的情况，告诉他们可能你们需要做防护，他们当时就拒绝，建议我到其他地方去处理。

11. G15，四川

做痔疮手术，我将情况告知医生，医生回答不能做手术，告知我们到传染病医院，就拒诊了。

12. G16，四川

我因为中耳胆脂瘤，到耳科比较发达的第一人民医院就诊，看过报告后，医生安排入院。当时，我秉着对医生负责任的态度，主动告诉医生，我是 HIV 患者，经过正规治疗，HIV 病毒载量检测不到，然后医生停止办理入院，称向上级报告，让我等回复，留下手机号码，让我等一个礼拜。

然后我想这个医院不行的话，就去第二个医院，成都市中医院，因为这个医院等级比第一人民医院高，应该可以做这个手术。但医生看过资料后，确定需要住院治疗，当我再次主动告知医生我的病情时，医生说不行，"非常抱歉，我们不是定点医院，你这个情况要到传染病医院就诊"。我告知医生："我已经去传染病医院就诊过，但他们没有这个手术所需的显微镜，不能做这个手术。"成都市中医院医生："我们这边也没有办法。"遂拒诊。

再然后到第三家医院，四川省人民医院，我将我所有的信息包括HIV感染情况给接诊医生说明了，接诊医生说："没问题。"遂安排入院手术。但是接诊医生跟手术医生不是同一个医生，并且他们之间并没有沟通，接诊医生并没有备注我的感染情况，在我手术结束后手术医生才追问我感染的情况。

四　感染者就业歧视现状

（一）感染者就业歧视状况

关于就业歧视，在所有的调查对象中，有68.5%的人表示需要在现单位继续工作。另有1/4的人认为没有这个需求，这可能与很多感染者从事非正规就业劳动或自我雇用有关。

尽管大部分调查对象认为没有遭受过就业歧视，但是在606名调查对象中，仍有21.5%的人自我报告在就业过程中遭遇过歧视，其中62.3%的人认为所遭受的歧视很严重。38.6%的调查对象由于感染HIV换过工作。在570名调查对象中，9.1%的人认为在过去的24个月单位领导或同事怀疑或知晓了自身的HIV感染状况。有52名调查对象的感染状态被单位公开，其中48.1%的人（25人）选择了自己辞职，17.3%的人（9人）被单位劝退或开除。

1. 有21.5%的感染者认为自己曾遭遇就业歧视，大部分感染者对就业歧视不敏感

有35.8%的感染者认为自己没有遭遇过就业歧视，但仍有130人明确表示曾遭遇过就业歧视，其中认为歧视很严重和比较严重的分别占62.3%和23.8%（见表16、表17）。

值得关注的一个问题是，高达42.7%的被调查者不太清楚自己的遭遇是否属于歧视，这应该与感染者自我认知（自我歧视）有关。调查发现，在606名调查对象中，有234人（38.6%）因为感染了HIV而主动更换了工作。

表16 感染者所遭受就业歧视的状况

单位：人，%

是否遭遇过就业歧视	人数	百分比
不清楚	259	42.7
没有遭遇过	217	35.8
有遭遇过	130	21.5
合计	606	100.0

表17 感染者所遭受就业歧视的程度

单位：人，%

就业歧视程度	人数	百分比
一般、不严重	18	13.8
比较严重	31	23.8
很严重	81	62.3
合计	130	100.0

2. 在工作场所隐瞒自己的感染状况是首选，单位体检是泄露感染状况的第一渠道

在570名调查对象中，有84%的感染者认为最近两年单位并不知晓他们的感染状况，9.1%的受访者也就是52名感染者认为自己的感染状况被单位知道或者确定被单位知道，其中32.7%的人是通过单位体检被泄露的，还有25.0%为主动告知单位，而且感染状况在单位公开之后选择自己辞职的占到了48.1%，还有17.3%被单位劝退或者开除。具体情况见表18和表19。

表 18 感染者感染状况泄露途径

单位：人，%

感染状况泄露途径	人数	百分比
单位体检	17	32.7
被同事发现	8	15.4
不知道单位怎么知道的	14	26.9
主动告知	13	25.0
合计	52	100.0

表 19 感染者感染状况被泄露后的情况

单位：人，%

感染状况被泄露后的情况	人数	百分比
我自己辞职了	25	48.1
被单位劝退、开除	9	17.3
仍然在原来岗位，但失去了升职机会	6	11.5
被派去没有发展前途的岗位	4	7.7
单位让我长期病假休息在家	8	15.4
合计	52	100.0

3. 感染者对可从事的职业缺乏正确的认识

感染者认为不能从事的职业主要为医生、护士、公务员和幼儿教师，分别占39.0%、32.9%、34.2%和33.7%。有35.4%的调查对象认为感染者可以从事所有的职业。具体情况见图2。

（二）感染者的经历

1. G2，男，30岁，同性恋，2014年确诊，企业文职人员，常住安徽省合肥市

我之前在国企应聘，当时笔试通过，然后面试、体检。当时我就以为说不一定查HIV这项，但是体检那天才发现确实要查这个，然后心里又害怕，怕被人知道就放弃了这个工作……后来就去了私企。

2. G3，北京

当年是在参加无偿献血时被检测出HIV抗体阳性的，你知道，血站也

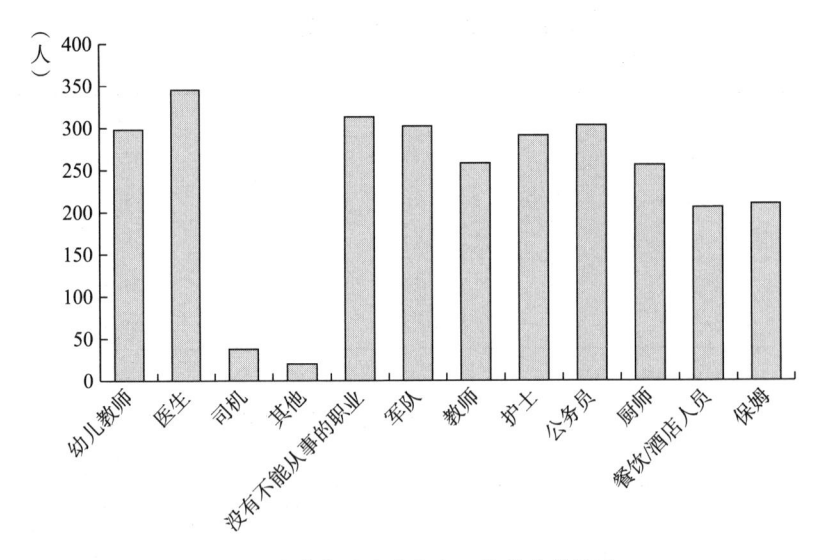

图 2　感染者认为感染者不能从事的职业

是属于卫生医疗行业，当时由于保密工作做得不好，血站在还没有在疾控中心做最后确诊的情况下就把我个人的相关信息暴露了。由于当时我所在的医疗部门大部分是双职工，所以我当时的 HIV 抗体阳性的消息在内部职工间传开了。我所在的单位上千职工都知道了此事，最让我难受的是当时我自己还不知情此事。我所在的县城属于中小城市规模，所谓好事不出门，坏事传千里，一夜之间我感染的事情就被传得满城风雨，人尽皆知。当时我是做管理工作的，要经常去基层单位办事，整个行业的人际关系都比较熟悉。我所在的地方所有医院都知道了我的感染情况。我爸爸是我们单位的退休职工，我家就在单位家属区，当时我们家由于这件事就被隔离了。以前经常来家里的街坊邻居从此再也没来。没办法最后只能选择搬迁。我自从这个事情之后这些年从不敢在当地就医。因为哪个医院都有熟人。毕竟当时对这病还是很恐惧的，所以见面也都很尴尬，大家都在躲着我。背后指指点点，议论得也特别难听。

我当年暴露之后，在原来的单位不能继续工作，我所有的朋友都知道我的情况，所以这些年我想做点什么都不敢，比如说我想在繁华地段开个店，自然会遇到熟人到店里，如果被熟人把信息散发出去，我的店也就没有办法做下去了。

3. G6，北京

（关于就业歧视）这个怎么跟你讲呢？也算是有吧！从某个方面讲是有的。就比方说要做体检了，体检方面可能有这一项，可能有，如果在这种情况之下，我也就不做体检了，我也就辞职了。你没有必要等这个……不要自取其辱，你何必让人家知道你，你能预知他知道你是一个感染者之后就会辞掉你并且还会把你的事都说出去，你为什么要把事搞成这样呢？

4. G10，男，异性恋，2006年确诊，无业，常住云南省昆明市

感染后就没去外面工作过。

5. G12，女，异性恋，2012年确诊，无业，常住云南省昆明市

下岗后做临时工，不敢让人知道，后来单位组织体检，就不敢去上班了。

6. G13，男，异性恋，2009年确诊，无业，常住云南省昆明市

通过婚检知道自己感染HIV后都是在定点医院看病……我以前开出租车，因为感染HIV，后来身体状况不行了，开不动了，就到公司找领导商量，公司知道了我是HIV感染者，就想办法让我退车把我踢出公司。

五　对歧视的理解和应对

在885名调查对象中，大部分感染者对能够保障其就业及合法权益的相关国内及国际法律、文件等所知甚少。同时，401名调查对象表示没有遭遇过就医和就业歧视，占45.3%，有39.9%的人表示沉默或者忍耐，自报曾寻求相关机构帮助的为6.2%，仅有一人寻求了律师的帮助。其中寻求帮助的主要机构为艾滋病感染者、病人组织和疾控中心。55.6%的人认为艾滋病歧视主要发生在就医和就业两大领域，42.5%的人认为歧视主要来自医务人员、单位领导、同事和朋友。

1. 感染者对保障其权益的国内和国际的法律、公约了解非常有限

仅11.6%的调查对象清楚地知道《艾滋病防治条例》，11.9%的人清楚地知道《传染病防治法》，8.5%的人清楚地知道《侵权责任法》。关于感染者就业的法律法规，清楚知道《就业促进法》、《劳动合同法》、《劳

动法》、《公务员录用体检通用标准（试行）》和《1958年消除就业和职业歧视公约》等内容的仅分别占4.2%、9.2%、9.3%、15.9%和3.4%。清楚知道《公务员录用体检通用标准（试行）》的比例最高，达到了15.9%。《艾滋病防治条例》是感染者普遍知晓率最高的条例，仅有14%表示完全不知道。而对《国际劳工组织第200号建议书关于艾滋病与劳动世界的建议书》和《1958年消除就业和职业歧视公约》清楚知道的比例更少，仅为3.1%和3.4%，70%的调查对象表示完全不知道。

2. 感染者遭遇歧视和不公平对待时多选择沉默，多求助于社区组织和疾控中心

在885名调查对象中有401人表示没有遭遇过就医和就业歧视，占45.3%，409人有过歧视经历，另有75人选择了其他[①]。在曾寻求过帮助的409人中，主要是向艾滋病感染者和病人的社区组织、疾控中心、法律援助机构求助，占比分别为55.7%、47.9%、16.6%（见表20）。

表20 上一次遭遇就医或就业歧视时的应对方式（可多选）

单位：人，%

求助机构	人数	百分比
艾滋病感染者/病人组织	228	55.7
法律援助机构	68	16.6
国际组织	23	5.6
疾控中心	196	47.9
媒体	23	5.6
政府机构	58	14.2
宗教组织	5	1.2

3. 不知道如何求助和担心暴露隐私是遭遇歧视后没有寻求外界帮助的首要原因

62%的曾遭遇歧视的调查对象表示不知道如何求助，57.8%的人表示

[①] 其他中，大部分人表示因为目前没有暴露自己的感染状况或者暂时没有就医或就业需求。也有人表示担心将来会遇到歧视和暴露等问题。

担心向人求助会暴露隐私，还有40.5%的人认为求助也没有用。

4. 歧视主要在就医和就业领域

86.1%的调查对象提出就医歧视是主要问题，其次就业歧视为67.8%，医疗保险歧视为33.6%。来自单位和同事的歧视最多，占83.2%，其次分别为医务人员歧视占78.6%、朋友歧视占68.1%、感染者群体自身的歧视占32.4%。《2009年调查》提到，对感染者"理解度较低的人群包括领导/老板（'歧视'和'非常歧视'共计54.8%）、同事（'歧视'和'非常歧视'共计50.0%）"。所以到2018年为止，感染者受到来自单位的歧视仍非常严重。不过，很多调查对象表示歧视是因为对艾滋病的不了解和无知。

六　问题与建议

（一）调查和访谈发现的主要问题

1. 就医和就业歧视状况普遍存在。
2. 非定点医院的拒诊和转诊率高。
3. 定点医院的诊疗水平有待提高。
4. 公务员体检标准导致很多人选择自我就业或者失业/待业，同时体检往往导致隐私泄露。
5. 感染后自动辞职率高，感染者多处于非正规就业或者无业状态。
6. 感染者权益维护难，包括权利意识不足和通过法律途径解决就医和就业带来的问题难。

（二）应对的建议

1. 针对就业歧视，特别是针对《公务员录用体检通用标准（试行）》，要求政府信息公开，改进相关政策。
2. 针对就医歧视中定点医院的问题，建议在目前的状况下将县市级医院及当地医疗水平较高的综合医院作为定点医院，改变传统的定点医依托传染病医院系统建立、大多为内科医院且并不具备综合性疾病（如心脏病等）治疗能力的弱势。

3. 减少医务人员对艾滋病感染者的拒诊和转介，应该大力开展"普遍防护原则"的培训，普及更多的暴露后预防的措施。

4. 由当地政府部门牵头建立定点医院联络人制度，对社会公开联系方式，防止艾滋病感染者遭遇就医推诿和拒诊，解决病人们寻找就医资源的困难，并落实首诊负责制。

5. 从社区组织角度，希望能够重视自我的赋权，开展对感染者的教育和培训，让感染者了解相关政策和常见问题的处理方法，例如遇到拒诊、歧视之后感染者应该如何应对、如何自我维权等，减少自我审查和自我歧视。

[责任编辑：阮莎]

深度书评

歧视错误的多元理论：评索菲亚·莫罗《不平等的诸面孔：错误歧视的理论》

金 韬[*]

摘要：莫罗的歧视错误多元理论，其方法论上有两大特点：从实践出发的研究立场和以受歧视者为中心的研究思路。根据莫罗的分析，反歧视法所禁止的是三种不同类型的歧视错误，不公正的屈从、否决慎思自由、基本善的获取机会的否定，它们也就共同构成了歧视错误的多元理论。三种歧视错误在概念上是相互独立的，每一个都能独立证明歧视错误的初步存在，但它们在具体的现实案例中常常交叠出现。直接歧视与间接歧视在错误性上没有原则上的区别，因而辩护条件也应该得到统一。三种歧视错误在公共领域和私人领域中都可能发生，但法律一般只用来干涉公共领域特定类别与领域的歧视。莫罗的理论仍有不足之处，三种歧视错误之间的关系、间接歧视制度、真实义务的设置都有待进一步澄清。

关键词：歧视；错误性；多元理论；不平等问题

"密涅瓦的猫头鹰在黄昏时起飞"，黑格尔的名句似乎道出了反歧视法研究领域的真相。反歧视法是一个在法律实践中摸索建立起来的制度，虽然在制度建设中不乏各国法学家的身影，但被称为基础研究的法哲学却身形寥寥。直到进入新世纪以后，一些学者对反歧视法律制度进行哲学反思，形成了一系列研究成果，该领域逐渐成为法哲学新的研究方向。多伦多大学的法律与哲学双聘教授索菲亚·莫罗（Sophia Moreau）就是其中最

---

[*] 金韬，法学博士，宁波大学法学院讲师，宁波大学东海研究院、宁波市东海研究基地研究员，研究方向：法哲学、反歧视基础理论。

为杰出的学者之一，其在牛津大学出版社付梓的新著《不平等的诸面孔：错误歧视的理论》①是一本全面阐述其反歧视法哲学理论的著作。本文将对该书进行梳理，并由此评述莫罗多元理论的得与失。

一 方法论的选择

任意翻开一个较为成熟的反歧视法律制度，没有经过专业训练的人很可能会异常惊讶，法律制度对歧视的理解与日常语义之间有着如此大的鸿沟。法律可能同时禁止直接歧视与间接歧视两个表面上完全不同的类别，法律可能限定了歧视的种类与发生的领域，法律可能将目的与手段同时规定为歧视行为的辩护理由，这些类似的规定似乎都不是日常使用歧视需要考虑的。一个典型的例子是间接歧视，如果说反歧视法是对歧视错误的矫正，那么间接歧视的错误性是什么呢？或许正是出于答案的不明晰，近年来美国和欧盟都通过一系列判例对间接歧视的范围予以严格限制，并对歧视辩护条件予以相对宽泛的解释。②

间接歧视只是其中的一个代表性问题，关键在于对于反歧视法所规制的对象，我们是否能够给出一个清晰完整的理论，用以识别这些歧视现象所具有的错误性。对于错误性的探寻明显是法哲学的重要任务，法律是一项具备强制性的国之重器，如果所意图规制的对象不具备明显错误性，采用禁止性规范对其进行强制就会产生正当性的质疑。就目前的法哲学研究而言，对于歧视错误性的探讨大致可以分为两类对立的理论。第一类理论秉持多元论的立场，认为歧视现象背后没有单一的错误类型。最为极端的多元论者认为，直接歧视与间接歧视的错误性不同，各种类别与领域的错误性也不完全相同，反歧视法就像是大拼盘一样将其联系在一起。温和的

---

① Sophia Moreau, *Faces of Inequality: A Theory of Wrongful Discrimination*, Oxford: Oxford University Press, 2020. 本文的页码根据莫罗提交付梓的最终稿编排，可见 https://www.law.utoronto.ca/scholarship-publications/conferences/symposium-discrimination-and-subordination, 最后访问时间：2019 年 12 月 5 日。

② William Gordon, "The Evolution of the Disparate Impact Theory of Title VII: A Hypothetical Case Study," *Harvard Journal on Legislation*, Vol. 44, No. 2 (2007), p. 529.

歧视错误的多元理论：评索菲亚·莫罗《不平等的诸面孔：错误歧视的理论》

多元论者仅主张错误性区分存在于直接歧视与间接歧视之间。约翰·加德纳在其早期影响力较大的一篇论文中指出，两种歧视分别对应于自由主义的两项原则，直接歧视的责任基础是密尔的伤害原则，间接歧视则是以分配正义原则为责任基础。[①] 另一类理论主张歧视一元错误论。一元论者认为反歧视法有着单一的错误性问题，根据不同学者理论的区别，至少可以分为屈从理论、渴求优先理论、自由为基础的理论、机会平等理论等不同的一元模式。然而，多元论与一元论都存在一定的难题，前者必须说明是何者将不同的错误囊括到反歧视法的统一管辖之中，抑或是反歧视法就没有单独存在的必要，不同的错误应当留给不同的法律来解决；而后者首先需要指出这种唯一的错误性是什么，然后分析这种错误性在多大程度上说明了现有的反歧视法律制度。

莫罗对现有的错误性争论并不满意，她认为无论是多元论还是一元论都有着同样的方法论问题，就是试图用自己的理论裁剪制度现实，无视或批判法律实践的运作过程。例如一些学者为了理论上的融贯性，刻意忽略间接歧视问题；或是反对将承担公共服务角色的个体纳入反歧视的规制范围。然而，反歧视的话语是在法律实践中不断建构完成的，我们不能够抛开法律实践空谈反歧视理论的融贯性，理论必须在一定程度上说明社会对反歧视制度的共识，否则建构出的理论是完全"没有根基"的。[②] 也就是说，这种理论在方法论上应当从法律实践和法律制度出发，必须首先能够尽可能说明现有专业实践，对现有实践进行理论的整合与分析。对于反歧视这类在实践中自我发展的具体制度，这种由下至上的方法发展来的理论必须能够回答制度所意图纠正的歧视错误问题。

除了由实践出发的研究方法，莫罗还认为对歧视错误的研究应当聚焦于受歧视者的真实感受。有学者认为，反歧视法所禁止的是歧视者对人群的错误区分行为，但这样的问题设定过于宽泛，它甚至不能将作为一个特

[①] John Gardner, "Liberals and Unlawful Discrimination," *Oxford Journal of Legal Studies*, Vol. 9, No. 1 (1989), p. 3.

[②] Joseph Raz, "Human Rights without Foundations, in Samantha Besson," in John Tasioulas ed., *The Philosophy of International Law*, Oxford: Oxford University Press, 2010, p. 327.

定领域的反歧视法与美国宪法的第十四条修正案区分开来,然而华盛顿诉戴维斯(*Washington v. Davis*, 1976)一案指出反歧视法仅仅局限于特定类别与领域的特定现象,并没有宪法修正案那样广泛的意图。莫罗建议,我们最好将反歧视法的目的限定为解决"不平等问题",因此歧视错误性需要追问的是"如果我们基于某些特征使某些人相对于其他人处于不利地位,何时以及为什么我们会因未能将其视为与他人平等之人,而对他们加以错误对待?"(ch. 1 p. 14)对这个问题的回答可能会有两种不同的思路,一种是将焦点放在歧视者的作为或不作为之上,强调何种行动将导致不平等问题的产生,但这种以施害者为中心的思路似乎留给歧视者太多的辩护空间,也不得不将逐一面对间接歧视、合理调适(reasonable accommodations)或是肯定性行动等机制带来的正当性问题。作者则采用了第二种思路,对不平等问题的关注放在歧视行为对受歧视者的影响之上。这种思路的优势在于,试图理解对于受歧视者而言发生了什么,以及他与歧视者之间的关系如何被这种行为所影响。对于受歧视者而言,歧视者有没有意图并不重要,歧视者有没有辩护理由也不重要,关键在于歧视确确实实影响到了受歧视者,并根据一定的特征制造或者加剧了个体与群体的不平等。

莫罗在方法论上的这些选择决定了她具体的理论认知。一方面,从实践出发的研究使得她采用了多元错误论的观点。反歧视的法律制度是在实践中逐步演进而成的,因此不可能具有理论上单一性的"洁癖"。莫罗识别了不平等问题的三种类型,认为每一种类型都可以独立构成歧视现象的错误性,尽管在大多数歧视案例中我们都能找到两种或三种错误类型。另一方面,以受歧视者为焦点的思路使得她不太在意直接歧视与间接歧视的区别,也否定传统上公共领域与私人领域的结构性区分,这些区别都只是制度实用性的区别。由于它们都对受歧视者造成了不平等的真实影响,在歧视的错误性上都是同等的,都可以归于三种错误类型之一。因此,莫罗的歧视错误多元理论大大不同于已有的多元论,既非直接间接的多元,亦非类别和领域的多元,而是对统一的"不平等问题"的多元回答。正如她所言,"我们需要'没有平等对待他人'的抽象思想,以将歧视错误的不同原因联系在一起"(ch. 1 p. 61)。这似乎既能维持反歧视法的统一,又

歧视错误的多元理论：评索菲亚·莫罗《不平等的诸面孔：错误歧视的理论》

能说明纷繁复杂的歧视现象的错误性。

二 歧视错误的三种类型

尽管"不平等问题"是歧视错误性的统一来源，但并非所有的不平等都由反歧视法所管辖。这是因为有些不平等现象是社会生活不可缺少的一部分，比如组织内部的权力不平等；部分也因为某些错误的不平等现象并不应由反歧视法规制，甚至不应由法律领域所管辖。根据莫罗的分析，反歧视法所禁止的是三种不同类型的歧视错误——不公正的屈从、否决慎思自由、基本善的获取机会的否定，它们也就共同构成了歧视错误的多元理论。

第一种类型的歧视错误是不公正的屈从。当然，并不是所有的屈从都构成了歧视，需要进一步解释的是判断屈从公正性的标准。莫罗认为这种情况"不是发生在特定组织之内，而是跨越了不同的社会语境，人们基于某些个体（或所谓的个体）的特征所导致的屈从"（ch.2 p.4）。也就是说，这种特征具有社会显著性（salient），不公正的屈从必然会对受歧视者造成重大且持续性的屈从性影响，因而在根本上是错误的。很多学者都同意不公正屈从的错误性，并由此建立起了自己的反歧视理论。例如狄波拉·赫尔曼就认为歧视行为表达了对受歧视者的贬抑，将其置于在价值上低于其他个体的非人地位。[1] 然而莫罗不同意赫尔曼的这类屈从理论，她认为赫尔曼的"表达主义"忽视了贬抑行为背后的群体间权力关系，正是这种动态权力关系的流转塑造了歧视者与受歧视者之间的屈从关系。在出租车司机拒载黑人的案例中，司机个人贬抑性的情感信息表达背后是群体权利的不平等以及由该信息塑造出的黑人受歧视者在此案例中的不公正屈从地位。莫罗将自己的理论称为"社会屈从"，某种（真实或所谓）特征造成了不同社会语境之内群体地位上的不平等，使用这种特征歧视他人就

---

[1] 参见 Deborah Hellman, *When is Discrimination Wrong?*, Cambridge, MA: Harvard University Press, 2008.

不仅代表了一种社会标识，还成为一种道德标识，在不同的个体之间制造或再生产了真实的社会屈从。她认为社会屈从的歧视会在两种情况下出现，有时由一种斥责（censure）或较少考虑特定群体的行为来构成，有时则通过使该群体成员不可见（invisible）并因此构成了他们参与社会机制的结构性障碍而完成（ch. 2 p. 72），这两者大致分别对应于直接歧视和间接歧视的构成要件。

第二种类型的歧视错误是否定慎思自由。慎思自由对于掌控自我的生活非常重要，它使个体通过自己有意识的思考和选择来塑造自己的生活。早期的莫罗将此视为歧视的唯一错误性，但在这本书中仅作为错误性的种类之一。① 著名的蛋糕店案例（*Masterpiece Cakeshop, Ltd. et al v. Colorado Civil Commission et al.*，2018）可以说明否定慎思自由的歧视错误，蛋糕店的店主并不歧视同性恋，但拒绝给同性恋者提供婚礼蛋糕，店主主张其宗教信仰拒绝将婚姻意义赋予同性恋者。在这个案例中，同性恋者所主张的不仅是对屈从的纠正，因为蛋糕店店主个体的行为并没有将同性恋者置于"显著"的屈从地位（尽管排除在婚姻神圣性的范畴之外也必然涉及一种对同性恋的贬抑），而是对同性恋者自主选择生活方式的一种拒绝，试图让同性恋者按照他或社会上其他人的对其假设的刻板印象或角色模式而生活，这是拉里·亚历山大所描绘的"内在道德错误"。② 在莫罗看来，慎思自由是一个关于个体自主的观念，每个人都应该有能力规划并一定程度上掌控自己的生活，不应该被他人眼中的刻板印象限制生活的可能性。当然，每个案件的具体情况并不相同，也无法给出统一的否定慎思自由的公式，但这类歧视所侵犯的都是个体自主能力价值。也就是说，在一个社会中不尊重某人个体自治的能力，就是没有将他当作平等的人对待（ch. 3 p. 33）。那么是否任何否定慎思自由的行为或政策都是错误性歧视呢？莫罗给出了一定的限制，她要求慎思自由必须在受歧视者看来对于自主掌控

---

① Sophia Moreau, "In Defense of a Liberty-Based Account of Discrimination," in Deborah Hellman, Sophia Moreau eds., *Philosophical Foundations of Discrimination Law*, Oxford: Oxford University Press, 2013, pp. 71–72.

② Larry Alexander, "What Makes Wrongful Discrimination Wrong? Biases, Preferences, Stereotypes, and Proxies," *University of Pennsylvania Law Review*, Vol. 141, No. 1 (1992), p. 218.

歧视错误的多元理论：评索菲亚·莫罗《不平等的诸面孔：错误歧视的理论》

生活的能力有着"重大价值"。在此意义上，她与塔鲁纳布·开坦的"客观自由至善论"[①]划清了界限。在蛋糕店案例中，同性婚姻是否有"客观价值"并不清楚，反歧视法也并不试图裁判这样的哲学话题，但对于该案的同性恋者来说，同性婚姻是自我人生规划的重要组成部分，他们可以要求不被蛋糕店店主的刻板印象（stereotype）所限制，有主张获得婚宴蛋糕的权利（莫罗也谈到了这种权利与店主宗教信仰权利的冲突，但认为婚姻关系并不是宗教信仰的核心内容，且同性恋群体长期社会屈从的历史，这些因素共同增加了同性恋者主张的分量）。

第三种类型的歧视错误是对基本善的获取机会的否定。基本善是对于平等的人完全参与社会生活所必要的社会善，它至少包括体面生活在社会之中所需要的生理必需品和社会必需品。因此基本善可能同时包含人权和反歧视两个重要面向，基本善的获取机会的否定不同于前两项歧视的错误性。莫罗提供了一个案例说明该错误，加拿大有超过70个原住民社区的蓄水池长期显示清洁警告，意味着这些社区的原住民无法享受其他公民所获得的合格供水。尽管在该案例中，政府有着间接将原住民群体置于屈从地位的可能性，但相关的证据表明屈从类型的歧视错误有着相当长的因果关系链条，因此非常难以证明社会屈从。从基本善的角度出发论证政府责任就会非常直接，由于清洁的水资源是每个人完全参与社会生活的前提条件，对此机会的否定将导致对该群体成员的错误歧视。与慎思自由一样，基本善并不是一个完全客观的问题。莫罗主张只要这种善是个体完整且平等地参与该社会生活的必要部分，并且这种必要性得到自我和社会中其他人的肯定，就能成为反歧视法认可的基本善（ch.4 pp.13 – 14）。从受歧视者的视角出发，基本善可能被私人占有，也可能包括公共物品，不同社会中基本善的构成也不完全相同，甚至在同一社会中也不要求为所有人所必需。例如对于残障群体成员来说，工作与生活场所提供便利设备就是完整且平等地参与社会生活基本善的一部分，政府或雇主疏于提供这类合理

[①] 参见 Tarunabh Khaitan, *A Theory of Discrimination Law*, Oxford: Oxford University Press, 2015。

调适就可能违背了反歧视的法律义务。

莫罗放弃了她早期的一元错误论，在该书中拥护由不公正的屈从、否决慎思自由、基本善的获取机会的否定共同构成的歧视错误多元理论。三种歧视错误在概念上是相互独立的，任何一个错误的产生都能初步证明"不平等问题"，因此有可能得到反歧视法的纠正或救济。不过三者之间的关系可能比初看起来更为复杂，我们可以通过一些案例简单重构莫罗的理论中的错误关系。首先，大多数案例中同时存在两种及以上的歧视错误。在欧盟的一个歧视案例（*D. H. and Others v. the Czech Republic*，2007）中，捷克教育部采用了智力测试方法来决定学生是进入主流学校还是特殊教育学校，这项测试不成比例地影响了罗曼人，各地50%到90%的罗曼人被送进了特殊教育学校。这个案例似乎同时犯下了上述三个错误：在多个社会语境下都处于屈从地位的罗曼人群体被排除在了主流教育之外；罗曼人必须按照被设想的智力低下的刻板印象来规划自己的生活；由于特殊教育的不完整性，他们也可能失去对于平等参与社会生活至关重要的教育基本善。其次，单独一类错误就能成为初步歧视的充分理由。在莫罗自己提供的一个事例中（ch. 2 p. 64），多伦多交通工具上张贴了一幅宣称代表了多伦多公共交通司机的图画，但其中没有一个黑人，也只有少量面孔模糊的女性。图画的张贴并没有侵犯黑人或女性个体真实的慎思自由，也没有真实否定基本善的获取机会，更多的是无意识地复制并加固了这些社会群体的屈从地位，因此独立证成了歧视的错误性。再次，不同类型的错误之间有可能互相冲突。瓦肯海姆（*Manuel Wackenheim v. France*，1999）患有侏儒症，在法国小镇上一直从事"扔侏儒"的娱乐表演活动，当地以歧视为由禁止了这项表演，但瓦肯海姆诉称这项禁令否定了他唯一能够获得的工作机会，因此对他个体造成歧视。在这个案例之中，丑化侏儒的"扔侏儒"活动造成了不公正的社会屈从，但对此的禁令否定了特定屈从者获得唯一工作机会的基本善，很难以绝对的标准来完成对错误冲突的纠正，这需要审慎的法官们考虑到更大的社会背景以及每种错误所造成的社会影响。

歧视错误的多元理论：评索菲亚·莫罗《不平等的诸面孔：错误歧视的理论》

三 反歧视的制度安排

莫罗的歧视错误多元理论是一个极具原创性的反歧视法基础理论。既有的多元论通常以反歧视法内部的机制区分推定出理论上的多元，而莫罗的多元论则是对错误性进行了划分，认为它们可能同时存在于不同的反歧视机制之中。莫罗声称自己的理论是从实践出发，一个巨大的问题横拦在她的多元理论面前：这种理论如何与现实制度完成对接？莫罗因此考虑了现实法律制度可能带来的两大方面的挑战，以受歧视者的视角为中心对此进行回应。

第一个挑战是本文开篇提出的间接歧视问题。很多国家的反歧视法律制度都将间接歧视视为一种独立的禁止种类，这是因为它在起因、要件和辩护条件的问题上[①]都不同于我们日常语义中的歧视现象（即直接歧视）。那么间接歧视的错误性如何呢？加德纳将间接歧视制度视为一种再分配的策略，那么间接歧视就不是一种明显的错误行为，至少其恶性与直接歧视相比微不足道；赫尔曼则认为间接歧视只有在涉及对过往错误的矫正时才沾染上错误性问题。目前看来，间接歧视错误恶性较少是学界的主流观点，并且也部分体现在制度设计之中——受保护的类别与领域较窄，允许辩护的法定理由空间更大。但莫罗并不同意这样的主流看法，认为在歧视的错误性问题上，直接歧视与间接歧视并没有原则上的区别，只是围绕"不平等问题"所设计的不同机制。由于辩护理由只是与错误性相关，因此她主张两者的法定辩护理由应当统一。

在莫罗看来，在间接歧视的错误性程度问题上，可能存在两种不同的误解。第一种误解认为间接歧视没有意向性，因而不具备直接歧视的主观错误性。这种看法误解了大多数地区的法律实践，英国、加拿大、欧盟等国家和地区已经取消了直接歧视的意向性要件，只要歧视行为或政策直接"源自"（because of）被保护的类别和领域，就会被认定为直接歧视。更

[①] 参见 Sandra Fredman, *Discrimination Law* (2nd), Oxford: Oxford University Press, 2011。

何况没有意向性并不等同于无错误,在先行义务存在的情况下,意向性的有无对于违背义务的错误性并不重要。莫罗与开坦都认为在歧视行为或政策发生之前,人们就已经承担着以何种方式对待他人的先行义务。[1] 第二种误解认为间接歧视的行为或政策与歧视结果之间有着更复杂的因果链,因果链的不稳定使其难以探寻使得其错误性小于直接歧视的案例。但是无论是直接歧视还是间接歧视,都需要涉及复杂的社会环境、社会惯例以及之前的历史文化,很难说哪种类型的歧视因果链更为复杂(ch. 6 p. 26)。更重要的是,因果链本身与错误性并不相关,错误程度要么是根据所侵犯权利或违背的先在义务的严重性,要么是根据其导致的后果严重性,在特定情况下间接歧视可能会具有更大的错误。

在上述澄清的基础上,莫罗建构了她自己关于间接歧视的观点,认为我们对歧视错误性的追寻只能是对"不平等问题"的不同答复——不公正的屈从、否决慎思自由、基本善的获取机会的否定,两类歧视在这三种错误性问题上并不存在学理上的程度差别。直接歧视与间接歧视都可能因为过失而承担罪责(在具有恶意的直接歧视中,还有着因故意引起的罪责),因为它们违背了将他人视为平等的人对待的先在义务,"从这个意义上讲,未能将别人视为一个平等的人,并且通过一个人的行为同时将其他人视为平等……可以将此视为一种过失。这种过失类似于我们认为在侵权法中有罪的过失:虽然歧视所涉及的过失不是在不合理地制造风险的意义上的过失,而是在不合理地未能认真对待别人和她的利益的过失,然后不合理地没有采取那些认真对待他们的利益的人会采取的行动"[2]。如果这样,那么直接歧视和间接歧视的区分是否还有意义?莫罗似乎认为这种区分只能根据实用上或操作上的理由(ch. 6 p. 10),但在法哲学所探寻的错误性和辩护理由问题上不应该存在差别,其具体的制度设计应该根据各国的法律

---

[1] Tarunabh Khaitan and Sandy Steel, Wrongs, "Group Disadvantage and the Legitimacy of Indirect Discrimination Law," in Hugh Collins and Tarunabh Khaitan eds., *Foundations of Indirect Discrimination Law*, London: Hart Publishing, 2018, p. 202.

[2] Sophia Moreau, "Moral Seriousness of Indirect Discrimination," in Hugh Collins and Tarunabh Khaitan eds., *Foundations of Indirect Discrimination Law*, London: Hart Publishing, 2018, p. 143.

歧视错误的多元理论：评索菲亚·莫罗《不平等的诸面孔：错误歧视的理论》

环境来完成，因此英美反歧视法上的制度区分与加拿大所采用的制度合一〔*British Columbia（Public Service Employee Relations Commission）v British Columbia Government Service Employees' Union*，1999〕并不存在法哲学的矛盾。

现实法律制度对莫罗理论的第二个挑战来自责任设计。即使我们赞同莫罗对错误性的多元分析，但反歧视法看起来与此有一定的距离，这是因为莫罗的错误性范围似乎远远大于现实法律制度的责任范围，对于莫罗的方法论来说是需要解答法律实践不一致问题。例如很多学者都主张，法律不应该管理纯粹私人的事件，因为这会侵犯个体的契约自由与结社自由。[1] 因此，法律不应当干涉私人聚会上只有白人没有黑人，甚至不应该干涉不超过15人的公司的雇佣选择（Civil Right Act of 1991，701b），哪怕这些行为或政策导致了"不平等问题"。这种对公共领域与私人领域的区分引导了学者关注政府反歧视的法律责任，政府的责任可能来源于德沃金所主张的对公民"平等关怀与尊重"，但是很难将这种责任类推到占有一定公共角色的个体之上，雇主应该为特殊人群提供合理调适的责任，却又不需要展示对每个公民的平等关心与尊重。莫罗批评了这种刻意的公共与私人区分，她坚持认为无论是政府、组织还是个体都有义务将他人视为平等的人来对待，而不去故意或过失犯下前述三种歧视错误，哪怕是在极度私人的亲密关系之中也不应该歧视任何人，"我们有义务将他人视为平等的人来对待，无论国家是否承认这一义务，以及是否选择用强制手段使我们服从义务"（ch.7 p.49）。

反歧视法所管制的范围限定在特定类别与领域，不是由于错误性的区别，而是在于个体所承担的义务不适合用法律的方式予以强制执行。莫罗对此给出了四个方面的论证：其一，国家强制干涉私人领域可能会破坏后者存在的基础；其二，私人领域中的很多关系类似于不完全义务，很难建制化；其三，私人领域在实践上也难以探寻与监管；其四，私人领域的歧视少有累积性，因此社会影响更小。同样，即使在公共领域，先在义务与歧

---

[1] Matt Zwolinski, "Why Not Regulate Private Discrimination?," *San Diego Law Review*, Vol. 43, No. 3 (2006), p. 1043.

视的错误性也不意味着所有问题都应由法律来解决，法律制度的设计必须权衡这种责任与其他类型的权利义务之间可能存在的冲突，这使得现实的反歧视法律制度可能远小于歧视错误多元理论所囊括的范围。尽管如此，莫罗只是强调不应当用法律手段进行直接干涉。由于错误性的存在，她也并不主张国家完全从私人领域中退却，相反呼吁国家有义务建立一种背景性的条件，通过教育以及其他政策的选择来帮助社会共同消除法律之外的歧视现象。

四　莫罗的多元论成功了吗？

莫罗的歧视错误多元理论是目前学界少见的将法哲学与反歧视法律制度相结合的产物，她本人兼具哲学与法学的研究背景，这本新著试图对反歧视法律实践与制度进行深度哲学反思，提出一个完整自洽的理论分析。然而她成功了吗？目前看来，莫罗的理论至少还存在以下几个方面的疑问，需要等到作者进一步澄清之后，理论的解释力才有可能得到完全释放。

首要问题在于多元错误之间的关系，莫罗认为现实生活之中大多数歧视现象都犯下了两项或三项歧视错误，但坚持在分析层面上将它们独立出来，任何一个错误都能够初步证明歧视的发生。在该书的第五章，莫罗给出了只有单项错误的歧视案例，但令人疑惑的是，一些案例稍作调整之后即可被化约为其他错误。例如扔侏儒这个案例试图表明对基本善获取机会的否定与不公正的社会屈从之间的关系，按照莫罗的看法如果法院肯定了侏儒症患者瓦肯海姆的诉求，就形成了一个只具有第三类错误的案例。但是该案例似乎并不是那么纯粹，我们可以用两种方法简单重构该案例来否定此类错误的独立性。

一种方法是可以把基本善获取机会化约为慎思自由，莫罗对慎思自由的定义非常广泛，既包括了独立的思考也包括了由思考做出的独立决定，这使得慎思自由似乎可以包括瓦肯海姆所遭受到的伤害。他可以主张自己的慎思自由遭到法案的损害，他将扔侏儒娱乐活动视为自己生活规划的一部分，而不应该按照法案所提供的"正常人"的角色预设。这样的主张听

歧视错误的多元理论：评索菲亚·莫罗《不平等的诸面孔：错误歧视的理论》

起来有点奇怪，但重要的是莫罗规定了慎思自由不需要成为一种客观的价值，而是由受歧视者的视角出发规划自我的人生。[①] 尽管莫罗也意识到了基本善与慎思自由的界限模糊（ch.4 p.51），但她给出的理由似乎也无法阻止我们将瓦肯海姆案例视为一个否定慎思自由的错误。另一种重构方法可能更有破坏性，我们可以认为瓦肯海姆的主张并不是受歧视的主张，而是对其他基本人权的否定。在莫罗的定义中，第三类错误既是人权的失败也是歧视的现象，但人权的概念范围远远大于反歧视，一项人权遭到破坏并不必然会导致歧视。比如联合国将贫困线设定为每人每天两美元，低于此就涉及基本生存权的违背。根据人权学者的观点，基本生存权如同免受歧视一样需要得到政府与社会的保障，[②] 但免遭贫困和免受歧视是两个不同类别的权利。这是因为贫穷虽然是诱发歧视的原因之一，但它本身不是歧视，也几乎没有一个国家的反歧视法将收入或财富纳入被保护的类别，瓦肯海姆所主张的应该是获得基本工作的权利，而非免受歧视的权利。然而根据莫罗的宽泛定义，基本善是完全且平等地参与社会生活所必需的物品，这似乎犯下了包容范围过大的错误。

第二个有待澄清的问题是间接歧视相关问题。莫罗并不承认直接歧视与间接歧视之间有错误性上的差异，也不承认在辩护理由上应该有着程度上的差异，这使得其结论认为两者的差异是应用上的，因此三种类型的错误都可能涉及间接歧视。然而在讨论不同类型的错误时，她似乎强调不公正的屈从必然涉及群体性因素，而另两类有着更多的个体化色彩，这很难与反歧视法制度相契合，特别是构成要件上的差异性很可能破坏莫罗从实践出发的方法论。反歧视法所保护的类别必然是构成一个群体的特征，比如性别、残障、种族或年龄，因此"相关群体"（cognate groups）应当被视为反歧视法的基本要件之一。[③] 莫罗也关注到法律所保护的有限类别，

[①] Sophia Moreau, "What Is Discrimination?," *Philosophy & Public Affairs*, Vol. 38, No. 2 (2010), pp. 147–150.

[②] Henry Shue, *Basic Rights: Subsistence, Affluence, and U.S. Foreign Policy*, Princeton, NJ: Princeton University Press, 1980, p. 17.

[③] Tarunabh Khaitan, *A Theory of Discrimination Law*, Oxford: Oxford University Press, 2015, p. 30.

但似乎认为这只是引导人们识别错误性的一种机制，错误性的范围并不限于法律所保护的这些类别。即使我们退一步承认莫罗的说辞，也无法解决间接歧视中的群体性问题，这是因为群体性因素不仅仅是识别被保护的范围，同样是差异性影响的构成性要素。间接歧视中的行为或政策不成比例地影响到了给定情景中的不同群体成员，只有当这些影响能够归属到两个或以上真实或假想的比较性群体时，间接歧视才能够成立。这使得开坦提出了间接歧视的"双重错误性"理论：一方面我们有不去因个体身上某些与规范性不相关的特征而置其于不利状况的特殊道德义务；另一方面我们有不去致使相关群体进一步不利的一般道德义务，这样的义务相对人不是特殊个体，而是被质疑的群体甚至是社会本身。[1] 暂且不管开坦的分析是否正确，但至少莫罗必须解释在否定慎思自由与基本善获得机会的否定两类歧视错误性之中，群体性因素是否与这些表面上个体化的错误有直接的关联。

第三个有待澄清的是真实法律义务的问题。莫罗在开篇提出了"错误对待某人"与"通盘考虑后做某事是错的"之间的法哲学区分（ch. 1 p.23），认为她对歧视错误性的分析是前者，而后者需要考虑到历史文化、权利冲突和制度设计等现实问题。这使得三种类型的错误性所能带来的只是反对这些错误的初步义务（prima facie duty），而非真实的法律义务。这使得她在处理扔侏儒案例时游刃有余，瓦肯海姆的主张与当地政府禁止扔侏儒活动的主张都只是初步的反歧视义务，法院具体的判断需要权衡特定环境下不同初步义务之间的分量，做出最适当的决定。同样，私人领域的决定也只是具有初步的错误性，但根据种种理由法律不应涉足这些领域。与之类似，我们有着反对歧视的初步义务，但雇主可以通过"商业必需"的辩护拒绝将其转换为真实的法律义务。然而，莫罗在初步义务与法律义务之间的区分似乎不那么有说服力。在一篇颇具说服力的文章中，休·柯林斯指出反歧视法中的辩护理由并非错误性逃避责任的借口，而是完全否

---

[1] Tarunabh Khaitan and Sandy Steel, "Wrongs, Group Disadvantage and the Legitimacy of Indirect Discrimination Law," in Hugh Collins and Tarunabh Khaitan eds., *Foundations of Indirect Discrimination Law*, London: Hart Publishing, 2018, p.203.

歧视错误的多元理论：评索菲亚·莫罗《不平等的诸面孔：错误歧视的理论》

定了错误性的存在，也就是说它根本不是歧视行为或歧视政策。[①] 这种否定无论在真实法律义务与初步义务，还是真实道德义务与初步义务之中都可能存在。例如个人选择配偶时要求与之年龄相仿，或是同一国籍，莫罗的分析可能会认为虽然这是一个不应由法律干涉，但确实是一种初步的年龄或国籍歧视，然而这种将错误性与初步义务联系起来的做法，打击面似乎太广泛，也看不出这种错误会带来什么样的问题。莫罗指出，法律不去干涉的错误性也要求国家建立一种背景性的条件，在其中教育或帮助引导私人遵守反对歧视的初步义务。但是，我们是否需要教育或引导私人在选择配偶时一视同仁呢？这似乎违背了人们的道德直觉，反歧视法并不要求取消一切的个人偏好，将所有人都视为无差别的抽象个体，而是限定了所适用的类别和领域，在此之中我们每个人都应该按照非歧视的标准来对待。由于反歧视法的这种现实解读，莫罗的初步义务似乎就失去了独立存在的意义。

[责任编辑：铁锦莎]

[①] 参见 Hugh Collins, "Justice for Foxes: Fundamental Rights and Justification of Indirect Discrimination," in Hugh Collins and Tarunabh Khaitan eds., *Foundations of Indirect Discrimination Law*, London: Hart Publishing, 2018, pp. 249-278。

征稿启事

《反歧视评论》是中国政法大学宪政研究所主办的国内首个以平等权利和反歧视为主题的学术文集，旨在汇集反歧视研究的前沿理论，展现反歧视实践的最新成果，进一步推动反歧视的法律和制度变革。

《反歧视评论》以学术性和建设性为评价标准，设置主题研讨、学术专论、评论、判例研究、调研报告、深度书评等栏目。具体征稿要求如下：

一、内容：与反歧视相关的调查报告、立法建议、学术论文或译文等。文章需论点鲜明，论据充分，论证严谨，语言通畅，数据准确，图表规范，主题集中，层次分明，结构完整，注释引文无误。保证作品独创性，如有对其他作品适当引用，请在文中用注释说明。

二、来稿须为原创、未公开发表的科研成果。欢迎反歧视领域的译文。

三、文稿格式要求：

（一）文稿体例

文稿由中英文题目、中文摘要、关键词、正文和注释构成。文章标题字数10字左右；摘要在200字以内；关键词3~5个。文稿正文采用脚注，每页重新编码。稿件字数一般不低于8000字，鼓励言之有物的长文。

（二）基金项目

如果来稿得到基金项目资助，请在文章首页页脚标明基金项目的类别、名称、批准号。

（三）作者简介

来稿应在文章首页页下脚注按如下顺序标明作者信息：姓名、单位、职称（职务）、学历、研究方向。

（四）标题

文稿标题应层次分明，标题前的数字按不同级别依次使用：文内体例顺序一般采用：一（一）1.（1）①A. a. 。其中：一（一）1. 为标题序号，单独成行，不接正文。

（五）注释体例

1. 一般中文著作。专著作者后不用"著"字，编纂类加"主编、编"等字样，并注明具体起始页码。

例：周伟：《反歧视法研究：立法、理论与案例》，法律出版社，2008，第101~102页。

例：刘小楠主编《反歧视法讲义：文本与案例》，法律出版社，2016，第15页。

2. 期刊、集刊文章或论文。

例：王理万：《就业性别歧视案件的司法审查基准重构》，《妇女研究论丛》2019年第2期。（期刊网站不加页码）

例：何霞：《妥协与渐进之道：日本反性别歧视立法研究》，刘小楠主编《反歧视评论》（第2辑），法律出版社，2015，第100页。（集刊和论文集文章需标注页码）

3. 译著：作者要注明国籍，作者在前，译者在后。

例：〔美〕加里·贝克尔：《歧视经济学》，于占杰译，商务印书馆，2014，第17页。

4. 报刊文章：信息要完整、准确，切不能将网站转载日期作为报纸日期。

例：刘伯红：《性别平等之声在两会上日益响亮》，《中国妇女报》2017年3月7日。

5. 互联网或数据库作品：应注明网址或数据库，访问时间。如网站文章系转载自纸质刊物，须引用原始出处。

例：《外媒关注中国首例跨性别就业歧视案败诉》，http://www.cankaoxiaoxi.com/china/20160512/1156347.shtml，最后访问时间：2018年7月20日。

6. 外文注释：说明性文字需翻译成中文，资料性文字（如作者、书名、出版社、章节页码等）保留原文。资料性文字中的著作或者杂志名斜体或者正体均可。如果作者引用英文文献，格式为：

（著作类）Evelyn Ellis and Philippa Watson，*EU Anti-Discrimination Law*（*Second Edition*），Oxford University Press，2012，p. 102.

（论文类）Elisa Holmes，"Anti-Discrimination Rights without Equality," *The Modern Law Review*，Vol. 68，No. 2（Mar.，2005），pp. 175 – 178.

四、投稿方式

投稿一律采用电子文稿方式，本刊电子邮箱：antidiscrimination@163.com。对于录用的稿件，我们会在收到稿件的1个月内发出用稿通知。没有收到用稿通知的作者请自行处理稿件。为适应信息化建设需要，扩大作者学术交流渠道，本文集与网站、期刊数据库、微信公众号等建立了合作关系。如作者不同意将文章编入数据库，请在来稿时声明，本刊将做适当处理。

《反歧视评论》暂定为每年一辑，并适时增加出版专题集刊。《反歧视评论》常年征稿，截稿日期为每年6月30日，并于当年11月31日前公开出版，出版后会给每位作者寄送稿酬和样书。

中国政法大学宪政研究所
《反歧视评论》编辑部

图书在版编目(CIP)数据

反歧视评论.第8辑/刘小楠,王理万主编.--北京:社会科学文献出版社,2021.3
 ISBN 978-7-5201-8035-1

Ⅰ.①反… Ⅱ.①刘…②王… Ⅲ.①公民权-研究 Ⅳ.①D911.04

中国版本图书馆CIP数据核字(2021)第038616号

反歧视评论 第8辑

主　　编 / 刘小楠　王理万
出 版 人 / 王利民
组稿编辑 / 刘骁军
责任编辑 / 易　卉
文稿编辑 / 侯婧怡

出　　版 / 社会科学文献出版社·集刊分社（010）59367161
地址：北京市北三环中路甲29号院华龙大厦　邮编：100029
网址：www.ssap.com.cn
发　　行 / 市场营销中心（010）59367081　59367083
印　　装 / 三河市龙林印务有限公司
规　　格 / 开　本：787mm×1092mm　1/16
印　张：20.5　字　数：305千字
版　　次 / 2021年3月第1版　2021年3月第1次印刷
书　　号 / ISBN 978-7-5201-8035-1
定　　价 / 128.00元

本书如有印装质量问题，请与读者服务中心（010-59367028）联系

▲ 版权所有 翻印必究